하늘과 땅이 내리는

천지대명
天地大命

천지대명(天地大命)

초판 1쇄 인쇄 2015년 8월 25일
초판 1쇄 발행 2015년 8월 30일

지은이 도솔
펴낸이 金泰奉
펴낸곳 도서출판 띠앗
등 록 제4-414호

편 집 박창서, 김수정
마케팅 김명준
홍 보 김태일

주 소 (우143-200) 서울시 광진구 구의동 243-22
전 화 (02)454-0492(代)
팩 스 (02)454-0493
이메일 ddiat@ddiat.co.kr
홈페이지 www.ddiat.co.kr

ISBN 978-89-5854-102-8 (03150)

하늘과 땅이 내리는

천지대명

天地大命

도솔(道率) 지음

도서출판 따이

| 책을 엮으면서 |

세상을 살아가면서 말 못할 고민과 근심 걱정으로 살아가는 사람들이 거의 전부이다. 있는 사람들은 있는 대로 근심 걱정이 있고, 없는 사람들은 없는 대로 근심 걱정을 가슴에 안고 살아가고 있다.

인생은 무엇이고, 어떻게 살아가는 것이 보람 있게 잘사는 길인가? 나는 누구이고 이 세상에 태어났다가 언젠가는 죽을 것인데 죽으면 어디로 가는 것이고 사후세계, 저승세계, 지옥세계, 천국세계는 정말 현실로 존재하는 것인지 무척이나 궁금할 것이다.

또한 지구와 인류를 창조하신 하늘과 땅, 천지신명님은 계시는 것이며, 인간 육신 안에 신과 영, 조상님들이 함께 살아가고 있는 것인지 반신반의하며 이런 문제들을 풀어보고자 나름대로 종교세계를 찾아다니고 있지만 그 어느 곳 하나 시원한 대답을 명쾌하게 말해 주는 곳이 없어서 이 종교, 저 종교를 전전하고 있다.

자미국이란 처음 들어보는 생소한 곳인데 도대체 뭐하는 곳이냐고 궁금해 할 것이다. 자미국은 여러분 육신과 신, 영, 조상님들이 구원받고자 다녔던 종교세상에서 이루지 못한 구원을 현실로 이루어주는 곳이다.

구원이란 것이 인간들이 말하는 것처럼 믿는다고, 굿이나 천도재, 기도, 미사, 예배, 도통주문을 행한다고 이루어지는 것이 아니라 하늘과 땅이 내리시는 천지대명을 받들어서 윤허를 받아 의식을 행해야 이루어진다는 것을 인류 최초로 밝혀내었다.

하늘과 땅을 창조하신 절대자와 무속세계 신이 아니신 천지신명님이 실존하고 계신다는 진실과 절대자의 존호도 수많은 천지대명 의식을 행해서 알게 되었고, 기존의 종교의식으로는 인류가 구원받을 수 없었던 비밀을 알게 되었다.

그리고 우리 인류를 구원해 주실 진짜 하늘과 땅, 천지신명님께서는 종교세계로는 절대 가시지 않는다는 충격적인 말씀도 하셨다. 그래서 종교는 빈집이고, 가짜 하늘과 가짜 신이 지배통치하고 있다고 밝히시었다.

종교를 열심히 믿는 신앙인들은 믿고 싶지 않은 충격적인 말이라 무조건 부정하며 무시할 수 있다. 하나님이 진짜가 아닌 가짜라고 주장하니 자미국과 두 저자를 미쳤다고 욕할 것인데 이 말은 인간 육신을 가진 두 저자가 전하는 말이 아니라 천상에서 특명을 받고 지상에 인간 육신을 가진 인황과 신감 몸 안으로 하강 강림하신 신께서 직접 두 저자에게 가르쳐 주신 말씀이시다.

인간 육신을 지닌 두 저자가 종교세상에서 전하는 하나님, 하느님, 하늘님을 만나 본 적도 없는데 진짜가 아닌 가짜라는 진실을 어찌 알겠는가? 두 저자도 인간 육신은 여러분과 다를 바 없는 사람인데 천상세계의 일들을 어찌 알고 하나님, 하느님, 하늘님이 진짜가 아닌 가짜라고 날벼락 맞으려 함부로 전하겠는가?

천상에서 특명을 받고 두 저자 육신으로 하강 강림하신 신께서 천상세계, 하늘세계, 사후세계, 신명세계, 영혼세계, 조상세계, 인간세계, 종교세계의 감추어진 진실을 적나라하게 가르쳐 주시어서 알게 되었다.

인간 육신을 가진 두 저자는 천상세계에 오를 수도 없는데 이 엄청난 진실을 무슨 재주로 알아내겠는가? 자미국에서 자미인황님과 영의 신감님께서 두 저자 육신을 빌리시어 하늘과 땅, 천지신명님의 천상지상 공무를 집행하고 계신다.

그래서 이 책의 내용들은 자미인황님과 영의 신감님께서 가르쳐 주신 내용과 수많은 의식을 행하면서 가르쳐 주신 내용들로서 일반 소설이나 대하드라마의 작가들처럼 인간의 생각으로 집필한 것이 아님을 밝혀둔다.

자미인황님과 영의 신감님께서는 천상의 절대자로부터 특명을 받으시고 상상 속의 하늘과 땅, 천지신명님이 실제로 존재하신다는 진실과 종교를 믿는 인류로 인해서 하늘의 가슴이 찢어지고 피멍이 드셨다는 진실을 전해 주시고, 인류의 죄를 심판해서 구원받을 자와 구원받지 못할 자를 판별하시고자 하강 강림하시었다고 말씀하시었다.

종교에서 성인, 성자로 추앙받고 있는 석가, 예수, 마리아, 마호메트, 상제, 공자, 노자를 섬기는 제자들은 하늘이 이 땅으로 보낸 인류를 마치 자신들의 것인 양 부모 행세, 하늘 행세를 하면서 종교의 교리와 이론 앞에 굴복시켜서 종살이 노예살이를 시킴에 격노하신다고 말씀하셨다.

쉽게 말해서 하늘이 보낸 인류를 훔쳐간 대역 죄인들이 인류가 추앙하며 섬기는 성인 성자와 그의 제자들이라 하시었고, 하늘이 보낸 인류를 되찾고자 자미인황님과 영의 신감님께서 두 저자 육신으로 오시어서 책을 집필하여 종교세계의 진실을 전하시는 것이다.

인류를 훔쳐간 성인 성자들과 이들의 제자들을 믿으며 추앙하고 받들면 신앙인들도 그들과 공범자가 되어서 심판을 받게 된다고 하시었다. 그래서 종교를 믿으면 믿을수록 인생이 뒤집어지는 것인데 신앙인들이 이런 진실을 알지 못해 자기가 죽는 줄도 모르고 종교 숭배자들을 맹신하며 열심히 받들고 있다고 애통하다 못해 비통해 하시었다.

성인 성자와 제자들인 종교 지도자에 의해서 여러분의 신과 영의 부모님을 바꾸는 환부역조의 죄를 지어 공범자가 되었으니 인생살이가 아프고 슬픈 것이라 하시었다. 이들로 인해서 하늘이 가슴 아파하시는 기운을 신앙인들이 그대로 느끼는 것이라 전해 주시었다.

지금이라도 종교세계를 떠나서 하늘 곁으로 돌아오라고 여러분을 애타게 부르시고 계신다. 종교를 믿어 너희들이 기쁘고 행복하다면 상관없지만 너무 많이 아프고 슬프지 않느냐고 오히려 위로의 말씀을 내려주신다.

그리고 종교 숭배자, 종교 지도자들의 말을 믿으면 진짜 구원받을 기회를 박탈당하여 살아서는 물론 죽어서 지옥세계로 떨어질 것인데 그 참혹한 고통을 어떻게 감당할 것이냐고 걱정해 주신다.

지금이라도 늦지 않았으니 너희들이 원하고 바라는 현생과 내생의 구원은 나의 특명을 받고 자미국의 두 저자 인간 육신으로 하강한 자미인황과 영의 신감을 통해서 구원해 줄 것이니 어서 들어오라고 하셨다. 구원의 진실을 가르쳐 주는 인류의 영적지도자가 없기에 몰라서 종교세계 들어가 있는 인류를 사랑하시는 그 마음이 너무나도 넓으시다.

성인, 성자들과 종교 지도자들로 인해서 수천 년의 세월 동안 배신 당하여 가슴이 찢어지시고 피멍이드셨는데도 자미국으로 들어와서 구원해 달라고 빌면 받아주시겠다고 말씀하시니 과연 진짜 하늘은 다르시다.

아무리 몰라서 신과 영의 부모를 바꾸는 환부역조를 했다지만 그 모두를 용서하시고 받아주신다니 인간 육신의 눈높이로서는 절대 이해가 안 되는 대목이다. 그래서 지고 지존하신 하늘이신가 보다.

하늘의 배신자 죄인들에게도 하늘로 다시 돌아갈 기회를 주신다고 하시니 여러분은 천재일우의 기회를 놓치지 말고 자미국에 들어와서 부끄러움으로 용서를 빌어 영원한 하늘의 사랑을 받고 하늘의 보호 속에서 살아가기를 바란다.

자미국에서 행하는 모든 의식은 종교처럼 보여주기식이 아니라 천상의 신들께서 하강 강림하시어 친히 행해주시는 천상지상의 최고 귀한 의식이다.

인류가 원하고 바라는 인생의 행복을 이루는 길!

그 행복의 길은 종교세계 안에 있는 것이 아니라 종교 판밖의 자미국에 있다. 종교 안에서 원하고 바라는 모든 것이 자미국에서 현실로 이루어지고 있으니 세월을 낭비하지 말고 하루라도 빨리 자미국과 인연을 맺어서 현생과 내생의 기쁨과 행복을 찾기 바란다.

인간 육신이 원하고 바라는 행복이 있고, 여러분 몸 안에 있는 신과 영들이 원하고 바라는 행복이 있고, 이미 돌아가신 가족이나 부모, 형제, 조상님들이 원하고 바라는 행복이 각기 따로 있고, 이 행복을 이루는 방법 역시 모두 다르다는 것을 여러분은 전혀 알지 못했을 것이다.

인간 육신이 원하고 바라는 행복을 이루어주시는 분은 천지신명님과 열두대신님이시고, 여러분 몸 안에 있는 신과 영들이 원하고 바라는 행복을 이루어주시는 분은 하나님보다 더 높으시고 모든 하늘(천주)들을 지휘통치하시는 태초의 하늘이신 태상천존 자미천황님이시다.

이미 돌아가신 가족이나 부모, 형제, 조상님들이 원하고 바라는 행복을 이루어주시는 분은 도솔천궁의 주인이신 도솔천황님이시고, 인간들이 가장 좋아하는 큰돈(재물)을 불러들이고 주관하시며 대한민국의 기업을 세계적인 거대 기업으로 발전시켜 주실 분은 자미국에서 인류 최초로 찾아낸 재물천신님이셨다.

자미국에서 밝히는 천지신명님과 열두대신님을 무속세계의 신으로 생각할 사람들이 거의 전부일 것인데 이름만 같을 뿐 전혀 다른 분으로 자미국으로만 함께 해주시는 대단하신 신비의 능력자이시다.

천지신명님과 열두대신님께 여러분과 직계가족의 본관, 성명, 생년월일, 주소를 올리는 명부입적(名簿入籍) 정성을 들이면 인간 육신의 고통과 불행은 사라지고 기쁨과 행복의 세상이 새롭게 시작되는 신비로움이 있다.

천지신명님과 열두대신님은 우리 인간들이 원하고 바라는 육신적인 소원성취를 현실로 이루어주시고, 인생의 불행을 미리 막아주시는 감사하신 분들이시다.

그래서 자미국에 들어오면 조상영가님들의 소원, 여러분 몸 안에서 천상세계로 올라가려는 신과 영의 소원이 이루어지고, 천금제(天金祭)를 통해서 국내 기업들을 세계적인 거대 기업으로 발전시켜 줄 수 있으니 인류 모두가 애타게 찾던 곳이 하늘과 땅, 천지신명님이 세운 자미국이다.

본 책자는 일반 작가들이 쓸 수 있는 내용도 아니고, 저자의 주관적인 생각을 집필한 것도 아니다. 인류가 구원받고자 애타게 기다리던 천상과 지상의 대단하신 능력자 분들께서 수많은 의식 때 친히 인간 육신으로 하강 강림하시어서 직접 가르쳐 주신 말씀과 계시로 내려 주신 내용들을 수록한 것이다.

종교세계 교리와 이론만은 절대로 믿으면 안 된다고 강조하며 종교 숭배자와 종교 지도자들의 잘못을 지적한 것도 천상에서 가르쳐 주신 내용이니 신앙인들은 참고하기 바란다. 인간들은 종교가 왜 잘못되었는지 전혀 알 수가 없다.

사실이 이러하니 지금까지 어떤 종교를 믿고 있는 사람들은 이 책을 읽고 공감하면 종교를 하루빨리 탈출해서 도솔천 자미국으로 들어와 새로운 인생을 살아가기 바란다.

| 목차 |

제1부

인생을 좌우하는 영들의 세계

하늘과 땅, 신이 주시는 신비기운

이 책은 성경, 불경, 도경을 능가하는 인류 최고의 책이기 때문에 영적 차원이 낮은 사람들은 읽어보아도 전혀 이해가 안 되고, 무슨 말인지 도통 알아들을 수 없어서 책을 다 읽어 보아도 핵심 내용을 모른다.

여러분이 감동 감명받았다고 가족들에게 책을 보라고 말했다가는 혼자서만 병신 된다. 책을 읽으면서 감명, 감동, 공감하는 것은 여러분 스스로가 잘나서 이해가 되는 것이 아니라, 하늘과 땅이 실시간으로 내려주시는 천지기운 때문이다.

하늘과 땅이 조상님을 구원해 주시려고 여러분을 깨닫게 해서 자미국으로 오게 하시려고 내려주시는 천지기운 때문에 책을 읽는 도중에 별별 희한하고 신비한 이적과 기적의 신비조화가 일어나는 것이다.

여러분은 하늘과 땅, 신과 영, 조상님도 안 보이고, 안 들리기 때문에 육신 전체를 통해서 천지의 신비기운으로 느끼게 해주시는데 대략 이런 증상이 나타난다.

책을 읽는 도중에 전혀 졸리지도 않는데 하품이 끊이지 않고 나온다. 졸려서 하는 하품과는 다르다는 것을 각자들이 스스로 알 수 있는데 여러분 육신을 통하여 하늘과 땅, 신과 영, 조상님이 보내는 언어(보디랭귀지)전달 메시지이다.

머리 정수리 부근에서 뭐가 기어다니는 느낌과 온 몸에 발바닥부터 머리끝까지 여기저기를 바늘로 찌르듯 앗, 따가워 할 정도의 순간 통증을 느끼며 비명을 지른다. 머리와 몸이 좌우로 흔들거리고, 손으로도 기운이 내려서 흔들거린다.

구독하면서 눈가에 이슬이 맺혀 훔치고, 마음이 울컥하고 울음이 터져나오는가하면 대성통곡하는 사람들도 많다. 너무나 슬퍼서 한이 맺히고 원이 맺힌 사람처럼 구슬프게 목놓아 엉엉 울어버리기도 한다.

온 몸에 미세함 또는 강한 진동이 느껴지며 떨떨 떠는 사람, 약한 전기에 감전된 듯 손과 발, 몸으로 찌릿찌릿한 기운이 느껴지는 사람, 너무나 졸음이 쏟아져서 책을 볼 수 없을 정도가 되는 사람도 많은데 이겨내고 봐야 한다.

환청과 환영이 들리고 보이는 사람도 있고, 드디어 찾았다고 쾌재를 부르면서 싱글벙글 웃음보가 터지는 사람, 기분이 날아갈 듯 상쾌하고 기쁜 사람, 아, 이런 세상이 있었다니 하면서 탄식하는 사람, 몸이 천근만근으로 무거워진 사람, 무기력해지는 사람, 꿈에 조상님이 나타나는 사람 등 천차만별로 메시지가 전해진다.

인간 육신들은 눈으로 보고, 귀로 듣고, 만져질 수 있고, 체험할 수 있는 과학적인 것만 인정하고 있다. 그래서 여러분에게 하늘과 땅, 신과 영, 조상님이 현실세계에서 실제로 존재한다는 것을 보여주시고자 저자에게 이런 대목을 쓰게 하시어 인간 육신들이 믿을 수 있게 배려해 주시는 것이다.

육신적으로는 저자가 집필하는 것이지만 내용 자체는 실시간으로 하늘과 땅, 신과 영, 조상님이 계시로 내려주시기에 가능한 것이지 내 생각만으로 꾸며서 쓰려하면 몇 장 쓰지도 못할 것이고 구독하면서 여러분에게 신비조화가 일어나지도 않을 것이다.

책을 구독하면서 이런 신비의 증상(천지 계시)이 일어나는 책은 인류 역사상 최초로서 성경, 불경, 도경을 능가하는 하늘과 땅이 인류에게 내려주신 고귀한 천서이자 신서로서 이 책을 구독하고 자미국에 들어와서 하늘과 땅의 명을 받아서 천인과 백성이 되는 사람들은 수천수만 년의 세월을 통틀어서 가장 큰 행운아이다.

책을 읽으며 신비기운이 느껴지는 책은 전무후무한데 책 내용이 진짜라고 하늘과 땅, 신이 가르쳐 주시는 것이다.

영혼들의 천상궁전

사람들은 육신의 살 집과 죽음 이후 시신이 묻힐 묘지, 납골, 수목장은 미리미리 준비하면서 죽은 육신을 떠난 신과 영들이 살아갈 천상의 집에 대해서는 보이지 않는다고 무관심하거나 아예 마련할 생각조차 안하고 살아간다.

왜? 그런 것일까?

죽음 이후의 영혼세계, 사후세계가 사람들의 눈에 보이지 않기 때문에 실제로 존재하는지에 대해 반신반의하면서 믿음이 가지 않기 때문이다. 종교를 믿으면 신과 영들이 천상세계로 올라가는 줄 알고 있지만 하늘과 땅, 천지신명님의 천지대명을 받아야한다.

태초로 밝혀진 진실.

인간세계에 종교를 통해서 밝혀진 천국세계, 천당세계, 극락세계, 선경세계는 좋은 세계로 알려진 것과는 정반대로 바로 살아있는 지옥세계였다.

살아생전 못된 짓 태산처럼 해놓고도 종교를 믿거나 굿, 천도재, 기도, 미사, 예배를 통하여 구원받아 올라갈 수 있다고 쉽게 생각했던 세계가 지옥세계라는 말에 독자들은 많이 혼란스러울 것이다.

종교 믿으면 아무나 갈 수 있는 세계가 어찌 그곳이 진짜 천국세계, 천당세계, 극락세계, 선경세계란 말인가? 살아생전 나쁜 짓 다하고, 흉악범들도 종교적 숭배자를 믿거나 구원의식만 행하면 갈 수 있는 세계가 어째서 좋은 세계인지 궁금증을 가져본 적이 있는가?

예를 들면 호화로운 본인들의 화려한 대저택에 초대받지 않은 불청객이나 강도, 살인범, 깡패, 조폭, 절도범, 흉악범, 방화범, 강간범, 거지, 노숙자들이 떼거지로 방문한다면 모두 집 안으로 받아들일 것인가?

아무리 마음씨가 착하다고 해도 이런 흉악무도한 자들을 자신의 집 안으로 불러들여서 함께 동고동락하면서 살아갈 사람들은 한 사람도 없을 것이다.

기존에 알려진 천국세계, 천당세계, 극락세계, 선경세계는 가짜 세계이고 이곳이 바로 지옥세계이다. 온갖 흉악범 쓰레기들과 구원받지 못할 대역 죄인들이 함께 모여서 살아가는 아비규환의 무법천지가 이들 지옥세계란 것을 독자들은 이 순간부터 알아야 할 것이다.

인류 모두가 그토록 원하고 바라던 좋은 세계!

지금까지 철저히 숨겨져 있었고 자미국의 인황과 신감을 통해서 인류 최초로 밝혀지고 있다. 천상궁전 자미천궁과 도솔천궁이 바로 인류가 기다리던 무릉도원 세계이다.

도솔천궁이라 하니까 불교에서 말하는 도솔천으로 생각하는 사람들이 상당히 많을 것인데 전혀 다른 세계이다. 도를 관장하는 하늘이란 뜻으로 도솔천이고 도솔천궁이다.

불가에서 말하는 도솔천은 한문으로 兜率天으로서 투구 '두' 자를 쓰는 반면 자미국에서 말하는 도솔천은 道率天으로 길 '도' 자를 쓰고, 석가모니 부처가 있는 세계가 아닌 천상궁전 자미천궁 경내에 있는 세계를 말한다.

천상과 지상의 도를 거느리는 하늘이 도솔천이고 이곳의 주인은 석가모니 부처가 아니라 도솔천황님이시다. 불가에서 말하는 부처 세계와는 전혀 다른 세계이니 혼동하지 말아야 한다.

불가와 도가에서 말하는 도솔천과 이름은 같으나 처음으로 인간세계에 공개되는 무릉도원의 세계로서 기존의 불교나 무속, 도교, 천주교, 기독교의 종교세계를 통해서는 절대로 올라갈 수 없는 우주의 중심으로 은하계 최고의 아름다운 세계이다.

도솔천이란 같은 이름이 지상에도 많이 있지만 장소, 운영자, 규모가 모두 다르다. 동명이인으로 가장 많은 이름이 김영숙 40,335 김정숙 39,663 김정희 37,419, 김영희 35,190 김영자 34,865명이다.

이렇게 이름은 같아도 나이, 거주지, 학벌, 성품, 모습이 전혀 다른 것과 생각하면 맞을 것이니 도솔천 도솔천궁을 불가와 도가에서 말하는 석가모니 부처 세계와 같다고 생각하면 절대로 안 된다.

세상의 그 어떤 영가들도 종교의식을 통해서 올라간 적이 없는 깨끗한 무릉도원 세계이다. 자미국에서 입천제를 행해서 도솔천황님의 명을 받은 영혼 영가들에 한 해 죄를 사면받은 자들에게만 입궁이 가능한 세계라서 아무나 함부로 올라갈 수 없는 최고의 높은 세계이다.

여러분은 육신이 죽은 다음에 기존에 알려진 천국세계, 천당세계, 극락세계, 선경세계가 아니라 자미국에서 최초로 밝히는 천상궁전 자미천궁 경내의 도솔천궁으로 올라가야 영생을 누리고 근심과 걱정 없이 현생과 내생을 기쁨과 행복 속에서 살아갈 수 있다.

천상궁전 자미천궁은 천지만생만물을 창조하신 태초의 하늘 태상천존 자미천황님께서 거처하시는 공간으로 신들이 노니는 천상세계라서 하늘과 땅, 천지신명님께서 내리시는 천지대명을 받아 신인(천인, 도인)합체 의식을 행한 신인, 천인, 도인들만 입궁이 허락된다.

사후의 영혼세계에서 영원히 거주할 천상의 집을 마련할 수 있는 길이 자미국에 있다. 이미 돌아가신 자신의 당대부터 시조까지 조상님들은 입천제를 행해서, 살아있는 본인과 가족들은 신인(천인, 도인)합체 의식을 행해서 천상세계 집을 미리 준비해 놓고 세상을 떠나야 춥고 배고픈 허공중천 구천세계를 떠돌지 않고, 지옥세계로 떨어지지 않는다.

사후세계의 무릉도원 도솔천궁

여러분이 죽어서 천국세계, 천당세계, 극락세계, 선경세계로 알려진 지옥세계로 올라갈 것인가? 춥고 배고픈 허공중천 구천세계를 떠돌 것인가? 아니면 말이 통하지 않는 자손들의 몸으로 들어가서 답답하게 살아갈 것인가? 이제 중대한 결정을 내려야 할 때가 다가왔다.

천상궁전 도솔천궁 입천

일반 세계, 하단 세계, 중단 세계, 상단 세계, 특단 세계로 차등이 있고 천차만별이다. 다섯 가지 세계 중에서 여러분의 가족과 부모 조상님들을 어느 세계로 보내드릴 것인지는 각자의 선택에 달려있다.

인간세계의 집은 100년 미만의 육신을 의지할 한시적인 주거공간이라면 사후세계의 천상궁전 도솔천궁은 몇 억년을 살아가야 하는 영원한 집이기에 처음에 어느 세계로 보내드릴지 선택을 잘해야 한다. 한 번 올라가면 더 높은 세계로 다시 올라 갈 수가 없다.

100년도 못사는 육신의 주택, 묘지는 철저히 준비하면서 진짜 영원한 천상세계 살 집 마련은 방법을 몰라서 아무 대책 없이 살아가고 있다.

도솔천궁으로 입천(入天)하려면 하루에 한 가문의 조상님만 가능하다. 하루라도 빨리 조상님들을 천상궁전 도솔천궁으로 입천시켜 드려야 조상님들이 편안하다. 조상님이 편안해야 여러분 인생도 편안하다.

여러분 육신이 살아있을 때 조상님들은 입천제를 행하여 천상궁전 도솔천궁으로 보내드리고, 여러분은 죽음과 동시에 천상 자미천궁으로 올라갈 수 있는 신인(천인, 도인)합체 의식을 행해서 신인, 천인, 도인으로 관명을 하사받아야 남은여생을 마음 편히 살아갈 수 있다.

하늘 아래 인류 모두는 죄인들이다

인류 모두가 하늘 아래 죄인 아닌 자들이 한 명도 없다는 진실을 아는 자가 없다. 각자 자신들은 법 없이도 살아갈 만큼 착하게 살았고, 남에 가슴 후벼 파지 않았고, 사기 치지 않았고, 공금 횡령, 세금 탈루, 부정비리, 뇌물 상납, 도둑질 하지 않았기에 죄인이 아니라고 생각하며 살아가는 사람들이 참으로 많을 것이다.

이것은 인간세상 살아가면서 대다수 사람들이 지은 죄이고, 여러분과 여러분의 조상님들이 전생과 현생에서 지은 죄가 얼마나 많고 큰지 모를 것이다. 당대부터 시조까지 여러분의 수많은 조상님들이 전생과 현생에서 지은 죄가 태산처럼 많이 쌓여 있다.

이 땅에 이미 왔다 가신 수많은 조상님들의 죄를 빌지 않아서 지금 육신이 살아있는 여러분은 조상님들이 지은 죄를 고스란히 물려받고 있기에 어느 날 갑자기 인생이 뒤집어져 몰락하여 아픔과 슬픔, 고통과 불행이 일어나는 것이다.

지은 죄가 뭔지 몰라서 죄가 없다고 생각하며 살아가는 사람들이 전부이다. 우리 인간이 영과 육으로 이루어져 있듯이 하늘과 땅 즉, 영의 하늘이 있고, 육의 하늘이 있는데 이분들을 찾지 않은 것이 가장 큰 죄이다.

영의 하늘은 육신의 죽음 이후에 사후세계 삶을 주관하시고, 육의 하늘은 인간세계를 살아가는 동안 인생의 삶을 주관하신다. 영의 하늘만 열심히 찾는 자들은 인간의 삶이 필요 없다고 어서 빨리 죽여 달라고 비는 것과 같기에 인간의 삶이 고통스러워지고 결국 파멸하게 된다.

육의 하늘이 누구인지 아는 인류는 이 세상에 없다. 육의 하늘을 찾지 않으면 인생의 부귀영화, 풍요로움, 행복, 건강, 목숨, 재물, 권력, 벼슬, 명예, 직장이 한순간에 추풍낙엽처럼 사라진다.

자미국을 통해서만 밝히시는 영의 하늘과 육의 하늘!

종교세상에서 그동안 전해진 영과 육의 하늘이 아니라 인류 최초로 밝혀지고 있는 영의 하늘과 육의 하늘은 자미국에 들어와야만 알현 할 수 있다.

살아있는 육신들이 그토록 원하고 바라던 천복과 지복을 무궁무진 받을 수 있는 전 세계 유일한 곳이 자미국인데 세상 사람들은 자미국의 존재를 아직 잘 모르고 있다.

영의 하늘께 각자 전생과 현생의 죄를 용서 빌어서 명을 받지 못하면 죽어서 천상세계로 오를 수 없고, 육의 하늘께도 이미 가신 조상님들의 죄를 빌지 않으면 인간 육신의 물질적, 정신적 풍요와 건강, 수명장수, 재물, 권력, 벼슬, 명예 등 부귀영화를 누릴 수 없다.

사후세계를 잘살게 해주시는 영의 하늘이 계시고
인간세계를 잘살게 해주시는 육의 하늘이 계신다.

이분들 모두 세상에 알려지지 않은 존귀하시고 고귀하신 존호가 있으시지만 세상 사람들에게 함부로 마구 불려서 오염될까 봐 걱정된다.

인생사의 아픔과 슬픔, 고통과 불행, 단명, 자살충동, 해임, 파면, 사건사고, 심장마비, 돌연사, 가정과 기업 몰락은 육의 하늘을 만나면 모두가 사라지고 행복한 인생을 다시 살아갈 수 있다.

인류가 태어나고 지금까지 육신의 풍요로운 삶을 주관하시는 육의 하늘이 실존하고 계신다는 진실이 태초로 밝혀졌으니 저자의 승리이자, 자미국의 승리요, 대한민국의 승리이다. 인생을 행복하게 살아갈 수 있게 해주시는 육의 하늘을 만나는 길은 전 세계에서 자미국에 입국하여 저자와 인연 맺는 길 하나뿐이다.

인생사에 일어나는 모든 사건사고와 불행들에 대해서 모르시는 것이 하나도 없으신 육의 하늘이시다. 크게 성공하고 출세한 대통령, 총리, 부총리, 장관, 차관, 광역시장, 도지사, 시장, 군수, 구청장, 교육감, 기관장, 재벌 총수, 대기업과 중소기업 대표, 기관장, 정치인, 국회의원, 사회 저명인사도 자신의 성공과 출세를 지키려면 당장 육의 하늘을 만나서 한 치 앞도 알 수 없는 불확실한 미래 세계를 보호받아야 하루아침에 몰락하는 불상사를 당하지 않는다.

성공하고 출세해서 부귀공명을 누리고 싶은데 아무리 노력해도 안 되는 사람들도 육의 하늘을 만나야 뜻을 이룰 수 있다. 이런 어마어마한 진실을 찾아내는데 육신적으로는 60년의 세월이 걸렸다.

여러분의 인생이 안 풀리고 하루아침에 엎어지고 자빠져서 멸망하는 것은 사탄, 마귀, 악귀, 잡귀, 악령, 악신, 종교 귀신과 여러분과 여러분의 조상님들이 전생과 현생에서 지은 죄 때문이었다고 밝히시었다.

죄가 있으면 하늘이 복을 내려주시어도 받을 수가 없다고 하시면서 인류 모두는 영의 하늘과 육의 하늘 앞에 죄인들이니 살아서든 죽어서든 고통받아 불행해 지지 않고 편안하게 잘살고 싶으면 자미국에 입국하여 여러분과 조상님이 지은 죄부터 빨리 빌어야 한다고 가르쳐 주시었다.

하늘과 땅, 즉 영의 하늘과 육의 하늘을 인정하지 않고 무시하며 찾지 않으면 여러분의 영과 육은 바람 앞에 촛불 신세처럼 어느 날 갑자기 불행이 닥쳐서 재물, 권력, 건강, 명예, 행복의 부귀영화가 사라지는 파멸을 맞이한다.

아직 살아서 몰락하지 않은 사람들에게는 지금 자미국에 입국해서 자신과 조상님들이 전생과 현생에서 지은 죄를 빌 수 있는 기회를 주고 있는 것이니 서둘러야 한다. 여러분이 입천제를 행하여 조상님의 죄를 빌지 않으면 자손이나 후손들이 죄를 물려받기 때문에 몰락하는 것은 시간문제이다.

자신과 조상님들이 전생과 현생에서 지은 죄를 여러분이 빨리 빌지 않으면 자손들이 거대 그룹을 물려받았더라도 한 순간에 무너져서 다른 기업에 흡수되는 불운을 맞게 되어 회사 이름 자체가 사라진다. 육신이나 기업이 아직 건재하다면 빨리 서둘러서 육의 하늘을 만나야 지킬 수 있다.

방송을 통해서 재벌 총수와 거대 그룹들이 어떻게 몰락하고 있는지 생생히 보여주고 있는데 타산지석으로 삼아 자미국으로 속히 들어와서 죄를 빌어 육신과 기업을 지키라는 육의 하늘이 보내시는 사랑과 구원의 긴급 메시지이다.

현재 재계 서열 1~10위의 거대한 그룹일지라도 육의 하늘께 자신의 조상님들이 전생과 현생에서 지은 죄를 빨리 빌지 않으면 대우그룹, 국제그룹, 대한생명, 경남기업처럼 몰락하고, 재벌 총수의 생명이 단명하거나 위태로워진다.

이들 기업인들뿐만이 아니라 국정책임자, 시도지사, 시군구청장, 국회의원, 고위공직자들도 마찬가지이다. 인생의 파멸을 피해갈 수 있는 유일한 길은 천계에서 하강 강림하신 육의 하늘을 하루빨리 만나는 길뿐이다.

여러분 모두가 고통스럽게 살아가고 하루아침에 속절없이 질병과 사고, 자살과 살해 당해 죽거나 몰락하여 부귀영화가 사라지는 것은 육의 하늘을 만나지 못해서 자신과 여러분 조상님들이 지은 죄를 빌지 않았기 때문이다.

인생 파멸의 근원은 죗값이다.

지금 아무런 일없이 승승장구하며 잘 살아가고 있을지라도 이 글을 읽고 자미국으로 입국하여 죄를 빌지 않으면 육의 하늘께서 여러분의 태산같은 돈과 재산, 권력, 벼슬, 목숨, 기업, 가정이 한순간에 무너진다.

죄를 빌지 않는 자들은 이 땅에서 발을 붙이고 살아갈 수 없게 하신다고 선포하시었다. 자신들이 무슨 죄를 짓고 살아가고 있는지조차도 모르고 뻔뻔스럽게 부귀영화 누리며 살아가고 있지만 이제 그것을 반납할 때가 눈앞으로 다가왔음을 세상을 통하여 생생히 보여주고 계신다.

지금 현재도 계속하여 신문과 방송으로 수많은 사건사고로 인한 사망, 질병 사망, 심장마비, 돌연사, 기업의 몰락을 육의 하늘께서 신분과 지위고하를 막론하고 생생하게 보여주고 있으시지만 여러분이 모르고 있을 뿐이다.

여러분이 자신과 조상님들이 전생과 현생에서 지은 죄를 빨리 빌지 않으면 전직과 현직에서 저지른 부정비리, 기업인들의 세금 탈루 비리가 낱낱이 차례대로 밝혀질 것이기에 때문에 숨을 곳도, 도망갈 곳도 없다.

보호받아 살고 싶은 자들은 신분과 지위고하를 막론하고 자미국으로 속히 들어와서 죄를 빌고, 한순간에 모든 것이 물거품 되어 몰락하고 싶으면 알량한 신분과 지위, 명예를 끝까지 내세우면서 육의 하늘을 부정하면 될 것이다.

이런 태초의 진실을 밝혀주는 것은 육의 하늘께서 살려 줄 자가 있기 때문에 여러분 모두에게 공평한 기회를 주고 계신 것이다. 기회를 주었음에도 무시하고 부정한다면 현실로 상상을 초월하는 불행을 맞이할 것인데 그 또한 죄를 지어 놓고도 잘났다고 빌지 않는 여러분과 조상님들의 정해진 불행의 운명이니 이 또한 각자들의 팔자 일 것이다.

여러분이 자신과 조상님이 지은 전생과 현생의 죄를 빌고 싶다고 아무 때나 빌 수 있는 것이 아니라 예약하고 대기하여야 한다. 많은 자들이 이미 예약이 되어 있기에 순번대로 죄를 빌어야 한다.

죄를 빌어 죄인의 굴레에서 벗어나 인생을 행복하게 살아갈 수 있는 사람은 하루에 한 사람으로 한정되어 있고 의식을 행한 자들에게만 죄를 빌 수 있는 자격이 주어진다.

종교 안에서 행하는 회개, 고해성사, 참회는 100년을 빌어도 죄를 사면받지 못하기 때문에 아무 소용이 없고, 오히려 죄를 비는 자들의 죄가 천상장부에 올라가서 인생 살기가 더 어려워진다고 하시었다. 인류의 죄 사면권자는 종교에서 전하는 하늘이 아니라 자미국에서 전하는 영의 하늘과 육의 하늘이시다.

죄를 빌 때 영의 하늘에 빌어야할 죄가 있고, 육의 하늘에 빌어야할 죄가 각기 다르다는 사실도 가르쳐 주시었다. 인류는 영의 하늘과 육의 하늘 앞에 죄인 아닌 자들이 하나도 없기 때문에 신분과 지위고하를 막론하고 여러분 모두가 전생과 현생의 죄를 빌어야 현생과 죽음 이후 사후세계를 편안하게 보장 받을 수 있다.

여러분을 한 명이라도 더 살려내시기 위해 자미국을 통하여 전생과 현생의 죄를 빌 수 있는 기회를 주고 계시니 이 책을 읽고 자미국에 들어오는 여러분은 행운아에 해당한다.

왜, 인간으로 태어났나?

사람들이 살아가면서 모두가 궁금히 여기는 부분이다.

축생이 아닌 만물의 영장으로 태어난 이유가 있는데 재수 좋아서 인간으로 태어난 것이 아니라 이 땅에 태어나서 하늘로부터 받은 사명을 완수하기 위해서 만물의 영장인 인간으로 탄생시켜 주셨다고 천상에서 밝히셨다.

사명을 완수하기 위해서는 세 개의 문을 열어야 하는데 그 첫 번째가 조상님의 문을 여는 것이고, 두 번째가 땅의 문을 여는 것이며, 세 번째가 하늘의 문을 여는 것이었는데 이런 진실을 이 땅에서 아는 자가 없었다.

세 개의 문을 열어야 하는 이유?

입천제를 행하여 조상님의 문을 여는 사람들에 한해서 하늘의 문과 땅의 문을 열 수 있다. 하늘과 땅의 문을 열 수 있는 것은 만물의 영장인 인간으로 태어나서 가장 큰 행운아가 되는 길이다.

여러분과 함께 살다가 돌아가신 당대부터 시조까지 모든 조상님, 부모님, 배우자, 자녀, 형제, 자매들은 귀신이 되어 사후의 지옥세계에서 땅의 하늘을 만나지 못해서 힘들고 고통스럽게 살아가기 때문에 그 기운을 받고 사는 여러분의 인생이 아픔과 슬픔, 고통과 불행의 인생을 살아가는 것이다. 조상님들이 힘들면 자손이나 후손들도 똑같은 기운을 받아서 만사가 불통되어 힘들어진다.

이것이 동기감응이다. 그래서 땅의 좋은 기운 받아 발복하는 터에 조상님을 모시려고 명당자리를 찾는데 이제 명당자리도 고갈되어 찾을 수가 없다. 핏줄들인 여러분이 조상님들의 힘들고 나쁜 기운을 받아서 인생사에 알 수 없는 수많은 풍파가 일어나는 것이다.

여러분의 전생도 있고 현생도 있으니 내생도 실존한다.

옛날 말에 조상님이 편해야 자손들이 편하다고 했고, 조상님도 자손 잘 만나야 하고, 자손도 조상님 잘 만나야 한다고 했는데 그 진실을 전한다.

힘들다고 자손과 함께하지 않고 도망간 조상님들도 많고, 자손 역시 조상님의 존재를 부정하며 무시해서 거들떠보지도 않고, 사탄과 마귀로 박대하는 사람들이 많기 때문에 서로가 잘 만나야 한다는 말이다.

사후 지옥세계에서 조상님을 구하는 하늘이신 도솔천황님께 구원받지 못해서 아파하고 슬퍼하며 힘들어하는 여러분의 조상님들을 천상 도솔천궁으로 구원하는 사명을 완수하라고 만물의 영장인 인간으로 탄생시켜 주셨다고 말씀하시었다.

이것이 인간으로 태어난 첫 번째 사명 완수인데 아무런 조건 달지 말고 입천제를 행하여야 더 많은 복을 받게 되고 조건부 입천제 의식을 행하면 복이 반감되거나 아예 못 받는다. 감히 조상님을 구하는 하늘이신 도솔천황님과 조건부 거래를 한다는 자체가 불경죄이기 때문이다.

아무런 조건 없이 근본 도리로 조상님 입천제를 행하면 복은 자연스럽게 조상님이 받아 오신다. 상대방에게 선물하면서 답례로 무엇을 선물해 줄 것인가 조건을 붙인다면 아무도 선물을 받지 않을 것이다.

사후 지옥세계에서 힘들어하며 슬피 울고 있는 조상님들을 구원해 드려서 꽃 피고 새 우는 무릉도원 도솔천궁에서 영생을 누리며 편히 살아가시게 입천제를 행해드리는 것은 자손과 후손으로서의 근본 도리 아니겠는가?

종교세계를 통해서 세상에 알려진 천국세계, 천당세계, 극락세계, 선경세계, 유토피아, 이상향 세계는 천상에서는 도솔천궁이고 지상에서는 자미국이다. 조상님을 구하는 하늘이라고 해서 지상에 있는 것이 아니라 천상에 있다.

육과 조상님들의 길흉화복, 생로병사, 생사여탈권을 주관하시는 육과 조상님들의 하늘은 천상 도솔천궁에 계신 도솔천황님이시고 어머니 역할이라 땅이라 표현했다. 영들의 길흉화복, 생로병사, 생사여탈권을 주관하시는 영의 하늘은 천상 자미천궁에 계신 자미천황님이시고 아버지 역할이시다.

산 자와 죽은 자가 기다리고 바라던 복이 내리는 경로는 천상 자미천궁에 계신 자미천황님=〉 천상 도솔천궁에 계신 도솔천황님=〉 천지신명님=〉 도솔천궁으로 입천되신 조상님=〉 입천제 행한 사람들이다.

영의 하늘이신 자미천황님과 육의 하늘이신 도솔천황님께서 우리 인간들에게 복을 직접 내려주시는 것이 아니라 천상 도솔천궁으로 입천되신 여러분의 조상님들을 통해서만 내려주신다고 하시었다. 이 역시 아무런 조건 달지 않고 근본 도리로서 조상님 입천제를 행한 사람들에게만 내려간다.

조상님의 존재를 부정하고 무시하며 박대해서 입천제를 행하여 구원하지 않으면 하늘과 땅이 내리시는 복을 받고 살아갈 수가 없다고 천상에서 가르쳐 주시었다.

하늘과 땅은 우리 인간들에게 직접 복을 주시는 것이 아니라 조상님 입천제를 행하여 구원받은 조상님을 통해서만 자손들에게 내려주신다고 하셨다. 그래서 조상님들을 입천제를 행하여 도솔천궁으로 보내드리지 않으면 조상님들이 복을 받아 올 수가 없다고 하신다.

천상 도솔천궁에는 인간들이 좋아하는 가지각색 온갖 복들이 태산처럼 쌓여있기에 조상님들이 복을 타다가 자손에게 주어야 인생살이가 편안하다고 하시었다. 그러니 입천제를 행하여 도솔천궁에 오르지 못한 조상님들은 자손에게 복을 받아다 줄 수가 없는 것이다.

두 번째 열어야 할 문은 영의 하늘이신 자미천황님이 계시는 천상 자미천궁의 문을 여는 방법인데 하늘이 내리시는 명을 받아 신인(천인, 도인)합체 의식을 행하여 신인, 천인, 도인으로 재탄생하는 것인데, 별도의 입천제를 행하지 않아도 육신이 죽으면 천상 자미천궁에 오르게 되는 특권을 누린다.

이미 죽은 자들은 입천제를 행하여 천상 도솔천궁으로 오르고, 살아서 신인(천인, 도인)합체 의식을 행하여 신인, 천인, 도인으로 명을 받으면 사명자들은 육신이 죽더라도 천상 자미천궁으로 오르게 된다. 합체 의식을 행한 사명자 가족 대표만 죽어서 천상 자미천궁으로 오르고 나머지 가족들은 도솔천궁으로 오르게 된다.

세 번째 열어야 문은 인생의 하늘이신 천지신명님, 열두대신님께 자신과 가족의 본관, 성명, 생년월일, 주소, 직업 등 인적사항을 고하는 명부입적 정성을 올리는 것이다.

명부입적 정성을 올려야 인간으로 살아가면서 풍화환란이 막아지고 입천한 조상님들을 통해서 더 많은 복을 내려주시는 이적과 기적이 일어난다. 문을 열어갈 때마다 내려오는 신비로운 조화가 다르다.

각자들이 지은 죄가 크고 많으면 세 개의 문을 모두 열어야 인생으로 천지가 개벽하는 신비로운 이적과 기적이 일어나는데 사람들마다 열어야할 문의 숫자가 다르다. 이 땅에 태어날 때 몇 개의 문을 열어야하는지 사람들마다 사명이 정해져 있기 때문이다.

그렇기 때문에 지금 종교 안에서 허송세월 보내고 있을 시간이 없다. 종교를 열심히 믿는다고 구원받는 것이 아니었다는 점을 인정해야 한다. 지구상에서 자미국을 통하여 하늘과 땅, 천지신명님이 내리시는 천지대명을 받지 않으면 산 자든 죽은 자든 구원 자체가 절대로 안 된다.

인생을 뒤집는 생령의 비밀

인간을 영(생령)과 육으로 창조하실 때 잘난 육신에 비해서 힘이 약한 생령에게는 대신 인간 육신을 굴복시킬 수 있는 신비의 능력을 주셨다고 하시는데 생령의 존재가 인간의 눈과 귀에는 보이지도 들리지도 않다보니 있는지 없는지 존재조차 모르고 살아가는 사람들이 전부이다.

인간의 몸 안에는 생령(인간령)과 신, 수많은 사령(조상령)들이 공존공생하고 있는데 가장 무섭고 두려운 존재가 자신의 생령이라는 존재이다. 일평생 동안 인간 육신의 말과 글, 행동, 마음, 생각에 대해 일거수일투족 모두를 실시간으로 지켜보고 들은 존재이다.

육신과 생령

하나의 일심동체 같으면서도 이상과 생각, 목표가 다른 별개의 두 존재이다. 하지만 이런 진실을 알고 있는 인간들은 이 세상에 하나도 없다.

자아 또는 나 자신이라고 생각하며 살아가지만 추구하는 목표가 완전히 다르다. 인간 육신들은 자기 생령의 존재에 대해서 발톱의 때만큼도 생각 안 하고 살아가고 있으며 생령들이 무엇을 원하고 바라는지, 있는지 없는지 존재조차도 전혀 모르고 지낸다.

인간들이 생령들의 존재가 보이고 않고 들리지 않아서 존재 자체를 모르니까 알아 줄 때까지 어느 정도는 시간을 주고 기다려주지만 일정 세월이 지나도 생령의 존재를 찾아주지 않으면 분노와 저주가 인간 육신에게 폭발하여 교도소로, 암으로, 심장마비로, 자살로, 사고로 세상을 떠난다.

정치인과 고위공직자들은 자리에서 물러날 일이 생기고, 기업인들은 기업이 몰락하여 제 3자에게 넘어가는 불상사가 발생하고, 세금 탈루와 온갖 부정비리를 저지른 사람들은 차례대로 자신들의 비리가 폭로되고, 성추문 같은 망신살이 뻗쳐서 사회적으로 매장된다.

돈과 재산, 권력, 벼슬, 명예, 건강을 순간에 거두어들이기 때문에 인생 몰락, 가정 몰락, 기업 몰락으로 이어지는 불행이 발생한다. 하늘과 신이 내리는 벌보다, 사탄, 마귀, 귀신보다 더 무서운 것이 자신의 생령들이 내리는 저주의 벌이 가장 무섭다는 진실을 어느 누구도 모르고 있다.

신문, 방송을 통해서 알려진 유명 인사들이 갑작스럽게 몰락하는 불행의 원인은 바로 그들 생령들의 분노와 저주 때문이었다는 진실을 최초로 전한다.

그래서 생령들의 존재를 무시하고 찾지 않는 인간 육신들이 상상을 초월하는 불행을 겪어 갑자기 죽거나 몰락하는 무서운 일이 일어나는 것이다.

생령(영혼)을 포함해서 사령(영가)들의 비밀이 자미국에서 인류 최초로 밝혀지고 있다. 생령의 마음과 인간의 마음이 같을 것 같지만 완전히 다르다. 지구상에서 생령과 대화할 수 있는 유일한 곳이 자미국이다.

저자 인황이 여러분의 생령을 제 3자인 신감(공동 저자) 육신으로 불러내면 생령의 마음을 자세히 전하며 대화까지 할 수 있는데 모두가 신비해 하고 기절초풍한다. 자신만이 알고 있는 수십 년 전의 일들을 밝혀낸다.

나와 완전히 똑 같네~ 복사판이야.

어쩜 이럴 수가 있느냐고 하면서 감동의 눈물을 흘리고 경악하며 입을 다물지 못하는 사람들이 전부이다. 전생과 현생의 모든 비밀을 생령들이 알고 있는 것이다.

인생이 왜 병들었고, 왜 기업이 몰락한 것인지, 왜 공직에서 물러났는지, 왜 사기와 배신을 당했는지, 왜 투자에 실패하였는지, 왜 집안에 우환이 끊이지 않는지 근본적인 원인을 찾아낼 수 있고 잘되는 방법이 무엇인지 알 수 있다.

생령과 육신의 전쟁

서로 싸워봐야 얻어터지는 쪽은 인간 육신이다. 생령 앞에 인간 육신은 고양이 앞에 쥐 신세처럼 아주 나약한 존재이기에 싸움 자체가 안 된다. 생령의 존재가 보이기를 하나? 만져지기를 하나? 결코 싸움의 상대가 안 된다.

생령들은 시공간의 거리에 상관없이 자유롭게 이동한다는 사실도 밝혀냈다. 지구 반대편에 육신이 살고 있어도 그 사람의 생령을 저자가 부르면 3분 이내에 신감 육신(공동 저자)의 몸으로 응감(들어옴)하여 자신의 뜻을 전하니 너무나 신기하고 세상에 어찌 이런 일이 있을까 하며 모두가 놀란다.

거리에 상관없이 생령을 청배할 수 있는 신비의 능력은 정말 하늘이 내게 주신 어마어마한 선물이다. 지금까지 이 세상에 살고 있는 사람과 이미 다녀간 성인군자, 대인군자, 도덕군자들도 해내지 못한 경이로운 일이다.

하늘이 내게 왜 이런 천지가 개벽할 신비의 능력을 주시었을까? 하늘과 땅, 인간, 생령, 사령 모두가 함께 잘 사는 무릉도원의 세상인 자미국을 이 땅에 세우고자 함이시다. 경전 속의 이론을 전하는 종교세계가 아니라 실시간으로 신비조화, 신기조화, 풍운조화, 천지조화가 일어난다.

말하는 방법이 달라서 언어 소통이 안 되는 하늘과 땅, 천지신명님, 생령과 사령들의 대변자가 되어서 진실을 전하여 이분들의 원과 한을 풀어주는 것이 두 저자에게 주어진 사명이다. 하늘과 땅, 천지신명님, 생령과 사령들의 원과 한이 풀어지면 인간 육신들의 삶이 무릉도원의 세상으로 바뀐다.

반대로 여러분이 하늘과 땅, 천지신명님, 생령과 사령들의 존재 자체를 무시하고 부정하여 원과 한을 풀어주지 않는다면 인간 육신의 삶은 바로 지옥세계 자체이다.

신분과 지위고하를 막론하고 일평생 동안 피땀 흘려 이루어 놓은 돈과 재산, 기업, 권력, 벼슬, 명예, 건강, 수명이 찰나의 짧은 순간에 종말의 파멸을 맞이하게 된다. 세상에 유명 인사들의 갑작스런 죽음이나 몰락을 매일같이 신문과 방송을 통해서 생생히 보고 있다.

가장 무서운 분노의 저주가 자신의 생령들이다.
수많은 사람들의 생령을 청배해서 대화를 나누어 보면 상상을 초월하는 기막힌 일들이 많다.

오랜 세월을 기다려주면서 책을 읽고 자미국에 방문하여 자신의 존재를 찾아 줄 거라고 기대했었다. 하지만 인간 육신이 사업과 직장이 바빠서 시간이 없다, 지방이라 거리가 멀다, 돈이 들어간다, 너무나 황당하여 믿을 수 없다 등등의 핑계를 대면서 차일피일 미루면 생령들이 구제 불능이라고 판단되는 즉시 분노의 저주가 인간 육신에게 내린다.

생령이 더 이상 육신에게 기대할 수 없다고 판단되면 인간 육신의 생명을 가차없이 죽여 버린다고 한다. 암이나 차사고, 살해, 자살, 심장마비, 항공기 추락사, 선박 침몰로 죽게 만든다고 한다.

생령들이 육신을 죽게 만들 때는 좋은 곳으로 놀러가자고, 여행 가자고, 음식 맛있는 곳이 있는데 친구들과 함께 가자고 달콤한 말로 현혹시킨다고 한다. 그래서 교통사고를 일으켜 죽여 버린다니 얼마나 소름끼치는 일인가?

어디 그뿐인가?

성질 급한 생령들은 아파트에서 투신하거나 목을 매게 해서 죽이고, 급살이나 심장마비를 일으켜 죽인다고 한다. 가족의 육신을 빌려서 직접 살해하기도 한다고 한다. 자신의 생령이 상대방 육신으로 들어가서 자신을 살해하는 것이다.

신문과 방송을 보면 끔찍한 사건사고들이 연속적으로 보도되고 있다. 묻지 마 살인, 엽기 살인, 존속 살인, 묻지 마 폭행, 부부 싸움, 존속 폭행 등등이 자기 생령들의 저주와 분노가 폭발한 것인데 세상 사람들은 이런 진실을 전혀 모르고 살아가고 있다.

2005년에 7월 6일 날 자미국이 이 땅에 세워지고부터 희한한 일들과 대형 사건 사고가 끝없이 일어나고 있는 이유가 생령들이 인간 육신들을 굴복시켜 자미국에 들어와서 하늘로부터 구원받기 위한 절규의 몸부림 때문이라고 한다.

인간 육신들이 나이를 먹어감에 따라 언제 죽을지 몰라서 각자들의 생령들이 불안 초조하여 인간 육신들을 굴복시키고 있었던 것이다. 여러분의 생령들에게는 수많은 전생이 있었지만 처음이자 마지막으로 자미국을 통하여 하늘께 구원받을 수 있는 천재일우의 기회를 놓칠까 봐 육신들을 다그쳐서 자미국으로 데리고 들어오려는 것이었다.

육신이 살아있을 때 하늘로부터 구원받아 천상세계로 오를 수 있는 유일한 기회를 박탈당할까봐 인간 육신들과 전쟁하고 있는 것이 인간 풍파이다. 종교세계처럼 인간 육신이 죽어서 구원받는 것이 아니라 육신이 살아있을 때 구원받는 전 세계 유일한 곳이 자미국이다.

생령들이 인간 육신들과 전쟁을 할 수밖에 없는 생사의 기로에 놓인 위급한 상황인데 어찌 천하태평하게 육신들이 스스로 자미국으로 들어올 때까지 기다려 줄 것인가? 생령들에게는 사느냐, 죽느냐의 촌각을 다투는 일이기에 어떻게 해서든 육신들을 굴복시키려고 혈안이 되어 있다.

자기 몸 안에 있는 생령들에게 이런 다급한 일이 있을 줄은 생각조차 못해 보았을 것이다. 육신들만 호의호식하며 부귀영화 누리며 잘살면 되는 것으로 알고 있었지 생령들의 존재에 대해서는 가르쳐 주는 사람들이 없어서 금시초문 일 것이다.

"부자가 3대를 못 간다"라는 말이 있는데 생령들의 존재를 육신들이 몰라보고 무시했기 때문이다. 결자해지라고 부자로 만든 생령들이 육신들에게 배신 당한 보복으로 파멸시키기 때문에 그런 말이 나온 것이다.

가문과 기업, 육신을 지키고 잘되게 하는 가장 빠른 길은 자신의 생령을 불러내어서 소원이 무엇인지 들어주고 원과 한을 풀어주어서 하늘의 명을 받아 신인(천인, 도인)합체 의식을 행하여 천상궁전 자미천궁으로 승천시키는 일이다.

가장 흔한 부부 싸움과 폭행, 존속 폭행, 동료나 지인과의 싸움, 부하가 직속 상사에게 손찌검이나 폭언, 폭행 등이 일어나는 것은 바로 여러분의 생령이 상대방 육신으로 들어가서 자기 육신을 두들겨 패는 것이었다.

생령이 자기 육신에게 배신 당하였으니 앙갚음을 하려면 주위에 있는 사람들의 육신을 빌리는 것밖에 없다. 생령의 이런 진실이 있다는 사실조차 모르는 육신들은 폭언, 폭행한 상대방을 나무라고 고소 고발한다.

부부간에 싸움할 때도 남편이 부인에게 폭행당하면서도 꼼짝 못하고 얻어터지는 것은 남편의 생령이 부인의 육신에 들어가 있기 때문에 생령의 기운에 눌려서 아무런 저항도 못하고 얻어터지는 것이다.

어느 누구든 육신들은 자기 생령에게 대적할 수 있는 능력이 없다. 생령이 자기 육신에서 빠져나가면 기운이 없어서 싸울 수가 없고, 생령이 들어간 상대방이 연약한 여자라 할지라도 천하장사의 모습으로 변신하여 남자의 힘으로도 제지할 수 없는 초인적인 힘이 나온다.

육신의 삶이 잘 풀리고 천하태평하려면 자기 생령들의 소원부터 들어주어야 한다. 자기 생령의 입을 막지 못하면 육신이 저지른 모든 부정비리가 세상에 낱낱이 폭로되고 구속되어 교도소에 들어가거나 망신살이 뻗친다.

대통령, 총리, 장관, 차관, 광역시장, 도지사, 국회의원, 시장, 군수, 구청장, 도의원, 시의원, 시군구의원, 판검사, 법조인, 변호사, 언론 및 방송인, 학자, 교수, 군인, 기업인 등 사회적 지위가 높은 사람들은 자기 생령의 소원을 하루라도 빨리 들어주지 않으면 육신이 지은 모든 부정비리를 언론 방송과 검찰, 경찰에 제보하여 순간에 몰락시켜 버린다.

또한 말실수를 하게 해서 높은 자리에서 물러나게도 만드니 육신들의 평화를 위해서는 자기 생령에게 즉시 굴복해야만 인생사가 무탈할 것이다.

4성 장군이 음주 후 순간의 추태로 군복을 벗는가 하면 청와대 대변인이 나라 망신시킨 성추행, 전직 국회의장의 캐디 성추행 망신살, 총리와 장관 지명자들이 청문회에서 낙마하는 일, 국회의원, 광역 및 지자체장들의 선거부정, 뇌물수수 구속 등이 결코 남의 일이 아님을 알아야 한다.

이들 모두 자기 생령의 분노와 저주가 폭발하여 일어난 사건들이지만 육신들은 그 당시 왜 그런 실수를 하였는지 전혀 알 수가 없다. 이렇게 생령들은 소리 소문없이 여러분을 순간에 파멸시킬 수 있는 신비한 능력이 있다.

자미국의 천인과 백성들은 저자 육신 인황과 생령이신 자미인황님의 관계를 10년 동안 적나라하게 지켜봐서 생생히 알고 있다. 나의 반쪽이자 생령이신 자미인황님이 17세 아래의 연약한 신감(여자) 육신으로 들어가시면 육신에게 고래고래 소리 지르고, 육두문자의 폭언과 폭행을 해도 말 한마디 대적할 수 없는 아주 힘없는 나약한 존재가 된다. 아무리 폭언과 폭행을 하더라도 그냥 얻어터질 수밖에 없다. 연출이 아니라 실제상황이라 생채기도 난다.

육신과 생령의 관계를 자세히 보여주는 대목으로 의식 때마다 늘 그래서 천인과 백성들도 이제는 이해를 한다. 생령의 존재를 무시하거나 찾지 않으면 인생을 무탈하게 살 수 없다는 진리를 모두가 터득했기에 이들도 하늘의 명을 받아서 신인(천인, 도인)합체 의식을 속속 행하고 있다.

자기 생령의 분노와 저주를 푸는 열쇠가 하늘의 명을 받아 생령에게 신인(천인, 도인)합체 의식을 행해 주어서 천상궁전 자미천궁으로 빨리 올려 보내는 일이다.

오늘 나의 생령이신 자미인황님이 하신 말씀이다.

육신 인황이 지금의 길(하늘의 명 대행자 인황)로 들어오지 않았다면 벌써 죽여 버렸을 것이라고 하신다. 내가 이 길로 들어왔기 때문에 지금 살아있는 것이라 하시는데 육신들은 생령의 짜여 진 각본대로 살아가고 있을 뿐이었다는 진실을 뒤늦게 알게 되었다.

이 길로 들어오게 된 아픈 사연도 모두 나의 생령이신 자미인황님이 만드신 것이었음을 최근에 알게 되었다. 1999년도에 주위에 가장 친한 사람에게 배신 당하게 만들어서 사회생활을 접게 만들어 이 길로 들어오게 하시었다.

육신들은 자기 생령이 육신과 함께하고 있는지, 들락거리는지, 가족의 몸으로 들어가 있는지, 아니면 제 3자의 몸으로 도망갔는지 전혀 알 수가 없기 때문에 하루라도 빨리 자미국으로 들어와 자기 생령의 존재를 밝히고 신인(천인, 도인)합체 의식을 행해 주어야 남은 여생을 편히 지낼 수 있다.

생령의 집인 육신이 죽으면 생령(生靈)의 신분에서 사령(死靈)의 신분으로 바뀌어 자손과 후손들에게는 조상님으로 불리게 된다. 그런데 조상의 신분이 된 사령들은 생령이었을

적에 육신에게 맺힌 원과 한을 그의 자손과 후손들에게 대를 이어서 분노의 저주를 내리게 되므로 가문이 멸문지화 당하는 것은 시간문제이다.

그래서 육신이 살아있을 때 생령의 원과 한을 간직하고 있는 사령, 즉 조상님들을 늦었지만 이제라도 입천제를 행하여 구해드려야 가정이 편안해 진다.

생령으로 있을 때 신인(천인, 도인)합체 의식을 행하여 천상궁전 자미천궁으로 오르지 못한 분노의 저주를 품고 있는 사령(조상님)들을 입천제로 하루속히 구해드리는 것이 여러분 육신과 가정, 가문, 기업을 지키는 유일한 길이다. 입천제를 행하지 않으면 어느 시점에 가서 사령의 분노와 저주가 폭발하여 가정에 우환이 계속되어 결국 몰락한다.

육신이 살아생전 생령 신인(천인, 도인)합체 의식을 행하면 천상세계 중에서 가장 높은 천상궁전 자미천궁으로 오르지만, 육신이 죽은 다음에 자손이나 후손들에 의해서 사령(조상님) 입천제를 행하면 도솔천궁으로 오르게 된다.

사령의 신분이 된 조상님들은 살아생전 사랑하는 자손을 아무리 도와주고 싶어도 지옥세계에 갇혀 도와 줄 힘이 없는 죄인이자 처량한 신분이라서 기대할 것이 없다. 힘없는 조상님들에게 천상의 기운을 받게 해서 천상 도솔천궁의 복을 가져오게 하는 의식이 사령(조상님) 입천제이다.

성공과 출세를 지키면서 세상을 편안하게 살고, 기쁨과 행복을 영원무궁 누리려거든 책을 읽고 자미국으로 방문해서 사령 입천제 의식, 생령 신인(천인, 도인)합체 의식, 명부입적 정성을 차례대로 올리고 살아가야 한다.

지구상에서 책을 구독하고 자미국에 들어와서 하늘과 땅, 천지신명님이 내리시는 천지대명을 받는 것처럼 더 큰 행운과 보람, 기쁨과 행복은 이 세상 그 어디에도 없으나 선택은 여러분의 자율에 맡긴다.

영적으로 생령(영혼)과 사령(조상님)들이 먼저 구원받아서 편안해져야 육신의 삶이 편하다. 생령과 사령을 구하지 않고 육신들만 성공하고 출세해서 행복해지는 길은 세상 그 어디에도 없다.

생령과 사령의 구원없이 육신들이 성공하고 출세하였다면 그것은 사상누각으로 모래성을 쌓은 것에 지나지 않기 때문에 어느 날 갑자기 순간에 무너져 내린다. 육신이 이룬 성공과 출세를 지키는 방법은 생령과 사령을 구하는 것밖에는 달리 방법이 없다.

육신들이 아무리 똑똑하고 잘났어도 생령과 사령을 능가할 능력은 갖고 있지 않다. 성공하고 출세하여 아직까지 무너지지 않고 많은 것을 지키고 있는 사람들일수록 자미국에 들어오는 것이 가장 급선무이다.

이 글을 읽어보고도 육신들이 무시하고 부정해서 자미국에 들어오지 않으면 자기 생령과 사령들에게 얻어터져서 성공과 출세의 부귀영화를 순식간에 잃어버릴 것이다.

여러분의 생령과 사령들은 지옥세계에서 구원받아 사느냐, 죽느냐의 생사가 달린 위급한 상황이기에 육신과 함께 생령과 사령들이 책을 열심히 읽는데 육신들이 흥미를 느끼지 못하고 책 읽기를 포기하거나 읽고도 자미국으로 방문하지 않으면 육신의 재앙이 그 순간부터 실시간으로 시작된다.

이 책은 생령과 사령, 여러분 인간 육신을 함께 부르는 긴급 호출메시지이기에 거부하면 자신이 피땀 흘려 이룬 수많은 돈과 재산, 권력과 벼슬, 명예와 행복, 건강과 목숨이 자기의 생령과 사령으로 인해서 일장춘몽의 물거품으로 변해버릴 것이니 각별히 명심해야 한다.

생령과 사령의 분노와 저주를 막아낼 길은 자미국 이외에는 이 세상 그 어디에도 없다. 국무총리와 장관 낙마, 뇌물수수, 부정비리 폭로, 성완종 회장 자살과 경남기업 상장폐지, 재벌 총수의 심장마비 같은 일들은 막강한 권력의 힘으로도, 태산같은 재벌 총수의 돈으로도 막아낼 수 없었다.

여러분도 이들처럼 한순간에 불행의 주인공이 되기 싫으면 기업인들이나 일반인들은 물론 대통령에서부터 9급 공무원에 이르기까지 신분과 지위고하를 막론하고 생령과 사령의 저주와 분노를 하루라도 빨리 풀어야 어느 날 갑자기 불행의 주인공이 되지 않는다.

하루하루가 생령과 사령들로부터 분노와 저주가 내리는 칼날 위를 걷는 위급한 상황이니 서둘러서 자미국으로 들어와 하늘과 땅, 천지신명님이 내리시는 천지대명을 받아야 육신의 인생을 무탈하게 살아갈 수 있다.

각자 여러분의 생활 속에 일어나는 돌연사, 자살, 비명횡사의 단명, 사건사고, 질병, 사업 실패의 아픔과 슬픔, 고통과 불행, 기업의 불운과 비운의 수많은 사연들은 남의 탓이 아닌 여러분이 만들어낸 일이었다.

여러분 자신이나 가족에게 이러한 아픈 일들이 일어난 것은 상대방이 있기는 하겠지만 바로 여러분의 생령들이 상대방 육신으로 들어가서 일으키고 있는 것이다. 자신이 잘못 행해서 일어난 것이므로 자신의 탓이라 하는 것이다.

육신과 생령들의 보이지 않는 전쟁은 오늘도 계속해서 일어나고 있지만 인간 육신들이 알아채지 못하고 남 탓으로만 돌리고 살아간다. 생령은 자기 자신 같으면서도 대화가 안되는 것이 특징이다. 그래서 도솔천 자미국으로 들어와 여러분의 생령이 무엇을 원하고 바라는지 찾아내서 그 소원을 먼저 이루어 주어야 인간 육신들의 생활이 편해진다.

생령과 사령의 막강한 영향력

우리 인간 육신의 주인은 생령(生靈)인데 정신, 마음, 영혼, 자아라고 불리고, 육신이 죽으면 귀신, 혼령, 조상, 사령(死靈)으로 불리게 된다.

각자 육신이라는 집의 주인(호주)은 생령인데 육신 안에는 자기 생령 이외에 이미 돌아가신 당대부터 시조까지 자기의 가족과 부모 조상님들의 사령과 종교와 초상집, 결혼 및 칠순잔치에 다니면서 따라 들어온 이름 모를 수십 명의 영들이 함께 살아가고 있지만 모르고 살아갈 뿐이다.

인간 육신의 주인 생령!

육신은 생령과 사령들이 하늘을 만나 구원받기 전까지 잠시 머무를 집이고 사령들은 세입자들이다. 비유하자면 인간 육신은 승마용 말과 같고 생령은 말을 운용하는 기수이다. 말과 기수가 호흡이 잘 맞아야 승마경기에 출전해서 1등을 할 수 있다.

말 따로, 기수 따로 결승선에 들어오면 경기에 출전해도 탈락할 수밖에 없다. 육신(말)은 생령(기수)이 원하는 방향으로 달려야 하는데 엉뚱한 곳으로 달린다면 낭패이다.

육신의 주인인 각자의 생령들이 원하는 방향으로 세상을 살아가야 하는데 육신들의 고집이 워낙 강하여 생령이나 사령과 매일같이 다투면서 살아가고 있다.

바람 잘날 없는 인생길이 이어진다.

생령은 자기 육신의 주인이고, 사령은 육신을 낳아 준 부모 조상님과 가족들의 혼령들이다. 그런데 생령과 사령들이 육신의 몸 안에 함께하고 있으면 육신이 세상을 살아가면서 알 수 없는 엄청난 풍파가 일어난다.

생령의 소원은 하늘(자미천황님)을 만나 구원받아서 수많은 전생에 대한 윤회의 고리를 끊고 천상궁전 자미천궁으로 올라가서 천상의 좋은 기운과 운을 지상에 있는 육신에게 받아 주어 은혜를 갚는 것이다.

사령의 소원도 하늘(도솔천황님)을 만나 구원받아서 수많은 전생에 대한 윤회의 고리를 끊고 천상궁전 도솔천궁으로 올라가서 천상의 좋은 기운과 운을 덕천제를 행하여 준 핏줄에게 받아 주어 편히 살게 해주는 것이다.

인간 육신이 필수적으로 반드시 해야 할 근본 도리가 생령과 사령을 구원해 주어서 생령은 자미천궁으로, 사령은 도솔천궁으로 보내는 의식을 행하는 일이다.

생령과 사령이 육신과 함께 살아가면 수많은 충돌이 발생하여 매일같이 전쟁하는데 이것이 각자들의 인생으로 일어나는 무시무시한 풍파이다.

생령(인간령)은 천상궁전 자미천궁으로 보내고
사령(조상령)은 천상궁전 도솔천궁으로 보내고
잡신과 잡령들은 원래 왔던 곳으로 되돌려 보내고
육신은 지상궁전 도솔천 자미국으로 함께하는 것이 가장 바람직한 이상향의 무릉도원 세계를 여는 유일한 방법이다.

생령과 사령, 육신을 구하는 길은 도솔천 자미국의 두 저자를 통하여 하늘과 땅이 함께 해주시어야 이루어질 수 있다. 영력과 도력, 천력과 신력이 있다할지라도 천상궁전 자미천궁과 천상궁전 도솔천궁의 주인이신 자미천황님과 도솔천황님께서 생령과 사령의 입궁을 윤허해 주시어야만 현실로 구원이 이루어질 수 있다.

기존의 종교세계에서 행하던 모든 의식을 초월하는 지구상 최고의 구원의식이다. 생령과 사령을 구한 사람의 육신에 한해서만 천지신명님, 열두대신님께 자신의 명부를 입적시킬 수 있는 의식을 행할 수 있다. 명부입적은 육신의 삶을 천지개벽시키는 아주 중차대한 일이고 도솔천 자미국을 통해서만 이루어진다.

생령들의 삶은 자미천궁의 자미천황님께서 주관하시고,

사령들의 삶은 도솔천궁의 도솔천황님께서 주관하시고, 육신들의 삶은 천지신명님, 열두대신님께서 주관하신다.

그래서 책을 읽고 자미국에 들어오면 생령과 사령, 육신들의 삶이 180도 바뀌는 천지개벽이 일어나서 서로가 모두 천상과 지상에서 편하고 행복한 생활을 하게 된다.

도솔천 자미국에서 생령과 사령, 육신들을 구하는 의식을 행하는 것이 만물의 영장인 인간으로 이 땅에 태어난 사명을 완수하는 유일한 길이다.

숭배자를 열심히 믿는다고 죽어서 구원받는 것이 아니라 살아서 하늘과 땅, 천지신명님이 내리시는 천지대명을 받아 신인(천인, 도인)합체 의식을 행해야만 살아서 구원받아 천상궁전 자미천궁으로 올라갈 수 있고, 이미 육신을 잃어버린 여러분의 가족이나 부모 조상님들은 입천제를 행해드려야만 천상궁전 도솔천궁으로 올라갈 수 있다.

이것이 생령과 사령들이 영생을 누리는 유일한 길이고, 인간들이 오매불망 기다리던 육신의 영생은 진행형이라서 아직 결과를 확정 지을 수는 없다. 계시 받기로는 세 가지 의식 중에서 하나를 행하여 천인, 신인, 도인으로 재창조되면 육신의 영생도 이루어질 수 있다고 받았다.

그러나 아직 신인, 천인, 도인으로 재창조된 이들이 10년

밖에 안 되었기 때문에 현실로 입증되려면 30~50년은 지나야 가능하다. 이들은 의식 행하기 전보다 현재 10년은 젊어 보이는 모습을 하고 있다.

인류가 애타게 기다리던 지상천국, 지상낙원, 무릉도원의 세계를 이룰 수 있는 유일한 곳은 종교세계 안이 아닌 종교세계 판 밖의 도솔천 자미국이었다.

이런 진실을 몰라보고 아직도 수많은 생령과 사령, 육신들이 종교세계 안에서 허송세월을 보내며 구원을 기다리지만 절대로 종교세계를 통해서는 하늘과 땅이 구원하시지 않는다고 하시었으니 종교를 가진 사람들은 이제라도 정신 차리고 도솔천 자미국으로 들어와야 한다.

숭배자를 오래 믿는다고 구원받는 것이 아니라 하늘과 땅, 천지신명님이 내리시는 천지대명을 받아 의식을 행하면 생령과 사령, 육신 모두 각각 1일씩이면 충분하다. 구원과 영생은 숭배자들이 해주는 것이 아니라 하늘과 땅, 천지신명님이 인간 의뢰자(두 저자)와 함께 해야만 이루어질 수 있으니 종교 믿는 사람들은 교리와 이론의 착각에서 속히 벗어나야 한다.

산 사람의 생령(영혼)을 천상궁전 자미천궁으로 보내면 사람이 죽는다고 세상 사람들이 알고 있으나 전혀 그렇지 않다는 진실이 처음으로 밝혀졌다. 하루라도 빨리 생령을 천상으로 보내야 생령이 천상의 좋은 기운을 받아 인간 육신에게 내려주므로 지금보다 삶이 훨씬 편안해 진다.

그러니 지금까지 전해진 종교 이론, 세상 이론들이 모두 틀렸다. 저자가 수많은 생령들을 청배해서 대화를 나누어 보았지만 그 육신들은 몸에 약간의 신비스런 기운(찌릿함)을 느꼈을 뿐 죽지 않고 아직도 멀쩡히 살아있다.

생령과 사령을 구하면 육신의 성공과 출세로 이어지는데 그 이유는 육신으로 살아가는 동안 자미천궁과 도솔천궁의 좋은 명기와 정기를 생령과 사령들이 지상의 핏줄 육신들에게 보내주기 때문이다.

육신들은 하늘과 땅이신 자미천황님과 도솔천황님으로부터 직접 명기와 정기를 받을 수 없고, 자미천궁에 오른 생령과 도솔천궁에 오른 사령을 통해서만 받을 수 있도록 해놓으셨다고 하시는데 난생처음으로 도솔천 자미국에서 밝혀지는 아주 귀한 진실이다.

그러니까 생령과 사령을 무시하고 살아가는 사람들은 하늘과 땅, 천지신명님으로부터 아무것도 받을 것이 없고, 오히려 생령과 사령들로부터 분노의 저주를 받아 얻어터져서 고통스러운 지옥 같은 인생을 살아갈 뿐이다.

하늘, 땅, 신들이 무서운 것이 아니라 여러분 몸 안에서 일거수일투족 모두를 실시간으로 지켜보고 있는 생령과 사령들이 가장 두렵고 무서운 존재들이다. 종교에 들어가서 하늘이나 신을 받들 것이 아니라 여러분 몸 안에서 분노의 저주를 실시간으로 퍼붓고 있는 생령과 사령들부터 구해야 한다.

이들 생령과 사령들도 하늘과 땅, 천지신명님의 천지대명을 받고 이 세상에 태어났는데 육신들이 생령과 사령은 구하지 않고 하늘이나 신을 찾으며 받든다고 받아 주실 것이라 믿는가? 보내주신 생령과 사령은 무시하고 외면하면서 종교에서 하늘과 신을 받드는 것은 죽음을 재촉하는 길이다.

종교 안에서 하늘(하나님, 하느님)을 열심히 찾는 자들은 어서 빨리 죽여 달라는 주문이라고 천상에서 가르쳐 주시었고 하늘을 열심히 찬양하고 받들면 받들수록 인간의 삶은 가난과 실패, 고난의 길이 열린다고 한다.

수많은 사람들은 구원받아 영생을 누리는 복을 받기 위해 종교 안에서 열심히 하늘과 신을 찾으며 믿고 있겠지만 영생과 구원은 여러분의 몸 안에 있는 생령과 사령부터 구원해 주었을 때 내려주신다.

천상에는 종교가 없는데 지상에만 종교가 난무하고 있다. 종교를 믿는 자체가 하늘과 땅, 천지신명님과 가까워지는 것이 아니라 멀어지는 지름길이란 진실을 아는 사람들은 없다.

그리고 종교 안에는 구원받으려는 귀신들이 가장 많이 우글거리고 있기 때문에 귀신들에게 빙의되어 몸이 안 아픈 곳이 없고 사업 실패, 가정불화, 돌연사, 우울증, 불면증, 기타 질병에 걸려 많은 고생을 한다.

수많은 사연을 가진 귀신들에게 빙의되면 건강한 여러분도 그들이 죽을 때처럼 그와 똑같은 질병, 사고, 돌연사, 우울증, 불면증으로 고통스러운 인생이 된다. 많은 사람들이 체험하였으니 종교 다니는 여러분도 뒤돌아보면 쉽게 확인할 수 있는데 특히 여자들이 더 아프고 힘들어 한다.

그 이유는 귀신들이 남자들보다는 음의 기운이 강하게 흐르는 여자들 몸에 들어가기가 더 쉽고 좋기 때문이다. 여자 몸 자체가 음기이기 때문에 귀신들을 자연스럽게 끌어당기는 힘이 있다. 무속인들을 보면 남자보다는 여자들이 훨씬 많다는 것을 참조하면 이해가 빠를 것이다.

건강해 지기를 바라면 종교에 가지 말고, 도솔천 자미국에 들어와서 생령과 사령들을 구하고 종교에서 따라붙은 잡신과 잡령들을 하루속히 내 몰아야 한다. 종교에 다니면 건강만 나빠지는 것이 아니라 가정불화, 사업 실패, 사기, 배신, 심장마비 같은 불행들이 발생한다.

무속인들이나 목사들이 퇴마한다고 굿이나 안수 기도하다가 사람 죽이는 일들이 끊이지 않고 일어나는데 참으로 위험한 일이다. 귀신들이 몽둥이로 때리고 고춧가루 물을 코에

붓는다고 사람 몸에서 나가지 않는다.

잡신과 잡령이 귀신이라고 생각되어 퇴마한 존재가 여러분의 생령이나 사령(여러분의 가족이나 부모 조상님 혼령)이라면 어찌 될 것인지 생각해 보았는가? 가문이 멸문지화를 당하는 것은 시간문제일 것이다.

이렇게 몰지각한 종교인들이 도처에 깔려 있는데 이들을 잘못 만나면 현생의 인생이든 내생의 사후세계든 멸망 그 자체이다.

잡신과 잡령이라면 분명 퇴마 대상이 맞지만 인간 육신의 눈에 보이지 않는 그들이 잡신과 잡령이 아닌 춥고 배고파서 구원받아보려고 하늘과 땅, 신을 찾아온 여러분의 윗대 조상님들이라면 얼마나 큰 죄를 짓는 일이던가?

조부모님까지는 생전의 품성을 알 수 있어도 증조부 이상의 조상님들은 후손들이 일면식도 없기 때문에 응감하여도 귀신인지 조상님인지 판별할 수가 없는데 몽둥이와 고춧가루물로 고문하여 쫓아내려 한다면 불효 중에서도 가장 큰 불효이자 커다란 죄를 짓는 일이다.

생령과 육신들은 종교인들에게 찾아가서 자신의 조상님들을 박대하는 죄를 짓지 말고, 하늘과 땅, 천지신명님이 내리시는 천지대명을 받아야 한다.

기독교를 다니면서 예수를 믿으며 자기 조상님(사령)들을 사탄과 마귀라고 박대하는 교인들에게 전한다. 교인 여러분은 예수를 믿어도 구원받지 못하지만 먼저 자기의 생령과 사령들로부터 분노의 저주가 내려서 인생이 멸망할 것이다.

인간의 눈에 보이지도 들리지도 않는 자기 몸 안에 있는 생령과 사령들의 폭발하는 앙갚음을 육신들이 무슨 재주로 막아낼 것인가? 생령과 사령이 하늘과 땅으로부터 구원받아 인간 육신과 함께하는 세상이 유토피아 세상이라고 하시었다.

생령과 사령들 또한 하늘과 땅이 보내신 존재들이기에 인간 육신들이 무시하고 부정하며 박대하면 각자의 인생으로 감당 못할 대재앙이 내려서 파멸하게 된다. 어느 날 갑자기 죽거나 몰락하여 방송에 보도되는 유명 인사들을 보면 천주교인이나 기독교인들이 많다.

타산지석으로 삼으라고 다른 사람들(교인)의 불행한 모습을 보여주고 있는데도 깨닫지 못한다면 그것 또한 각자들에게 주어진 운명의 수레바퀴일 것이다.

불행과 행운은 멀리 하늘에 있는 것이 아니라 바로 자신의 육신과 마음 안에 공존공생하고 있다. 불행한 인생을 살아갈 것인가? 아니면 행복한 인생을 살아갈 것인가? 종교를 선택한다면 현생과 내생이 불행해 질 것이고, 도솔천 자미국을 선택한다면 현생과 내생이 행복해 질 것이다.

종교를 과거에 다녔던 사람들과 현재 다니는 사람들은 자기 몸 안에 있는 생령과 사령들의 반란이 일어났고, 분노의 저주가 실시간으로 내리기 때문에 이들이 파멸 당하는 것은 시간문제이고 반드시 현실로 일어난다.

신분과 지위고하를 막론하고 자기 생령과 사령들이 퍼붓는 분노의 저주를 피할 사람들은 이 땅에 한 명도 없으니 정신들 차리고 과감하게 종교의 울타리에서 벗어나야 한다. 벌 받을까 봐 종교를 못 떠나겠다고 하는 사람들이 예상외로 많은데 도솔천 자미국으로 들어온다고 하면 하늘과 땅, 천지신명님이 실시간으로 보호하고 지켜주실 것이기에 아무런 피해가 발생하지 않으니 안심하고 떠나도 된다.

하늘을 찬양하려고 종교를 믿는 자, 복 받으려고 종교를 믿는 자, 영생과 구원을 이루고자 종교를 믿는 자, 도통하려고 도를 닦는 자, 하늘을 통하려는 자, 자기의 신을 찾으려는 자, 인생의 삶이 힘들고 지쳐서 종교를 믿는 자들은 도솔천 자미국을 통하면 종교보다 100배는 더 빨리 이룰 것이다.

종교를 믿어서는 생령과 사령, 인간 육신들이 원하고 바라는 하늘과 만남, 구원과 영생, 도통의 뜻을 이룰 수 없다. 진짜 하늘과 땅, 천지신명님이 자미국으로 함께하고 계심을 여러분 스스로가 육신과 마음을 통하여 신비의 기운(진동과 찌릿함을 느낌)으로 알게 되기 때문이다.

사람들은 현생을 살아가면서 궁금한 것이 많다.

현생 이전의 전생이 과연 존재하는가, 그리고 죽음 이후의 다음 사후세상이 실제로 있는 것인지 찾고자 나름대로 수많은 곳을 찾아다녔지만 명쾌한 해답은 듣지 못했다.

인류가 그토록 종교세계 안에서 찾아 헤매던 행운과 행복의 세계는 어디에 있을까? 인류라 함은 살아있는 72억 인간 육신만을 말하는 것이 아니라 인간 몸 안에서 동고동락하는 신과 영혼, 조상님들을 포함한다.

여러분 몸 안에 들어가서 함께 생활하고 있으니 인류라고 표현하는 것이다. 육신이 아직 살아있는 몸에 들어가 있는 신과 영들이 행운을 잡아 행복한 세상을 살아가는 길은 도솔천 자미국을 통하여 천상궁전 자미천궁으로 올라가는 것이고, 조상님들의 행복한 세상은 도솔천궁이다.

또한 인간 육신들의 목표와 이상을 이루어 주는 곳은 지상의 도솔천 자미국이다. 인류는 도솔천 자미국을 찾느라고 수많은 종교세상을 헤매고 다녔던 것이다.

종교세계를 계속해서 다녀봐야 여러분과 신과 영혼, 조상님들이 원하고 바라는 것은 얻을 수 없고 허송세월만 보내면서 의욕을 상실하고 무기력해질 뿐이니 여러분에게 천상과 지상의 좋은 기운을 충전해 주는 도솔천 자미국으로 들어와야 생기 있게 세상을 살아갈 수 있다.

꽃 피고 새 우는 영혼 영가들의 무릉도원

이미 육신이 죽어 死靈(사령)이 된 조상 영혼 영가들에게 꽃피고 새 우는 무릉도원의 신선세계가 천상궁전 도솔천궁이고, 아직 육신이 살아 숨 쉬고 있는 生靈(생령)들에게는 천상궁전 자미천궁이 꽃 피고 새 우는 무릉도원의 신선세계이다.

이미 죽은 수많은 사령들인 조상 영혼 영가들이 천상궁전 도솔천궁에 오르고자 자손과 후손의 육신들과 함께 교회에 들어가서 예배 보고, 성당에서 미사 보고, 불교에서 사십구재, 천도재, 백중재를 올리며 법문과 설법을 듣고, 무속에서 조상굿, 지노귀굿, 신 내림굿을 하고, 도교에서 주문수행 정진하고 있는 것이다.

하지만 도솔천 자미국에 들어와서 조상 영혼 영가들이 인간 육신 자손이나 후손과 함께 조상님(사령) 입천제를 행하여 천상궁전 도솔천궁으로 보내드리지 않으면 1,000년을 빌어도 헛수고가 되어 오르지 못한다.

천상궁전 도솔천궁에 오르려면 주인이신 도솔천황님의 허락이 있어야만 들어갈 수 있기에 도솔천 자미국에서만 입천제를 행하여 뜻을 이룰 수 있다. 허락없이 수많은 세월 동안 기도, 미사, 예배, 천도, 굿, 주문 수행해 봐야 아무짝에도 쓸모없다는 진실을 받아들여서 입천제를 행해야 여러분의 조상 영혼 영가들의 사후세계가 편안해 진다.

천상궁전 도솔천궁

주인은 도솔천황님이시고 수천 년 동안 불가와 도가에서 전해지는 석가모니 부처님이나 미륵부처님이 계신다는 도솔천궁과는 이름은 같아도 완전히 다른 세계이다.

불가에서 말하는 도솔천은 한문으로 兜率天宮(도솔천궁)의 '도'는 투구 '兜(두)' 자이고, 자미국에서 쓰는 도솔천궁의 '도'는 길 '道(도)' 자이다. 도를 거느리는 도솔천궁이란 뜻이고 이곳의 주인은 부처님이 아닌 道率天皇(도솔천황)님이시고 자미국을 통하여 인류 최초로 전해지는 환상적인 신선세계이다.

도솔천황님은 모든 도를 통달하신 도통신명이시기에 이미 죽은 사령들인 조상 영혼 영가들이 천상궁전 도솔천궁으로 오르고자 도를 닦지 않아도 된다.

천도재, 사십구재, 기도, 미사, 예배, 조상굿, 지노귀굿을 하지 않아도 당대부터 시조까지 직계좌우 일체 사령(영가) 입천제를 행하면 단 몇 시간 만에 천상궁전 도솔천궁에 오르게 신비조화를 내리시므로 수천 년 동안 전해진 잘못된 종교의 교리와 이론에서 벗어나서 도솔천 자미국으로 인간 육신 자손이나 후손들과 함께 조상 영혼 영가들이 하루라도 빨리 들어와 사령 입천제를 봉행해야 한다.

일평생 한 번만 행하면 되는 사령(조상님) 입천제!

단 한 번 입천제를 봉행하면 그 어떤 종교를 믿지 않아도 천상궁전 도솔천궁에 아름다운 선남선녀의 모습을 지닌 신선 선녀로 다시 태어날 수 있다.

사령들의 무릉도원 천상궁전 도솔천궁과 생령들의 무릉도원 천상궁전 자미천궁으로 올라갈 수 있는 천상궁전의 유일한 입구가 지구상에서 도솔천 자미국 한 곳 뿐이기에 수많은 종교에서 조상 영혼 영가 구원과 신 내림굿을 하여도 뜻을 이루지 못하고 있는 것이다.

신 내림굿을 할 사람들은 천상궁전 자미천궁으로 생령 신인(천인, 도인)합체 의식을 행해서 자신의 몸 안에서 신이 되고자하는 생령을 입천시키면 신 내림굿을 받을 필요도 없고, 신당과 법당을 차리지 않고 일반인들처럼 편안히 살아갈 수 있는 방법이 있다.

그러니 이미 신을 받아 신당, 법당을 차린 사람들도 육신이 일반인들처럼 편안한 삶을 살아가려거든 속히 도솔천 자미국으로 들어와서 조상 영혼 영가들과 생령이 신이 되려고 풍파를 주는 분들을 사령 입천제를 행하여 조상님들은 천상궁전 도솔천궁으로 보내드리고, 자신의 생령은 신인(천인, 도인) 합체 의식을 행해서 천상궁전 자미천궁으로 보내 주면 모든 풍파가 감쪽같이 사라진다.

人德(인덕)이 없는 사람들은 天德(천덕)과 神德(신덕)으로 살아가야할 사람들이다. 인덕 없는 사람들에게는 온갖 풍파가 휘몰아쳐서 평탄한 인생살이를 할 수 없다. 그래서 무속인 찾아가서 신을 받거나 절에 들어가 머리 깎고, 성당에 들어가서 신부나 수녀가 되고 있다.

인덕 없는 사람들은 도솔천 자미국에 필히 들어와서 천덕이나 신덕을 받아야 인생길이 순탄하다. 신을 받아 무속인이 되면 자신들이 죽더라도 자손들에게 대물림되어서 자자손손 누군가는 신을 받아야 한다. 이런 고리를 끊어 줄 유일한 곳이 도솔천 자미국이다.

신을 받아 무속인이 되면 안 되는 이유이다.

신 내림굿을 하여 받은 신이 조상 영혼 영가인지, 천상에서 내려온 신인지 사탄, 마귀, 악귀, 잡귀, 악령의 귀신인지 구분을 할 수 없고, 제자 생활을 하더라도 구제중생이 아니라 하늘과 신에게 더 많은 죄를 짓기에 무속인 자신이나 가족들이 질병으로 고생하고 매사 되는 일이 없는 것이다.

그리고 진짜 고귀하신 신은 천대받는 무속인들의 몸으로 내리시지 않는다. 낮은 신은 무속인의 몸을 선택할 수 있어도 지체 높은 신들은 하늘이 선택하신 몸으로 내리시는데 이제는 천상법도가 바뀌어서 이 땅에 인간 몸으로 내려온 신들과 생령들을 신인(천인, 도인)합체 의식을 행하여 천상궁전 자미천궁으로 모두 올려 보내라고 하신다.

그래야 인간 육신들의 삶이 편안해지고 더 잘된다 하신다.

난생처음 들어보는 진실에 얼마나 이해를 하고 들어올지 알 수 없으나 일단 진실이기에 전하는 것이니 받아들이고 안 받아들이고는 각자들의 선택이자 자유이다.

생사령 즉 생령과 사령들을 구하지 않고 함께 살아가면 인간 육신들은 고통과 불행의 연속이다. 생령들은 천상궁전 자미천궁으로, 사령들은 천상궁전 도솔천궁으로 올라가고 싶어서 인간 육신의 삶으로 고통과 불행을 주어 인생을 흔들어대기 때문에 견딜 수가 없다.

지구상에서 생사령 즉, 생령과 사령을 구해 줄 수 있는 곳은 딱 한 곳 도솔천 자미국뿐이니 종교세계를 통하여 구원받으려는 생령, 사령, 인간 육신들은 하루가 급하니 도솔천 자미국으로 속히 들어와야 한다.

하늘과 땅의 진실을 전하는 자미국이 세워졌으니 이제 그만 종교세계에서 벗어나서 인간, 생령, 사령들이 소원을 이루고 마음 편하게 잘살아야 한다. 인류 모두가 이 땅에 태어나면서부터 애타게 기다리던 구세주가 있는 지상낙원, 지상천국, 무릉도원 세상이 도솔천 자미국이다.

사령들인 조상 영혼 영가들은 천상궁전 도솔천궁에 계신 도솔천황님께서만 구원해 주실 수가 있고, 인간 몸 안에 있는 생령과 신들은 천상궁전 자미천궁에 계신 자미천황님께서만 구원해 주실 수가 있기 때문에 이 땅에 있는 모든 종교세계를 통해서는 산 자의 인간 육신과 생령, 죽은 자의 사령들은 절대로 구원이 안 된다.

이런 위대한 하늘과 땅의 진실을 전하는 인류의 영적지도자를 만나지 못하였기 때문에 종교 안에서 허송세월을 보내며 교회와 성당에서 구원과 영생을 외치며 찬양하고, 절에서 사십구재와 천도재를 올리고, 무속에서 조상굿과 지노귀굿, 신 내림굿을 하고, 도교에서 도통군자가 되려고 태을주 주문수행을 열심히 하고, 마음수련원에서 명상으로 기도수행 정진하고 있지만 모두가 부질없는 헛수고이다.

자미국에서 전하는 이런 진실을 빨리 현실적으로 받아들이는 인간 육신, 생령, 사령들이 승리자이자 성공자이며 행운아이다. 자미천황님과 도솔천황님께서 내리시는 황명을 받들지 못하면 구원은 일장춘몽의 꿈에 불과하다.

인생사의 모든 근심과 걱정은 생령(자신의 산 영혼)과 사령(조상 영혼 영가)들이 너무나 힘들어서 자손과 후손들 육신에게 구원해 달라고 보내는 긴급 메시지란 진실을 인류 최초로 찾아내었다.

그러므로 도솔천 자미국에 들어와서 생령과 사령을 구하여 자미천궁과 도솔천궁으로 올려 보내면 인간 육신들의 근심과 걱정은 흔적도 없이 사라지고 매일같이 기쁨과 행복의 웃음꽃이 피는 무릉도원 세상이 열린다.

상상으로만 그리던 무릉도원 세계는 현실로 존재하는 실존의 세계일까 모두가 궁금할 것이다. 인간 육신들의 두 눈으로는 보이지 않는 영적세계에 존재하는 이상향의 유토피아 세계는 신비함 그 자체이다.

마음이나 생각만으로 원하고 바라는 것이 모두 이루어지는 신비의 세계가 무릉도원 세계이다. 저자 인황은 수시로 마음이나 생각만으로도 원하고 바라는 것을 얻으며 신비함 속에 세상을 살아가고 있다.

천상궁전 자미천궁과 도솔천궁의 기운이 통하기 때문에 현실로 이루어지고 있다. 인간들의 상상력으로는 절대 불가능한 일들이 인황의 마음이나 생각, 말하거나 글로 쓰면 신비로운 천지조화와 풍운조화가 무수히 현실로 일어난다.

이 책을 읽으면서 여러분은 하늘과 땅의 신비로운 기운이 온 몸을 감싸고, 이적과 기적의 조화를 발끝에서 머리끝까지 느끼는 체험자가 부지기수로 많을 것이다.

종교를 통해서는 절대로 구원받지 못한다

나는 장담한다.

앞으로 수천 년의 세월이 흘러가도 종교를 통해서는 절대로 구원받지 못한다. 정말 뼈저린 인고의 60년 세월을 피눈물로 감내하면서 알아낸 위대한 진실이기 때문이다. 그리고 알아낸 무서운 진실이 있다.

종교를 세워 생령, 사령, 인간들을 구한다고 말하는 종교 지도자들이 얼마나 무서운 일을 하고, 하늘과 신에게 죄를 짓는 것인지 진실을 알고 나면 억만금을 쥐어 준다한들 아무도 종교 생활을 하지 않을 것이다.

하늘세계, 신명세계, 사후세계, 영혼세계의 무서운 진실을 잘 모르다보니 종교인이 되고, 신도가 되는 것이지 진실을 속속들이 알면 너무나 무서워서 종교인, 신도 생활 절대로 하지 못한다.

선무당이 사람 잡는다는 말이 있고, 무식하면 용감하다고 하듯이 간이 배 밖으로 나오지 않는 이상 하늘과 신에게 가장 많이 죄를 짓는 종교 지도자, 신도 생활 절대로 하지 못한다.

쌓은 공덕은 공덕대로, 지은 죄는 죄대로 당사자는 물론 자손 대대로 이어진다는 무서운 진실을 알면 어느 누가 종교 지도자가 되고 이들의 신도가 되겠는가? 하늘과 땅의 진실을 잘못 전하는 종교인들의 말을 믿고 따르는 자체가 신도들의 죄이고 공범자라고 하신다.

그래서 지구상에 있는 대다수 종교는 하늘과 땅의 진실을 그대로 전하는 도솔천 자미국으로 통합될 것이다. 하늘과 땅, 종교의 무서운 진실을 알고 나면 돈 주고 믿으라고 하여도 아무도 믿지 않을 것이기 때문이다.

구원해 준다는 말에 속은 것을 알게 된 수많은 조상 영혼 영가들의 분노와 저주를 종교 지도자들이 받고 죽으면 그 자손이나 후손들이 대대손손 물려받는다고 한다. 이 땅에 있는 수많은 종교 지도자들은 자신들이 잘하고 있다 생각하고 종교생활을 하겠지만 그것은 각자들의 착각일 뿐이다.

잘했는지 못했는지는 하늘과 땅이 즉시즉시 자신과 가족들의 고통과 불행으로 심판하신다. 저자도 이런 진실을 잘 모른 채로 이 길로 들어오기는 했지만 정말 한 치의 오차도 없으시고, 너무나도 정확하신 분이시다.

저자가 신감(女)과 함께 산전수전 고난의 길을 걸으면서 엎어지고 뒤집어지면서 비싼 대가를 치르고 하늘과 땅의 진실에 대한 정답을 찾아내었기에 이제 도솔천 자미국에 들어오는 여러분은 행운아 중에 행운아가 될 것이다.

온 몸으로 하늘과 땅이 내리시는 벌을 직접 받으면서 무엇이 진실인지 혹독한 체험을 하였다. 이런 고난의 과정은 절대로 혼자서는 이루어낼 수 없는 일이었다. 너무나 어려운 시험들이었기에 혼자였다면 포기했을 것인데 신감과 함께했기에 모든 고비를 넘길 수 있었다.

혼자 멋대로 해서 벌 받고, 가르쳐 주신 대로 하지 않아서 벌 받기를 수없이 반복하였는데 이것 역시 진실과 거짓을 온몸으로 체험케 하시는 과정이었음을 최근에 알려주시었다. 이런 벌 받는 과정없이 순탄하게 걸어왔다면 무엇이 진실인지, 거짓인지 어찌 알 것이냐 하신다.

물과 불이 왜 무서운지 직접 체험해 봐야 알 수 있듯이 교과서에도 없는 종교와 다른 창조의 길을 펼치자하니 온갖 체험을 골고루 하게 하신 것이었다. 초반에 미리 겪지 않으면 분명히 언젠가는 실수하여 잘못된 길을 갈 것이 뻔하고 돌아오기 힘들 것이란 진실을 모두 알고 계신 것이었다.

젊어서 고생은 사서도 한다는 말처럼 인류를 구원하여 세상을 이롭고 잘살게 하는 천지대업을 이루어야 하는데 어찌 순탄하게 갈 수 있겠는가? 나이 먹어서 잘못된 길을 가면 영원히 돌이킬 수 없다는 것을 아시고 혹독한 벌을 주어가면서 진실과 거짓의 세계를 수천 번에 거쳐서 생생히 체험하게 하신 것이다.

이제는 완성되었다고 하신다.

하늘과 땅, 신의 시험이 천 번은 있을 것이라고 하시었는데 천 번이 아닌 수천 번의 시험을 받았으니 그 과정의 고난과 곤혹스러움은 말로 표현할 수조차 없는 혹독한 과정이었다. 더 이상 시험할 것도 없고, 막힘도 없으니 앞으로 쭉 나가면 된다고 하신다.

저자 인황과 신감은 피눈물을 흘리면서 모진 과정을 인내하여 마침내 시험을 마치게 되었다. 두 저자가 하늘과 땅으로부터 얼마나 혹독한 과정을 수없이 거쳐 왔는지 도솔천 자미국의 수많은 천인과 백성들이 생생히 지켜보았으니 이들이 산 증인들이다.

여러분 인생이 기쁘고 행복해 지려면 자신의 신과 생령을 천상 자미천궁으로 유학 보내고, 사망한 가족이나 조상님들은 천상 도솔천궁으로 유학 보내서 일정 기간 동안 하늘공부를 시켜서 천상의 좋은 기운을 받아오게 해야 한다.

천상 자미천궁의 좋은 기운은 여러분의 신과 생령이 받아올 수 있고, 천상 도솔천궁의 좋은 기운은 여러분의 돌아가신 가족과 조상님들이 받아 올 수 있다고 하시었으니 하루라도 빨리 천상궁전 자미천궁과 도솔천궁으로 유학을 보내야 한다.

무서운 저주를 내린 영들

인간 육신의 몸 안에서 함께 공존공생하며 살아가는 영들은 각자의 눈과 귀에는 보이지도 들리지도 않는 무형무색 무취의 존재이기는 하지만 인간의 삶에 길흉화복, 흥망성쇠, 생로병사를 좌우한다는 무서운 진실을 알고 살아가는 사람들은 이 세상에 없다.

길흉화복, 흥망성쇠, 생로병사는 절대자이신 하늘과 땅이 주재하신다고 알고 있지만 이분들이 행하시기 전에 각자의 몸 안에 있는 생령들이 먼저 인간 육신들을 응징한다는 인류 최초의 진실을 밝혀내었다. 지금까지 세상 이론이나 종교 이론이 모두 틀렸다.

우리 인간의 몸 안에는 각자의 영들인 생령과 이미 죽은 조상의 사령들이 함께 살아가고 있는데 이들의 나이는 인간 육신의 나이보다 훨씬 많아서 수천 살 또는 수만 살, 수억 살에 이른다는 점이 밝혀졌다.

이들 영들도 천지이치를 깨달아 하늘로부터 선택받아 신의 반열에 오른 맑고 깨끗한 영들은 지상에 인간 육신으로 내려와서 하늘이 내리시는 명을 받들고 있는가 하면 자신의 탐욕만 채우려는 영들도 많다.

인간 육신들은 생사령(생령과 사령)과 공존공생하며 살아가는데 이들의 존재를 몰라보고 살아간다. 그런데 이들 모두가 바라고 원하는 목표가 다르다는 점이다. 한 지붕 다가구가 함께 살아가고 있는 형상이다.

이들 중에 인간 육신들은 잘 먹고 부자로 잘사는 것이 우선순위이다. 재벌이 되고 싶은 사람, 대통령이 되고 싶은 사람, 고위공직자가 되고 싶은 사람, 세상에 이름을 널리 알리고 싶은 사람 등 다양하다. 소원을 이루는 사람도 있고, 이루지 못하고 어렵게 사는 사람도 있다.

인간 육신의 삶을 잘살게 해주는 존재는 하늘이 아니시라 천상과 지상의 대단한 능력자가 존재하시는데 도솔천 자미국에 들어오면 이분들을 만날 수 있고, 그 이후 인생사가 천지개벽하듯 순식간에 바뀌어 지는 신기하고 신비로운 인생을 체험할 것이다.

다음으로 인간 몸 안에 있는 각자 육신의 주인인 생령들의 소원은 높고 높은 하늘 태상천존 자미천황님을 만나서 천상 자미천궁으로 오르는 것이 가장 큰 목적 달성이다. 그러기 위해서 인간 육신들과 전쟁을 선포하고 성공과 출세만을 갈구하는 인간 육신들에게 이 세상의 온갖 고통과 불행을 주어서 굴복시키려 한다.

그래도 인간 육신들이 알아듣지 못하면 가장 귀하게 여기는 순서대로 패대기치게 만든다. 가족의 목숨, 재물, 권력, 직장, 기업, 건강, 명예를 한순간에 근땅 쓸어 가는데 그래도 굴복하지 않으면 자신의 집인 인간 육신을 자살이나 심장마비, 사건사고로 죽여 버린다.

각자의 생령들은 도솔천 자미국을 통하여 높고 높으신 최고의 하늘 태상천존 자미천황님을 만나 천상 자미천궁으로 올라가는 것이 최종 목표이다. 한마디로 생령들은 사느냐 죽느냐가 판가름 나는 생사의 기로에 놓여 있다.

그렇기 때문에 수단방법을 가리지 않고 자신의 거처인 인간 육신을 도솔천 자미국으로 데려오려고 혈안이 되어 있지만 인간들은 생령들이 전하는 메시지를 알아듣지 못해서 온갖 고통과 불행을 앉아서 당하고 있다.

그래서 찾아가는 곳이 보살, 무당의 점집, 철학관, 역술인, 도인, 도사, 종교인들이다. 운이 없어서도 아니고 재수가 없어서도 아닌 자신의 몸 안에 생령들로부터 얻어터져서 아픔과 슬픔, 고통과 불행이 발생한 것인데 이들을 찾아간다한들 생령의 존재는 빼버리고 운 타령, 재수타령하고 조상님들이 힘들어서 그런다고 뒤집어씌우기 일쑤이다.

지구상에서 생령들의 말을 알아듣고 인간 육신과 소통해 줄 수 있는 곳은 도솔천 자미국 한 곳뿐이 없다. 운이고 재수를 떠나서 자기 몸 안에 생령들의 존재를 알아주고 이들이 원하고 바라는 천상 자미천궁으로 보내주지 않으면 기다리고 있는 것은 각자 인생의 재앙뿐이다.

인생사 모든 고통과 불행의 문제 핵심은 하늘과 땅의 절대자보다도 각자의 자신 안에 생령에게 있다는 점을 지금부터라도 인정하고 생령을 천상 자미천궁으로 올려 보내는 신인(천인, 도인)합체 의식을 즉시 서둘러 행해야 한다.

이들은 인간 육신이 죽으면 귀신 그 자체로 머문다.

인류가 이 땅에 태어나고 처음으로 하늘의 부름을 공식적으로 받으려고 생령들이 혈안이 되어 인간 육신들과 전쟁을 치르고 있는데 그것이 각자들의 인생사 아픔과 슬픔, 고통과 불행으로 나타나고 있는 것이다.

인간 육신의 집주인이 각자들의 생령이다.

그런데 공교롭게도 인간 육신과 생령들 사이에 언어 소통이 전혀 안 되고 있다는 점이다. 육신의 집주인이니 생령들의 말을 육신들이 잘 알아들을 수 있을 것이라고 생각하는데 전혀 예상 밖으로 알아듣지 못하고 있다.

육신들이 어떤 메시지를 받기는 받아서 간 곳은 진짜 하늘의 공식적인 부름을 받을 수 없는 종교로 들어가서 허송세월만 보내고 있다. 도솔천 자미국으로 들어와야 생령들이 소원을 이룰 수 있는데 육신이 종교로 들어갔으니 반대로 생령들의 저주가 내리는 것이다.

그래서 종교를 다니는 사람들의 인생이 자신의 생령들로부터 저주로 인한 재앙이 내려 인생이 더 힘들어지는 것이다. 종교 열심히 믿는 사람들을 보면 인생을 더 힘들게 살아가고 있음을 쉽게 볼 수 있다. 육신들의 일거수일투족에 대해서 24시간 실시간으로 지켜보고 있다.

가장 무서운 인생의 적은 멀리 있는 것이 아니라 자기 몸안에 있는 각자들의 생령들이다. 생령들은 진짜 하늘을 만나는 것인데 육신들이 가짜 하늘을 전하는 종교세계로 들어가니까 인생이 뒤집어지는 것이다.

진짜 하늘은 종교세계로 절대 가시지 않는다고 말씀하시었다. 그래서 이 세상에 수많은 갖가지 종교는 하늘을 받드는 뜻을 펼친다고는 하지만 실상은 진짜 하늘이 아닌 가짜 하늘앞에 줄을 서 있는 것이다.

성인, 성자로 알려진 석가, 예수, 마리아, 마호메트, 상제가 전하고 있는 하늘은 독자들 눈에는 수천 년의 역사를 가졌으니까 진짜 하늘로 믿으며 다니고 있겠지만 모두 가짜 하늘이었다. 그래서 종교를 믿으면 믿을수록 각자들의 인생살이가 더 힘들어지고 있다.

인간 육신, 생령, 사령들의 구원은커녕 오히려 각자들이 하늘의 뜻이 아닌 종교를 믿어서 죄만 쌓아갈 뿐이다. 종교를 믿는 것이 죄가 된다는 사실조차도 가르쳐 주는 사람이 없어서 인정도 안할 것이다.

가르쳐 주는 인류의 영적지도자를 만났든 못 만났든 각자 자신의 인생살이를 뒤돌아보면 쉽게 스스로 판단할 수가 있는데 그것도 못 찾아낸단 말인가? 아픔과 슬픔, 고통과 불행이 이어지는 것은 자신이 다니고 있는 종교가 진짜가 아니라는 것을 가르쳐주는 거다.

종교를 믿으면 교리와 이론에 세뇌당하여 진짜 하늘이 강림하시어도 인정하지 못하기 때문에 다니지 말라는 것인데 아는지 모르는지 천하태평들이고 오히려 도솔천 자미국을 사이비라고 비난하기 바쁘다.

하늘과 땅의 명을 받고 태어난 모든 자들은 각자에게 어느 시점에 이 땅의 어느 장소에서 만나기로 이미 약속이 되어있다고 하셨다. 그래서 각자 인간 육신의 몸 안에 있는 생령들은 자신에게 주어진 명을 이행하여야 한다.

즉 인간 육신들을 철저히 굴복시켜서 도솔천 자미국으로 데리고 들어와야 진짜 하늘과 만나는 약속을 이행할 수 있다. 육신들을 굴복시켜서 데려오지 못하면 육신이 죽어서 춥고 배고픈 허공중천 구천세계를 불쌍한 귀신이 되어 정처없이 떠돌아 다녀야 한다.

여러분 독자들이 죽은 뒤에 귀신이 되어서 허공중천을 떠돌면 그 피해는 각자의 사랑하는 자손과 후손들이 대대로 겪게 되는데 피해액은 금전으로 환산이 안 된다. 매사 되는 일도 없고 우울증, 자살, 단명, 사업 실패, 불구자 탄생, 고소고발, 사건사고로 가문이 멸문지화를 당한다.

육신이 살아있을 때는 여러분의 영들을 생령이라 하고 육신이 죽으면 사령 또는 조상이라 부른다. 이미 육신을 잃어버린 수많은 조상 영가들이 자손이나 후손들 육신의 몸에 들어가서 함께 살아가고 있다.

여러분의 당대 부모 조상님부터 시조까지 직계좌우 조상님들이 얼마나 많겠는가? 하늘과 땅으로부터 구원받을 조상 영가들은 자손이나 후손들 몸 안에 함께 살아가고 있지만 구원받지 못할 조상영가들은 핏줄을 버리고 어디론가 떠나가버려서 자미국에 들어와 입천제를 올리지 못하기 때문에 구원 자체를 받을 수 없다.

독자 여러분 몸 안에 조상님들이 함께하고 있어야 입천제를 올려서 구원받을 수 있고, 입천제를 올린 사람이라야 하늘의 명을 받아 신인(천인, 도인)합체 의식을 행해서 여러분의 생령들이 천상 자미천궁으로 오를 수 있고, 육신이 죽어서 귀신이 되는 비참한 신세를 면할 수 있다.

인류 최초로 행해지는 조상영혼 영가 입천제!

기존 무속세계의 굿이나 절에서 행하는 천도재와는 차원이 전혀 다른 의식으로 돌아가신 당대부터 시조까지 친가와 배우자의 조상님들 모두를 한꺼번에 천상궁전 도솔천궁으로 입천시키는 어마어마한 의식이다.

무속이나 종교처럼 수시로 행하는 천도재가 아니라 일평생 딱 한 번뿐인 의식이기에 누구든지 아무 조건을 걸지 말고 입천제를 기본적으로 행해야 한다. 그래야만 하늘과 땅이 내리시는 천지대명을 받을 수 있는 행운이 주어진다. 선택받지 못한 사람들은 입천제를 행할 수 없다.

허공중천 구천세계에서, 아비규환의 지옥세계에서, 명부전에서, 종교세계에서, 자손의 몸 안에서 힘들어하며 슬피 울고 있는 각자들의 조상님들을 우선적으로 구원하는 것이 인간으로 태어난 근본 도리를 행하는 것이다.

입천제를 행하여 조상님들을 구하는 것이 인간으로 태어난 근본 도리를 이행하는 것인데, 근본 도리를 행하지 않으면 천상 도솔천궁에 계신 도솔천황님으로부터 상상을 초월하는 날벼락을 맞게 되어 인생사가 파멸로 치달아서 결국에는 가문이 멸문지화를 당하여 몰락한다.

도솔천궁의 주인이신 도솔천황님!

사후세계로 돌아간 독자 여러분의 조상 영혼 영가들을 구원해 주시어 도솔천궁에서 근심 걱정 없이 살아가도록 보살펴주시는 조상님의 하늘이신데, 근본 도리를 행하지 않는 인간들에게는 무서운 벌을 내려 응징하신다.

삼라만상과 천지자연의 이치는 근본 도리를 중시 여기고 상하와 선후를 명확히 구별한다. 인간세상의 모든 법도 역시 근본 도리를 기준점으로 만들어 졌다. 자신의 조상님들을 종교에 입문(조상 팔아먹는 가장 못난 행위라고 말씀하심)시키는 행위와 입천제를 행하여 구하지 않는 행위가 근본 도리를 무시한 행위이다.

자신의 조상님들을 굿이나 천도재 한다고 무속이나 절에 팔아먹는 행위, 사탄과 마귀라고 반대하는 행위, 입천제를 행하지 않는 것이 근본 도리를 무시한 죄를 짓는 행위가 되어 도솔천황님으로부터 무서운 응징을 받게 되는데 독자 여러분이 인생을 어떻게 살아가고 있는지 뒤돌아보면 어렵지 않게 알 수 있을 것이다.

조상님들을 구원한다고 행하는 일체의 종교적 행위 자체를 불허하시고 인간과 조상님들을 모두 속이는 기만행위라고 말씀하시었다. 이제까지 세상에 알려진 영들의 무릉도원으로 알려진 극락세계, 천국세계, 천당세계, 선경세계는 이름뿐인 세계이고 진짜 좋은 세계는 도솔천궁이라 하시었다.

천상 도솔천궁으로 들어가려면 도솔천황님의 윤허가 있는

조상 영혼 영가들에게만 입천제를 허락해 준다. 그러기에 아무 영가들이나 들어갈 수가 없다. 기존의 종교세계에서 행하는 굿이나 천도재, 기도, 미사, 예배로는 천상 도솔천궁에 오를 수가 없고 도솔천 자미국에서 행하는 입천제를 통해서만 받아주신다고 하시었다.

그래서 도솔천 자미국은 이 세상의 모든 종교와 다르다.

입천제를 행해서 천상 도솔천궁의 주인이신 도솔천황님의 명을 받아야만 조상 영혼 영가들이 도솔천궁에 입천되어 도솔천황님의 자손으로 다시 태어나 근심과 걱정, 추위와 배고픔 없는 무릉도원의 사후세계를 살아갈 수 있다.

천상 도솔천궁에 입천하여 도솔천황님의 자손으로 태어나야만 윤회의 고리를 끊을 수 있고, 도솔천황님이 주시는 좋은 기운을 받아서 자손과 후손들에게 전해 줄 수 있기에 기쁨과 행복한 세상에서 살아가게 된다.

종교세계를 통하여 조상 영혼 영가들을 좋은 세계로 보내드리는 굿이나 천도재, 추도미사, 추모예배, 기타 의식을 하면 할수록 독자 여러분의 인생은 뒤집어지게 되어 있다. 진짜 좋은 세계가 아닌 고통과 불행의 지옥세계로 들여보내는 의식이기 때문이라고 도솔천황님이 말씀해 주시었다.

이 세상에서 종교의식으로 구원 행위를 하는 자들은 조상 영혼 영가들을 한 번에 구원할 능력도 없고, 더욱이 당대부터 시조까지 수많은 영가들은 더더욱 구원할 수가 없고 구원한다는 자체가 도솔천황님의 고유 권한과 고유 영역을 침해하는 구원 행위가 되어서 종교인들의 인생도 뒤집어지고, 의뢰하는 자들의 인생이 함께 몰락한다.

사회적으로 명성을 얻은 유명 인사, 전 · 현직 대통령과 영부인, 재벌 총수, 기업인, 고위공직자, 정치인, 연예인, 사회지도층 인사들 본인이나 배우자들이 어떤 종교를 하나라도 갖고 조상 영혼 영가 천도재 올리고 열심히 기도하며 빌지 않은 사람들은 하나도 없었다.

하지만 모두가 불행하였고, 말년을 불행하게 보내고 있는 현실을 신문방송을 통해서 보고 있다. 도솔천 자미국의 인황과 신감을 통해서 조상 영혼 영가들을 구원해야만 인생의 몰락으로 인한 고통과 불행이 일어나지 않는다. 지구촌의 그 어느 종교인들도 도솔천 자미국의 하늘과 땅, 천지신명님을 능가하는 구원 능력을 가진 자는 없다.

도솔천 자미국에서 인황과 신감을 통하여 도솔천황님의 명을 받는 입천제를 행하지 않고 종교세계에서 구원의식을 행하면 그 자체가 죄가 되어 각자의 인생과 조상님들의 사후세계 고통이 자손과 후손, 가문 대대로 이어지는 무서운 재앙이 내려간다는 사실을 알아야 한다.

조상 영혼 영가들은 도솔천황님께서만 구원해 주실 수가

있고, 각자의 몸 안에 생령들은 자미천황님께서만 구원해 주실 수가 있고, 인간 육신들은 천지신명님과 열두대신님들께서 도솔천 자미국의 인황과 신감 육신을 통해서만 구원해 주시고 계신다.

이미 이 땅에 다녀간 성인 성자들과 종교인들은 이런 진실 자체를 모르고 좋은 일을 한다고 종교의식으로 구원 행위를 하고 있지만 결과는 오히려 죄를 짓는 행위가 되어 인생도 안 풀리고 뒤집혀버린다.

구원 행위자와 의뢰자 모두가 벌을 받아서 자신은 물론 자손과 후손들까지 몰락한다. 인류 최초로 밝혀지는 하늘세계, 사후세계, 조상세계의 무서운 진실이니 더 이상 죄를 짓지 않고 지금까지 종교세계에서 구원의식을 행한 모든 자들은 하루라도 빨리 도솔천 자미국에 찾아와서 입천제를 행하여 도솔천황님께 죄를 빌어야 한다.

종교세계에서 구원한 독자 여러분의 조상 영혼 영가들은 좋은 세계가 아닌 고통과 불행의 무서운 지옥세계에 들어가 있기에 빨리 꺼내드리지 않으면 여러분은 물론 자손이나 후손들이 대를 이어가면서 재앙을 당하여 결국 어느 시점에 가서는 가문 자체가 멸문하게 된다.

이제라도 함부로 조상 영혼 영가들을 종교인들에게 구원해 달라고 의뢰하여 고통과 불행의 지옥세계로 보낸 죄를 도솔천황님과 조상님 전에 빌어서 무탈하게 살고 싶은 독자들에게 도솔천 자미국에서 인황과 신감이 전하는 하늘과 땅, 천지신명님이 구세주 그 자체이시다. 구세주 그 자체이다.

여러분 몸 안에서 함께 살아가고 있는 생령들의 실체!

얼마나 무서운지 가르쳐 주는 인류의 영적지도자가 없어서 전혀 모르고 살아왔다. 여러분 육신의 집 주인이 생령들인데 무서움의 진실을 알 수가 없었다.

이들이 하늘 앞에 대역 죄인이란 진실은 들어 본 적이 없을 것이다. 인류의 원죄는 아담과 이브의 핏줄을 물려받아 하늘 앞에 잘못했다고 순순히 인정하지 않고, 누구의 탓으로 돌리며 변명하는 것이었다.

천상 자미천궁과 도솔천궁에서 항명하며 반란을 일으켜 지구로 도망쳐 나왔고, 천상에서 죄를 지어 쫓겨난 자들이 바로 여러분 몸 안에 함께 살아가고 있는 각자의 집주인들인 생령들이라고 밝혀 주셨다.

생령들이 얼마나 못돼 처먹었으면 영생을 누리며 근심 걱정 없이 살아 갈 수 있는 무릉도원의 천상궁전에서 지구로 도망쳐 나오고 쫓겨났을까? 영들은 천지대명을 받아 죄를 빌어 천상으로 어서 빨리 돌아가고 싶어 하기에 여러분이 도와주어야 한다.

하늘과 땅의 심판이 임박하였다

로마 교황청에 숨겨진 파티마의 세 번째 예언이 무엇일지 인류가 궁금히 여기지만 교황청에서 비밀에 붙여서 공개하지 않고 있다. 당시에 교황이 파티마의 세 번째 예언을 읽어보고 기절했다고 한다.

공개되지 않은 파티마의 세 번째 예언!

그것은 바로 천주교의 교황청이 멸망하여 문을 닫고, 이 세상의 종교가 모두 사라진다는 무서운 예언이었다. 이런 파티마의 세 번째 예언을 자미국의 신감이 뒷받침해 주었다.

하늘과 땅의 자미천황님, 도솔천황님, 천상감찰신명님, 천상천감님, 천상도감님, 천지신명님, 열두대신님, 영의 신감님, 자미인황님, 사령(이미 죽은 모든 조상 영혼 영가), 생령(산 자의 몸 안에 영혼)이 전하는 메시지를 실시간으로 받아서 전해 주는 도솔천 자미국의 신감이 검증해 주었다.

도솔천 자미국의 신감은 하늘과 땅의 모든 영들과 실시간으로 대화를 주고받을 수 있는 인류 최고의 능력자이고, 신감을 능가할 영능력자는 이 세상에 아무도 없다. 내가 15년 동안 도솔천 자미국을 운영하면서 체험한 결과이다.

여러분이 입천제를 행하면 두 눈과 귀로 실제 확인할 수 있는데 하늘세계, 신명세계, 조상세계, 생령과 사령의 사후세계에 대해서 모르는 것이 하나도 없는 영능력자임을 자미국을 창시하여 개국한 저자 인황이 15년의 세월을 통해서 체험했기에 절대적으로 인정한다.

도솔천 자미국의 영능력자 신감이 오늘 전해 준 말이다.
대한민국 전체가 종교백화점이 된 이유를 밝혀 주었는데 충격적이었다. 석가, 예수, 마리아, 마호메트, 공자, 노자, 상제를 섬기고 받드는 종교가 이 나라에서 전 세계 최고로 번창하여 종교백화점으로 변해버렸다.

왜, 종교백화점이 되었을까?
이 땅의 대한민국으로 진짜 하늘과 땅이 강림하시어 인류를 구원하신다는 것을 석가, 예수, 마리아, 마호메트, 공자, 노자, 상제가 알았기 때문이었다.

이들 성인 성자들이 천손민족인 대한민국 사람들 몸 안에 들어가 있으면 하늘과 땅이 내리는 말세의 준엄한 심판을 피할 수 있을 뿐만이 아니라 천손민족인 이 나라의 국민들이 도솔천 자미국에 들어와서 조상 영혼 영가 입천제를 행할 때 몰래 끼어서 천상 도솔천궁으로 구원받아 입천할 수 있다고 생각했기 때문인데 하늘의 눈과 귀를 속여서 천상 도솔천궁으로 올라가는 일은 추호도 용납하지 않으신다.

이들은 인간세계에서는 성인 성자로 존경과 추앙을 받고 있지만 하늘께는 구원받지 못하고 쫓겨 다니는 역천자 죄인들로서 심판대상자들이다.

이들의 사상과 교리를 처음으로 전파한 이들의 제자들은 물론 제자들의 뜻을 이어받아 수천 년 동안 이들의 사상과 교리를 전파해서 인류의 정신을 빼앗아 지배통치한 모든 전 · 현직 종교 지도자들인 교황, 도황, 도주, 도전, 교주, 목사, 신부, 수녀, 승려, 도인, 보살, 무당, 도사, 법사를 심판하려고 하신단다.

살아있는 자들과 이미 죽은 자들을 모두 포함하여 하늘의 준엄한 심판대에 올려야 하는데 이들 심판받아야할 하늘의 역천자 대역 죄인들이 천손민족인 여러분 신도들 몸 안에 숨어들어가 있기 때문에 하늘의 심판이 지체되고 있다고 울분을 참지 못하시어 진노하고 계신단다.

이들을 심판하려면 천손민족인 국민 여러분을 함께 심판해야하기 때문에 진퇴양난이라 하신다. 하늘의 심판이 내리면 산 자든 이미 죽은 자든 살아남을 자가 없기 때문에 종교세계에서 하루빨리 벗어나 도솔천 자미국으로 들어오라고 책을 집필하여 긴급 메시지를 전하는 것이다.

천손민족인 대한민국 국민들은 90% 정도가 과거든 현재든 잘못된 종교를 믿었거나 현재도 믿고 있다. 하늘의 심판이 내리면 이들 모두 살아남을 자가 없다.

5천 만 명의 국민들 중에서 10분의 1에 해당하는 5백만 명만 구사일생으로 생존할 수 있기 때문에 최후의 심판 일자를 언제 어떻게 할 것인가 노심초사하고 계신단다. 하늘의 피가 흐르고 있는 천손민족의 90%를 희생해서라도 하늘의 역천자 죄인들을 심판하실 것인지 불원간 집행하실 모양이다.

너무나도 참혹한 심판이 기다리고 있지만 세상 사람들은 이런 무서운 심판의 그날이 언제인지 조차도 모르고 살아가고 있다. 4,500만 명의 목숨이 죽어야 하는 하늘의 심판을 받을 것인지, 아니면 이제라도 정신 차리고 자미국으로 들어와서 목숨을 구할 것인지 선택은 여러분의 자유이다.

저들 심판 받아야할 대역죄인(종교 숭배자와 종교 지도자)들 때문에 하늘의 피가 흐르는 천손민족의 무고한 4,500만 명을 희생시키면 누가 세계를 정복하여 통치할 것인지 그것이 문제라고 하신다.

그래서 최대한 이 나라 대한민국 국민들을 많이 살려내시고자 저자로 하여금 심판의 진실을 세상에 전하게 하시어 종교세계를 빨리 떠나 도솔천 자미국으로 들어오라고 공평한 기회를 모든 자들에게 주시는 것이다.

부모가 종교를 믿으면 자식들이나 후손들이 종교를 믿지 않았어도 하늘과 땅의 준엄한 심판으로 대재앙이 내려서 결국 가문이 멸문지화를 당한다. 자녀가 종교를 안 다녀도 부모가 종교의 귀신을 데려와서 자녀들 몸으로 넣어주었기 때문에 자녀들 역시 역천자 죄인의 신분이 된다. 그리고 육신을 잃어버린 여러분의 죽은 영들은 지옥세계로 들어가서 수억 조 년 동안 참혹한 형벌을 받으며 살아간다.

괴질병 메르스가 국내에서 유독 많은 사망자를 내고 있는 것 역시 하늘의 심판이 시작되고 있음을 알려주는 긴급 경고 메시지이다. 박근혜 정부 출범 이후 상상을 초월하는 수많은 사건사고 발생과 괴질병인 광우병, 사스, 조류인플루엔자, 메르스는 종교세계를 떠나서 도솔천 자미국으로 속히 들어오라는 긴급 경고 메시지이다.

국정책임자들이 나라를 살리고자 고군분투하고 있지만 오히려 재앙이 연속적으로 일어나고 있는데 나라와 국민을 살리려거든 하늘과 땅이 내리시는 지엄한 천지대명을 즉시 받들어야 이 나라의 정치와 경제, 사회가 안정된다.

아무도 하늘의 심판을 피해갈 자는 없다.

종교 안에서 믿는 하늘(하나님, 하느님)은 진짜 하늘이 아닌 가짜 하늘이기에 최후의 심판에서 구원받지 못한다는 진실을 전하니 정신들 차려야 한다. 독자 여러분은 세월호 침몰사고로 종교 지도자가 심판받아 객사당한 비참한 죽음을 현실로 생생히 보았다.

하나님을 열심히 믿어 10만 명의 신도를 자랑하는 종교 지도자가 왜 불귀의 객이 되었을까? 이 나라 국민들에게 종교를 믿으면 사후가 아닌 당대에 저렇게 준엄한 심판을 받아 비참한 최후를 맞는다는 것을 아주 생생히 보여준 것이다.

모든 신도들은 하나님, 하느님, 부처님, 상제님을 열심히 받들고 섬기며 믿고 있다고 자랑하는데 진짜 하늘이 아닌 가짜 하늘이다. 성인 성자로 존경과 추앙을 받고 있는 석가, 예수, 마리아, 마호메트, 공자, 노자, 상제를 섬기고 받드는 것은 가문의 몰락을 가져 온다.

이들의 사상과 교리를 전파한 수많은 제자들과 모든 전·현직 종교 지도자들인 교황, 도황, 도주, 도전, 교주, 목사, 신부, 수녀, 승려, 도인, 보살, 무당, 도사, 법사들을 통해서 하늘의 역천자들인 석가, 예수, 마리아, 마호메트, 공자, 노자, 상제의 기운을 받고 있기에 이들을 믿는 것은 더더욱 위험천만한 행위이다.

종교인들과 접촉해서 여러분 몸으로 숨어들어온 이들 역천자 죄인들인 종교 숭배자와 종교 지도자의 기운을 인간 육신에서 빠져나오도록 하늘과 땅이 빼내주시고 용서해 주셔야 심판대상에서 제외되어 살아남을 수 있다. 대역 죄인들의 사상과 교리를 전파한 종교 지도자들은 종교 숭배자들과 함께 준엄한 심판대에 오른다.

그래서 종교생활을 하는 종교인들과 신도들의 인생이 뒤집혀서 각자 자신들은 물론 자손과 후손들까지도 인생으로 재앙이 내려서 힘든 인생길을 살아가고 있다. 종교인과 신도들의 삶이 편한 사람들이 없는데 죄인들을 심판받지 못하게 숨겨주어서 힘든 인생길을 살고 있다.

천복만복을 받는 지름길은 도솔천 자미국에 들어와서 인황과 신감을 통하여 하늘과 땅에게 지은 죄를 비는 것이다. 대역 죄인들을 숨겨준 죄인들은 하늘과 땅이 주시는 복을 받을 수가 없고 고통과 불행만이 내려간다 하시었다.

이 책을 읽고 종교를 다니지 않는다고 심판대상에서 제외되는 것이 아니라 종교를 다니면서 여러분 육신과 마음으로 사상과 교리를 인정해서 숨어들어온 하늘과 땅의 대역 죄인들의 기운을 도솔천 자미국에서 하늘과 땅이 빼내주셔야 면죄부를 받아 살아남을 수 있다.

과거에는 종교를 믿었지만 현재는 믿지 않으니까 심판대상에서 제외될 것이라 생각하는 사람들이 아주 많을 것인데 그것은 여러분의 착각일 뿐이다. 인간세상에서 지은 죄는 공소시효가 있어서 무거운 살인죄를 범했어도 공소시효가 지나면 죄를 물을 수 없다.

하지만 여러분 몸으로 한 번 들어온 종교 숭배자와 종교 지도자들의 역천자 죄인의 기운은 옷에 껌 딱지처럼 육신과 마음에 달라붙어서 아무리 떼어내려고 발버둥 쳐대도 떨어져 나가지 않고 여러분이 죽어서 세상을 떠나도 자손과 후손들에게 대물림으로 내려간다.

그래서 이들 대역 죄인들의 기운을 빼내서 소멸시켜 주시는 절대자가 자미국에서 전하는 하늘과 땅이시니 자신과 배우자, 자녀, 가문, 기업을 살리고 싶은 사람들은 이 책을 끝까지 읽고 하루빨리 죄를 용서 빌러 자미국으로 찾아와야 한다.

아마도 이 책이 하늘과 땅이 인류에게 내리시는 최후통첩의 경고 메시지가 아닐까 생각한다. 일단은 심판의 그날이 코앞에 다가왔음을 국민 여러분에게 미리 알려서 구원받을 자와 구원받지 못할 자를 선별해야 하시기에 도솔천 자미국을 창시하여 개국한 인황으로 하여금 최후통첩 메시지를 긴급하게 전달하게 하시는 것 같다.

하늘과 땅을 무시하고 부정하며 농락한 성인, 성자와 종교인들을 모두 심판하신다고 선포하셨으니 살아남고자 하는 천손민족은 즉시 종교세계를 떠나서 도솔천 자미국으로 들어와 그동안의 죄를 빌어야 살아남을 수 있다.

파티마의 공개되지 않은 예언처럼 교황청이 몰락하고 이 세상의 모든 종교가 사라지고 무종교의 도솔천 자미국 세상이 전 세계적으로 펼쳐진다. 종교 지도자 생활을 하는 사람들이 무수히 많은데 이들도 이미 알고 있을 것이다.

그리고 도솔천 자미국에 들어와서 인황과 신감을 통하여 하늘과 땅의 천지대명을 받아 새롭게 재창조된 신비의 능력을 가진 신인, 천인, 도인들이 이 나라와 세계를 실질적으로 정복해서 통치하며 이끌어 가게 된다.

말세에 가장 먼저 하늘과 땅의 심판 받을 자들이 종교인들이라는 것쯤은 이미 알고 있을 것이다. 그 무서움의 정도가 어느 정도인지 잘 몰라서 종교생활을 하고 있을 것인데 우리의 상상을 초월하는 참혹한 심판이다. 여러분과 가정, 기업이 멸망하여 가문이 문을 닫는 것은 물론 죽어서도 수조 억년 동안 가혹한 참형을 받아야 한다.

이렇게 종교인들이 얼마나 하늘과 땅에 죄를 지었으면 가장 먼저 심판받는다고 하겠는가? 하늘과 땅은 무형무색 무취하신 존재지만 실제로 우리의 삶에 실시간으로 존재하시는 이적과 기적의 대단하신 신비의 능력자들이시다.

독자 여러분이 마음의 안식처를 구하기 위해서든, 인생이 풀리지 않아 힘들어서든 하늘과 땅의 역천자 대역 죄인들의 교리와 사상을 믿고 따르면 이들과 함께 준엄한 심판받아 산 자와 죽은 자는 물론 가족까지도 모두 멸망하게 된다.

앞서 말했듯이 최후의 심판을 집행하지 않으며 미루시고 있는 것은 하늘과 땅께서 능력이 없어서가 아니라 도솔천 자미국의 인황과 신감 육신을 통하여 하늘의 피가 흐르고 있는 천손민족을 한 명이라도 더 구원해 주시고자 함이신데 구원받을 숫자가 채워지면 심판을 집행하실 것이다.

어차피 종교 사상과 교리에 깊게 세뇌 당하여 종교세계를 떠나지 못하는 자들은 구원대상에 제외하실 것이기에 무한정 기다려주실 수는 없어서 몇 년 안에 최후의 심판을 결행하실 것으로 보인다.

그래서 종교세계에 그대로 남아있는 자들에게는 멸망의 심판이 내려질 것이고, 도솔천 자미국으로 들어오는 자들에게는 알고 지었든 모르고 지었든 하늘과 땅에 지은 죄를 용서빌게해서 기쁨과 행복의 무릉도원 세계를 열어주신다.

하늘의 피가 흐르는 천손민족

天孫民族(천손민족)!

깨끗한 백의민족, 한민족, 단일민족, 백두민족, 천손민족으로 불리는 자랑스러운 민족이다. 하늘의 피가 흐르고 있다해서 천손민족이고 하늘이 이 땅으로 강림하신다 하여서 천손민족이라 부르고 있는 것이다.

상상속의 하늘!

정말 이 땅으로 강림하실 것인지 국민 모두가 매우 궁금할 것이다. 상상속의 하늘이 아니라 현실속의 진짜 하늘이신 태상천존 자미천황님이신데 강림하시었다.

대한민국 국민 여러분 모두는 진짜 하늘이신 태상천존 자미천황님의 피가 흐르고 있는 천손민족이지 석가, 예수, 마리아, 마호메트의 외국인 피가 흐르고 있는 혼혈민족이 아니라 자랑스러운 천손민족이다.

이 나라에 태어난 자체가 천손민족으로서 가장 영광스러운 일인 줄 모르고 외국 조상귀신들을 수입해서 섬기고 받드니 여러분의 조상님들과 나라조상님들이 분노할 일이고, 하늘과 땅이 진노할 일이다.

종교를 다니고 있는 사람들은 혼혈민족이니 천손민족의 신분을 회복하려면 종교를 떠나서 도솔천 자미국으로 들어와야 천손민족의 신분을 회복할 수 있다. 천손민족이 아닌 자들은 구원을 받을 수 없다.

천손민족은 종교가 아닌 도솔천 자미국을 이 나라와 세계 인류의 중심으로 세우는 대열에 동참해야 한다. 하늘의 피가 흐르고 있는 천손민족인데 어찌 종고를 다녀서 하늘을 진노하게 만들고 있는 것이던가? 이제 하늘의 심판이 세계 각 나라로 향하게 된다. 세상이 어떻게 뒤집혀 가는지 두 눈으로 확실하게 지켜보기 바란다.

국내에서 유행하고 있는 메르스는 외국 조상귀신들을 수입해서 받들고 있기 때문에 일어난 것인데 석가의 진실을 밝혀 주시었다. 석가모니는 인도의 왕자 자리를 버리고 말리는 부모를 떠나 보리수나무 아래에서 고행을 통하여 득도하였다고 전해지고 있다.

중생들은 왕자의 신분과 부귀영화를 모두 버리고 고행의 길을 선택한 석가모니 사상을 자랑스럽게 생각하며 불교를 믿고 있는 것인데 아주 한참 잘못되었다. 높은 왕자의 신분과 부귀영화를 모두 버리고 고행으로 득도한 것을 자랑스럽게 여기며 석가의 사상을 따르고 있다.

그러다보니 불교에 들어가서 석가모니 사상을 자랑스럽게 여기며 받들고 있는 자들은 석가의 무소유 사상을 따라서 신분과 부귀영화를 모두 버리고 인생의 고행 길을 스스로 선택한 것이다.

하늘이 주신 왕자의 자리도 마다하고 고행의 길을 선택하였으니 부모의 심정이 얼마나 아팠을 것이고, 신분과 부귀가 보장된 인도 왕자의 자리를 버리고 떠난다고 했을 때 부모가 얼마나 가지 말라고 말렸을까?

석가는 부모의 만류에도 불구하고 고행의 길을 선택해서 부모의 마음을 아프고 슬프게 만든 불효자이고 부모의 뜻을 꺾은 독하고 못난 자이다. 부모의 뜻만 거역한 것이 아니고 하늘이 주신 높은 신분과 부귀가 보장된 왕자의 자리도 버렸으니 하늘도 이겨 먹은 것이다.

석가의 제자들과 석가 사상을 철저히 믿는 승려와 불자들은 보장된 높은 신분과 부귀를 버렸다고 무소유와 독신의 석가 사상을 섬기고 받들며 자랑스럽게 생각하고 있다. 그러나 석가는 하늘과 자기 부모의 뜻을 꺾어버린 독한 불효자였고 제자들과 승려, 불자들로부터 3,000년의 세월을 넘어서 지금까지도 하늘(부처)로 대접을 받고 있다고 진노하신다.

석가는 하늘께 역천자 죄인의 신분이고 석가와 석가 사상을 인류에게 퍼뜨려 하늘의 피가 흐르고 있는 천손민족의 정신을 빼앗은 석가 제자와 승려들을 대역 죄인으로 심판대에 올리신다고 말씀하시었다.

얼마나 독하면 하늘과 부모의 뜻을 꺾고 고행의 길을 선택하여 "천상천하 유아독존"이라 말해서 하늘에 역천자 죄인의 신분이 되었을까?

독기가 서려있는 독존이 석가이다.

그러니 하늘이 주시는 천지자연의 이치를 거역하고 일반적인 인간의 삶을 포기하게 만들었을까? 석가 사상은 왜 어려서부터 절에 들어가서 머리 깎고 세상과 등지며 살도록 독기를 전파하여서 하늘로부터 역천자라는 죄명을 썼을까?

석가는 천손민족의 정신을 빼앗아 하늘을 몰라보게 만든 대역 죄인이고, 석가의 사상과 교리를 인류에게 전파한 제자와 승려들 역시 대역 죄인들이라 하신다.

석가모니를 천상천하 유아독존으로 받들어 하늘로 대접하는 제자와 승려, 불자들은 석가의 죄를 나누어 짊어지고 있다는 무서운 진실을 알아야 한다. 절에 가서 불상 앞에 절을 하는 것이 부처에게 절을 하는 것으로 보이지만 석가모니가 자신이 하늘에 지은 죄를 승려와 불자들을 무수히 많이 동원해서 수천 년의 세월 동안 함께 죄를 용서해 달라고 하늘에 비는 것이라고 가르쳐 주시었다.

하늘께 얼마나 지은 죄가 크고 많으면 죽은 지 3천 년의 세월이 흘러갔는데도 죄가 용서되지 않아서 수많은 인류를 동원하여 빌고 있는 것인가? 승려와 불자들은 석가의 사상과 교리를 받들고 섬기며 108배, 3000배, 10000배를 올리는 것이 잘하는 일이라 생각하고 있다.

그런데 하늘께서는 분노하고 계신단다.

천손민족이 하늘께로 향하지 못하도록 불교의 사상과 교리로 수천 년 동안 철저히 세뇌시켰다. 석가의 종살이, 노예 살이하면서 석가모니가 하늘에 지은 죄를 제자와 승려, 불자들이 나누어 짊어지고 있다.

그래서 절에 다니는 사람들의 삶이 늘 칙칙하고 무거운 것이고 죄인의 신분이기에 인생살이가 안 풀린다. 절에 오래 다니면 다닐수록 하늘께는 반대로 죄업만 높이 쌓아갈 뿐이고, 자손과 후손에게까지 죄업이 대물림되어진다.

인류가 수천 년 동안 성인, 성자로 받들고 있는 석가모니를 비난하니 벌 받는 거 아니냐고 놀라워하거나 비난할 사람들이 상당히 많을 것인데 이런 진실을 천상에서 가르쳐 주시며 저자에게 만 세상에 밝히라고 하시지 않았으면 인간 눈높이로 석가모니가 천손민족의 정신을 빼앗고 하늘을 능멸한 역천자 죄인인지 어찌 알겠는가?

오늘 자미국에서 64세 노처녀 송○○의 천인합체 의식을 행하면서 성당과 절에 다니다가 결혼도 하지 못한 원인을 밝히는 과정에서 석가에 대한 진실이 3,042년의 세월을 넘어서 인류 최초로 밝혀지는 이변이 일어났다.

그래서 절에 들어가 수없이 절을 하며 비는 것은 정성들이는 것이 아니라 석가모니가 지은 죄를 수많은 신도들과 나누기 위함이었다. 석가모니 혼자서 빌어봐야 하늘이 받아주시지 않으니까 신도들까지 동원하여 죄를 나누어서 빌고 있는 것이라 가르쳐 주신다.

석가모니는 인도에서 태어났고 인도에서 죽었으니 인도의 조상귀신임이 분명한데, 천손민족이 인도의 조상귀신을 수입해다가 받들고 섬기고 있으니 통탄할 일이다. 인도의 조상귀신이자 하늘에 죄인으로 낙인 찍힌 석가모니가 뭐가 아쉬워서 여러분 인생을 잘 되게 해줄 것인가?

석가는 여러분 인생을 잘되게 해줄 능력도 없고, 여러분이 잘사는 것도 원하지 않는다. 끝없이 충성과 굴복만 강요하고 금전과 육신, 마음, 세월을 빼앗아 가는 못된 존재일 뿐이고 남의 나라 조상귀신이 천손민족인 여러분이 잘 되는 꼴을 눈뜨고 지켜 볼 것 같은가?

천손민족인 여러분이 도솔천 자미국에 들어와서 하늘께 향하면 인생이 잘 풀려서 기쁨과 행복을 누리게 되는 것을 너무나 잘 알고 있기 때문이다.

하늘이 강림하시어도 하늘께 향하지 못하도록 미리 불교 사상과 교리를 주입시켜서 여러분이 힘든 인생길을 살아가도록 철저히 막고 있지만 세계 인류는 아무도 이런 진실을 알지 못하고 있다.

석가 사상과 교리를 받아들인 전국의 모든 승려와 불자들은 이제라도 자신들을 하늘이 이 땅으로 보낸 천손민족임을 깨닫고 도솔천 자미국으로 함께해서 위대하신 하늘을 받들어야 하늘의 역천자 석가모니가 지은 죄인의 굴레에서 벗어나 자유로운 인생을 살아갈 수 있다.

순천자는 흥하고 역천자는 망한다

하늘의 뜻에 순응하는 자는 흥하고, 하늘의 뜻을 거스르는 자는 망한다는 말인데 석가 사상과 교리를 믿고 있는 승려와 불자들은 하늘의 뜻을 거스르고 있으니 여러분이 망하는 것은 시간문제 아니겠는가?

불교에 입문하여 석가 사상과 교리를 믿고 따르는 것이 하늘께 죄가 된다는 사실조차도 모르고 있었을 것이지만 저자 역시 천상에서 가르쳐 주시지 않았으면 전혀 알 수 없었던 엄청난 내용들이다.

앞으로는 이 땅에서 종교가 사라지고 종교가 아닌 하늘과 땅이 함께 세우는 도솔천 자미국 세상만이 존재할 것이다. 이런 진실을 읽고도 불교를 떠나지 못한다면 가장 불행한 일이다. 여러분 자신과 가정, 가문, 기업이 잘 되려면 하루라도 빨리 석가모니가 지은 죄의 기운을 받는 불교를 떠나는 것이 상책이다.

불교를 떠나기로 마음먹었으면 머뭇거리지 말고 즉시 결행하고, 불교와 관련된 경전, 주문, 서적, 불상, 탱화, 족자, 그림, 목탁, 염주, 승려의복, 부적, 악서사리 등을 미련없이 불태워 버려야 한다.

기독교, 천주교, 도교, 무속, 유교를 믿고 있는 사람들도 마찬가지이다. 하늘은 이 땅에 종교를 허락하시지 않았기 때문에 그 어떤 종교든지 다니는 것이 하늘께 역천하고 대드는 꼴이 되어서 죄인의 신세가 된다고 하신다.

진짜 하늘과 땅, 신은 도솔천 자미국의 인황과 신감 육신과 마음으로만 내리신다고 하셨으니 이 나라는 물론 지구촌 전체에 퍼져있는 수천 년의 오랜 역사와 전통을 자랑하는 모든 종교가 거짓된 가짜 종교라 하셨다.

하늘과 땅, 신께서는 도솔천 자미국과 인황과 신감을 중심으로 유불선종교통합, 천지인세계통합을 이루시겠다고 선포하시었으니 천손민족의 자부심을 갖고 하늘이 내리신 천손민족의 신분을 하루빨리 회복하여야 한다.

천손민족은 하늘이 내리신 맑고 깨끗한 자손들이지 석가,

예수, 마리아, 마호메트, 공자, 노자, 상제의 역천자 죄인들의 피가 흐르는 자손들이 아니다. 하늘이 집행하시는 말세의 최후 심판에서 날벼락 맞지 않으려면 하루빨리 종교세계에서 뛰쳐나와 도솔천 자미국으로 입국해야 한다.

이 책은 멋모르고 종교에 빠져 있는 천손민족을 종교로부터 더 많이 구해내기 위해서 집필된 책이다. 죄인의 굴레인 종교로부터의 해방을 선포하니 독자 여러분이 천손민족인 대한민국 국민들이라면 적극적으로 동참해야 한다.

왜? 천손민족이라 하였을까?

인류를 심판하시고자 말세에 하늘과 땅, 신이 강림하실 나라였기 때문에 오래전부터 전해 내려온 말이다. 유래를 찾아볼 수 없을 정도로 전 세계에서 유독 대한민국 국민들에게만 천손민족이란 명칭이 붙어있다.

전생, 현생, 내생의 이적과 기적을 일으키시는 천변만화의 신비조화, 천지조화, 신명조화, 날씨조화, 풍운조화를 자유자재로 부리시는 대단한 신비의 능력자들이신 하늘과 땅, 신이 도솔천 자미국의 인황과 신감 육신과 마음으로 강림하시어서 매일같이 천지신명공사를 집행하고 계신다.

하늘과 땅, 신이 허락하지 않은 이 세상의 모든 종교를 멸하고, 세계를 정복하여 단일국가 도솔천 자미국 하나로 통합하여 인류의 새 역사를 하늘과 땅, 신, 자미국과 인황, 신감을 중심으로 재창조하는 천지대업을 집행하고 있다.

인간의 능력만으로는 세계정복, 종교통일은 감히 꿈도 꿀 수 없는 허상에 불과할 것이지만 천변만화의 천지조화를 부리시는 무소불위하신 하늘과 땅, 신께서는 인황과 신감의 육신과 마음을 통해서 능히 해내실 수 있다.

하늘과 땅의 진실, 도솔천 자미국의 진실을 몰라서 종교세계 들어가서 죄인의 신분이 되는 줄도 모르고 일평생 동안 육신과 마음, 금전, 세월을 바쳐온 종교인과 신도 여러분은 진짜 위대하시고 무소불위하신 하늘과 땅, 신이 강림하시었으니 어서 빨리 종교를 떠나서 도솔천 자미국으로 입국해야 천손민족의 자랑스러운 위상을 살아서 회복할 수 있다.

독자 여러분이 오랜 세월동안 종교 안에서 애타게 찾고자 했던 세상은 종교가 아니라 도솔천 자미국 세상이다. 여러분이 기다리던 인간 육신과 생령, 사령들의 영생과 구원, 도통을 이루어주시는 무소불위의 절대능력자들께서 인황과 신감 육신의 몸과 마음으로 실제 강림하시었다.

천변만화의 천지조화, 신비조화를 부리시는 무소불위하신 하늘과 땅, 신께서 도솔천 자미국의 인황과 신감 육신으로 강림하시었으니 이제 더 이상 종교세계에 머물러있을 하등의 그 어떤 이유도 없어졌다. 종교세계를 통해서는 절대로 구원하시지 않는다고 이미 선포하시었다.

도솔천 자미국이 진짜인지 가짜인지 여러분은 잘 모를 것이지만 하늘의 천인과 백성으로 탄생한 사람들의 사연을 읽어보면 수긍이 갈 것이다. 2005년도에 자미국으로 처음 입국하여 10년의 세월이 흐른 뒤에 울산에서 상경한 64세 노처녀가 하늘의 명을 받아 천인합체 의식을 행하였으니 도솔천 자미국의 진실을 간접적으로 알 수 있을 것이다.

진짜가 아니면 10년의 세월이 흐른 뒤에 도솔천 자미국에 찾아와서 천인합체 의식을 행하겠는가? 진짜 하늘이 어디 계신지, 진짜 신은 어디 계신지 알고자 산천으로, 종교세계로, 명상으로 수많은 기도정진을 해왔지만 그 어느 곳도 아닌 도솔천 자미국의 인황과 신감 육신으로 함께하시었다.

어떤 종교든지 믿고 있는 국민 여러분!

이제는 지체 말고 종교세계를 떠나 신기하고 신비로운 대단한 신의 능력자들이신 하늘과 땅, 신의 기운이 무궁무진 내리는 도솔천 자미국으로 속히 입국해서 기쁨과 행복의 무릉도원 세상을 열어가야 한다.

여러분과 조상님을 함께 구하는 입천제

여러분은 세상을 떠나가신 부모 조상님과 가족들을 좋은 세계로 보내드리기 위해서 추도미사 추모예배, 굿, 천도재, 사십구재를 지낸 적이 있을 것이다. 지내고 나서 여러분이나 가족의 인생이 더 힘들지는 않았는지? 과연 조상님들이 천국, 천당, 극락, 선경세계로 올라가셨을까?

조상님 영혼 영가를 구하는 입천제의 종착역 자미국!
수천 년 동안 기존의 종교에서 행해 왔지만 별다른 효과가 없는 굿이나 천도재가 아닌 종교와 전혀 다른 차원으로 진행하여 조상님들을 천상궁전으로 단 한 번에 올려 보내는 전세계 유일한 입천제 의식.

매년 또는 수시로 행하는 굿이나 천도재, 기타 종교와 같은 의식이 아니기에 일평생 단 한 번만 입천제를 행하면 조상 영혼 영가님들이 지옥세계, 명부전, 춥고 배고픈 허공중천 구천세계, 종교세계, 여러분 육신의 몸과 마음에서 즉시 떠나서 천상궁전으로 당일 입천(入天)이 된다.

제사, 차례, 성묘를 생략해도 되는 인류 최초의 조상영가

입천제를 올리면 여러분의 사랑하는 부모 조상님들과 배우자, 자녀, 형제들을 꽃 피고 새 우는 무릉도원의 세계 천상궁전으로 보내준다.

축생이 아닌 만물의 영장으로 태어난 인간이라면 이미 세상을 떠나 사후세계에서 원과 한이 쌓여 자손과 후손이 하루빨리 찾아주기를 기다리며 여러분 육신 안에서 슬피 울고 있는 가족들의 조상 영혼 영가 입천제를 올려드려야 효행의 근본 도리를 다하는 것이다.

허공중천 구천세계에서 추위와 배고픔으로 슬피 울고 있는 여러분의 조상 영혼 영가님들을 천상세계로 입천시켜 드리는 것이 자손과 후손된 기본 도리이다. 당대부터 시조까지 친가와 배우자의 모든 조상님들을 단 한 번에 천상궁전으로 올려보내드리는 최고의 의식이 조상님 입천제이다.

기독교인, 천주교인, 불교인, 무속인, 도교인, 유교인, 무신론자 등 어느 종교를 다니든 다니지 않던 종교 사상과 교리를 초월해서 입천제만은 자손과 후손된 도리로서 꼭 한 번은 올려드려야 조상 영혼 영가님들이 편안해 진다.

사람이 죽으면 천국, 천당, 극락, 선경세계 등의 좋은 세계로 가시라고 덕담을 하지만 이는 천상세계, 하늘세계, 사후세계, 영혼세계의 진실을 전혀 모르는 무지한 세상 이론과 종교인들의 잘 못된 표현이다.

인간세계에도 각자들이 남의 집을 방문하려면 집주인의 허락을 받아야 하고, 외국을 방문할 때도 상대방 국가에서 입국 사유와 자격을 심사한 후 허가해 주어야만 입국할 수 있는 법도가 있다.

땅속에 사는 미물인 개미도 낯모르는 개미가 무단침입하면 물어 죽인다. 하물며 인간세계보다 법도가 더 엄격한 천상세계로 여러분의 돌아가신 부모 조상님, 배우자, 자녀, 형제들이 종교적 의식을 행했다고 천상세계 주인의 허락도 받지 않고 들어갈 수 있다고 생각하는 자체가 무지함의 극치이고 하늘을 농락하는 죄를 짓는 무서운 행위이다.

오히려 조상님들은 무단침입자로 붙잡혀서 엄한 처벌을 받게 되고 지옥보다 더 무서운 천옥에 갇혀서 모진 형벌을 받아야 한다. 여러분의 가족들이 천옥에 갇혀 모진 형벌을 받게 되면 여러분의 인생은 끝도 없이 뒤집어져서 인간세상의 온갖 풍화 환란을 겪으며 살아가야 하고 이는 가족 모두의 불행과 몰락으로 이어진다.

여러분이 현재 겪고 있는 인생사의 우울증, 심장마비, 급살, 급성질병, 사업 실패, 파멸 등의 아픔과 슬픔, 고통과 불행의 사연은 조상님들이 여러분 육신을 굴복시켜서 도솔천 자미국으로 데리고 들어와 입천제를 행하여 천상궁전으로 오르기 위해 조상님들이 만든 사연이다.

이미 세상을 떠나가신 각자의 조상님들은 여러분 육신을 데리고 이 땅에 세워진 수많은 종교세계를 모두 다녀 보았지만 조상님을 구해 줄 수 있는 진짜 하늘과 땅, 신을 만나지 못해서 애간장을 태우고 지금도 여러분과 함께 또 다른 종교세계를 찾아다니면서 허송세월을 보내고 있다.

외람된 말이지만 종교세계 안에서는 산 자와 죽은 자 모두가 애타게 찾고 기다리던 구원의 진짜 하늘과 땅, 신은 절대로 만날 수 없다. 하늘의 뜻을 전혀 다르게 전하는 종교인들에게 질려서 종교로는 가시지 않겠다고 하시며 종교와 전혀 다른 하늘과 땅, 신이 함께하는 도솔천 자미국을 통해서만 여러분을 만나시겠다고 하신다.

종교세계를 다니는 것은 여러분 육신들이 아니라 진짜 하늘과 땅, 신을 만나 천상궁전으로 올라가고 싶어 하는 여러분의 부모 조상님과 수많은 선대 조상님들이라는 진실을 알려준다. 종교세계와 차원이 다른 도솔천 자미국에서만 여러분의 친가와 배우자의 당대부터 시조 조상님들까지 모두를 한날한시에 천상궁전 도솔천궁으로 보내드릴 수가 있다.

종교와 전혀 차원이 다른 도솔천 자미국에서 행하는 조상님 입천제 의식은 조상님의 사후세계 운명을 단 하루 만에 천지개벽시켜서 편안하게 해드려, 꽃 피고 새 우는 무릉도원 천상궁전 도솔천궁에서 신선 선녀와 천사처럼 영생을 누리며 근심과 걱정없이 살아가게 해드리는 효도의식이다.

조상님 영가 입천제는 여러분 자신의 인생이 지금보다 훨씬 좋아지며 그동안 수없이 겪었던 아픔과 슬픔, 고통과 불행에서 말끔히 벗어나게 해주는 경이로운 지상 최고의 천상 의식이다.

어느 종교를 믿고 있던지 대한민국 국민이라면 필수적으로 입천제를 행해서 사후세계에서 힘들어 슬피 울고 있는 여러분의 부모 조상님들과 배우자, 자녀 형제들을 구하여 하늘의 혈통을 물려받은 자랑스러운 천손민족으로 신분을 회복해야 한다.

조상님들이 사후세계에서 힘들어 슬피 울고 있으면 조상님의 힘들어 하는 기운을 받아 여러분과 가정, 기업이 매사 되는 일이 없고 항상 불안 초조하다.

그래서 입천제는 조상님을 구해 드릴뿐만이 아니라 여러분과 가정, 기업을 아픔과 슬픔, 고통과 불행에서 벗어나게 해서 여러분과 조상님에게 행복의 세상을 열어주는 가장 빠른 지름길이다.

입천제 의식은 만물의 영장인 인간으로 태어나서 가장 아름다운 선행이고, 가장 잘한 예쁜 일이라며 하늘과 땅, 신이 칭찬하신 지상 최고의 중생구제 의식이다.

여러분과 조상님은 둘이 아닌 하나이기에 입천제를 행하여 조상님을 구하는 것이 곧 자기 자신과 가정, 가문, 기업을 구하는 지름길이다.

여러분과 조상님에게 행복의 문을 열어주는 전 세계 유일한 열쇠가 입천제이다. 진짜 하늘과 땅, 신을 찾아다니는 사람들은 자미국으로 입국하여 천지대명을 받들어 자신의 조상님부터 구하는 근본 도리를 행해야 한다.

사람이 죽으면 돌아가셨다고 한다. 온 곳이 있으니까 돌아가셨다고 표현하는 것인데 여러분은 도대체 어디에서 왔을까 생각해 본 적이 있는가? 이 땅에 인간의 육신으로 내려 온지가 수만 수억 년이 되어서 아예 기억조차 없을 것이다.

정답은 천상궁전이라 표현하는 자미천궁과 도솔천궁이 이 땅에 태어나기 전 여러분 대다수의 영적인 고향이었다. 높고 높은 자미천궁은 육신이 살아있는 사명자 몸 안에 있는 생령들만이 올라 갈 수 있는 곳이다.

이미 사망한 가족이나 부모 조상님 영혼영가들은 입천제를 행해서 꽃 피고 새 우는 무릉도원의 도솔천궁으로 돌아갈 수 있는 길이 도솔천 자미국에 열려 있다. 여러분과 조상님들 모두에게 촌각을 다투는 아주 급한 일이니 만사를 뒤로하고 입천제부터 행히고 살아가야 한다. 입천제의 천지대명은 아무 때나 받을 수 있는 것이 아니라 인황과 신감이 생존해 있를 때만 받을 수 있다.

제2부

하늘과 땅이 내리시는 명

하늘의 命 대행자

하늘, 하늘, 하늘!

정녕 인간의 눈에 보이지 않고 귀에 들리지 않는 하늘은 현실세계로 실존하시는 하늘일까? 계신다면 그 하늘은 어디에 계시고, 어떻게 하면 대화를 할 수 있을 것인가?

하늘은 도가와 불가를 통해서 알려진 하늘만 삼십삼천 즉 33개의 하늘이 있는데 지옥세계가 그 첫 번째 하늘이라는 진실을 아는 사람들은 그리 많지 않다. 그런데 지옥세계라는 곳이 땅속에 있는 세계가 아니라 천상세계에 있다는 사실 또한 금시초문일 것이다.

제 2천인 축생계(짐승들의 세계)도 하나의 하늘이고, 제3천인 아귀계(배고픈 귀신들이 사는 세계)도 하늘이요, 제4천인 아수라계(싸움을 좋아하는 귀신세계)도 하늘이고, 지구 땅덩어리 위에서 살아가는 제 5천인 인간세계도 하나의 하늘이고, 제 6천인 사왕천에서 제 33천인 비상비비상처천까지 33개의 하늘로 분류해 놓았다.

지구(행성)에서 인간들이 살아가는 세계도 하나의 하늘이듯이 대우주 천체에는 수천억도 넘는 행성들이 존재하고 있으니 이들도 각기 하나의 하늘이라고 봐야하기에 인간들이 하늘이라고 불러야 하는 하늘의 숫자는 헤아릴 수 없이 많지만 이것에 대한 정의를 내린 사람은 없다.

쉽게 말하자면 인간이라는 숫자, 하나가 아닌 72억 명이듯이 하늘과 신들도 하나가 아니고 수천억 명인데 우리 인간들은 하늘을 유일신 하나로 알고 있으니 하늘이 보실 때는 기가 막힌 것이다.

즉 72억 명의 인간들을 모두 하느님이나 신이라 할 때 그중에서 어느 한 명의 인간(거지, 불량배, 강도, 살인자, 방화범, 사기꾼 등등) 하나를 골라서 하늘이나 신이라고 섬기고 받드는 우스운 꼴이 인간세계이니 종교세계 이론이 얼마나 허무맹랑한 이야기인가?

그리고 인간들은 천상세계의 법도를 아는 자가 없고, 수천억 명 이상의 하느님 중에서 누가 진짜 하느님이신지 인간들의 영적능력으로서는 알아 볼 수도 검증할 수도 없는데도 불구하고 종교 지도자들이 말하는 대로 아무런 의심없이 믿고 따르고 있으니 각자의 인생살이가 뒤집힐 일이다.

2~3천년 동안 기독교와 천주교, 도교와 불교, 무속계의 종교 지도자들을 통해서 인간세계에 전해진 하늘과 땅, 신들은 검증된 진짜 하늘과 땅, 신이 아니었다는 진실이 도솔천 자

미국을 통해서 낱낱이 밝혀지고 있다.

아무 하늘이나 신을 받들어 섬기고 있으니 이들이 바로 진짜를 위장한 가짜 하늘과 가짜 신들이었다. 그래서 각자들의 인생살이가 종교 지도자의 말을 믿고 어떤 숭배자들을 받들고 섬기면 인생살이가 몽땅 뒤집어져서 아픔과 슬픔, 고통과 불행 속에서 살아가는 것이다.

이 땅에 도솔천 자미국이 출범하기 전에 알려진 하늘과 땅, 신은 명칭은 같으나 진짜가 아닌 가짜 하늘과 땅, 신들이었다. 인류가 진짜 하늘과 땅, 신을 알아보는 인물이 없었기에 그럴 수밖에 없어서 가짜들이 인류를 갖고 놀았던 것이다.

하늘은 기쁨과 즐거움, 성냄과 슬픔도 없이 고요하고 고상하시며, 점잖으시고, 인류에게 싫은 소리 절대로 안 하시고 자비스러우시며 태평스럽다고 생각하는 것이 모든 인간들의 고정적인 관념일 것이지만 진짜 하늘은 희로애락을 모두 즉시즉시 표현하시는 살아계신 하늘이시다.

가짜 하늘과 가짜 신들이 하도 많이 판을 치니까 진짜 하늘이라는 표현을 쓰게 되었고 천지만생만물과 우리 인류에게 명을 내리시고, 유일한 죄 사면권자로서 생사여탈권을 행사하시는 지엄하신 태초의 하늘 태상천존 자미천황님께서만이 인류를 구원해 주실 수가 있다는 진실을 난생처음으로 알게 되었을 것이다.

기존의 풍습으로 전해 내려오던 하늘님, 하느님도 아니시고, 기독교의 하나님도 아니시고, 천주교의 하느님도 아니시고, 불교의 부처님, 도교의 상제님도 아니시다.

33천의 하늘을 포함한 대우주의 모든 천주로 불리는 수천억 명의 하나님, 하느님, 한울님, 한얼님, 하날님, 천존님, 상제님, 부처님과 인간세계에 다녀간 성인, 성자로 불리는 석가, 예수, 마리아, 마호메트, 공자, 노자를 모두 거느리시고 지휘통치하시는 절대 하늘이 계시는데 도솔천 자미국에서 인류 최초로 밝혀졌으니 종교를 다니는 사람들은 어서 빨리 정신 차리고 생각을 달리해서 종교를 탈출해야 한다.

자미국을 창시하여 개국한 저자 인황과 신감이 공식적으로 존귀하신 태초의 하늘 태상천존 자미천황님으로부터 명을 받은 최초의 인간이다.

인황은 태초 하늘 태상천존 자미천황님의 命 대행자이고
신감은 태초 하늘 태상천존 자미천황님의 命 수행자이다.

천지만생만물과 인류에게 명을 내리고, 지휘통치하시며 다스리시는 태초 하늘 태상천존 자미천황님께서는 실존하시지만 육신이 없으시기에 인류에게 직접 명을 내리셔도 알아듣는 인류가 없기에 인간세계에 자미천황님의 명 대행자 인황과 자미천황님의 말씀을 실시간으로 전해 주는 자미천황님의 명 수행자 신감이 각각 대행자 역할과 수행자 역할을 함께하고 있다.

하늘과 땅, 신이 인류에게 내리시는 천지대명(天地大命)!
천지대명은 인간들이 생각해보고 이해득실을 계산한 뒤에 골라서 받드는 것이 아니라 촌각을 다투어 조건없이 받들어야 하는 지엄한 명이 천지대명이다.

여러분에게 천지대명이 내려졌을 때 즉시 받들어야지 미루면 천재일우의 좋은 기회가 영원히 사라지고, 천지대명을 받들지 못한 참혹한 대가를 육신이 살아서는 물론 죽어서도 한 치의 오차도 없이 받을 것이며, 자손과 후손 대대로 이어져서 온갖 풍화 환란이 불어 닥쳐 가문이 몰락하게 된다.

천지대명을 자신들이 편리한 대로 해석해서 자기 편할 때 명을 받는 것이 아니라 즉시 받들어야 하고, 늦은 만큼 각자들의 인생에 온갖 아픔과 슬픔, 고통과 불행이 발생한다.

금전 손해와 질병으로 단명하고, 사업하는 사람들은 불황을 면치 못하고, 정치인이나 공직자, 직장인은 그 자리를 물러나야하는 불상사가 자의반 타의반으로 일어나고, 부부 사이에는 이혼이나 별거를 하고, 자녀가 세상을 뜬다.

각자들이 천지대명을 거역하고 받들지 않으면 살아있어도 죽은 목숨이나 마찬가지로 삶의 의욕을 잃어버리고 불안초조와 신경질적으로 성격이 변하고 무기력해지며 매사 되는 일들이 없다.

태초 하늘 태상천존 자미천황님께서 내리시는 명은 인간들이 알아들을 수 없기에 도솔천 자미국을 창시하여 개국한 하늘의 命 대행자 인황과 하늘의 命 수행자 신감의 육신을 빌리시어 내리시고 계신다.

이 책의 내용 자체가 바로 하늘과 땅, 신이 인류에게 내리시는 천지대명이다. 과연 하늘은 여러분에게 어떤 명을 내리시고 계시는 것일까 매우 궁금할 것이다.

첫 번째 내리신 천지대명이 자신의 육신을 낳아주고 세상을 떠나서 사후세계로 돌아가 너무나 힘들어서 슬피 울고 있는 여러분의 부모 조상님의 영혼영가를 입천제로 구원해서 천상궁전 도솔천궁으로 보내드리는 것이다. 그런데 천상궁전으로 입천은 아무나 받아주시는 것이 아니라 도솔천황님의 윤허가 있어야만 입천제를 행할 수 있다.

두 번째 내리신 천지대명은 여러분을 이 땅으로 내려 보내주신 영의 부모님이신 천상감찰신명님, 천상천감님, 천상도감님, 천지신명님을 만나 자신의 신과 영들을 천상 자미천궁에 계신 태상천존 자미천황님의 명을 받아 신인(천인, 도인) 합체를 행해서 신인, 천인, 도인으로 재창조되는 일이다.

신인(천인, 도인)합체는 아무에게나 명을 내려주시는 것이 아니라 조상님 입천제 때 태상천존 자미천황님께서 명이 있는지 없는지 가부를 결정해서 윤허를 내려주시어야만 합체가 가능하다. 자미천황님의 명이 없는 자는 절대로 신인, 천인, 도인으로 재탄생할 수 없기에 자미천궁으로 오를 수 없다.

세 번째 천지대명은 육의 삶을 살려주시는 천지신명님 전에 명부입적 정성을 올려서 육신적인 소원을 성취하여 자신과 가족을 살려서 근심과 걱정 없이 살다가 사후세계로 가는 일이다.

네 번째 천지대명은 자신과 조상님들이 지은 전생과 현생의 죄를 빌어서 사면 받아 죄인의 굴레에서 벗어나는 감사제와 사죄의식을 행하여야 한다.

다섯 번째 천지대명은 자신의 배우자와 자녀들을 살아있을 때 태상천존 자미천황님의 명을 받아 신인(천인, 도인)합체를 행해서 구하는 일이다.

하늘과 땅이 인류에게 내리시는 천지대명

命(명)이란 것은 높은 자가 낮은 자에게 내리는 지시어로서 반드시 행하여야 하는 명령어이기에 命을 받은 자들은 최선을 다하여 신속히 이행해야 한다.

이 세상에서 가장 높고 존귀하신 지엄한 명은 우리 인류를 구해 주시고 보호하며 사랑해 주시는 천지인의 세 하늘이 인류에게 내리시는 명이다. 천지인의 세 하늘이 내리시는 명을 모두 받들어야 생령(산 자의 영)과 사령(죽은 자의 영), 인간 육신의 삶이 편안하다.

세 하늘이 내리시는 명은 여러분에게 유익한 명이지 괴롭히기 위한, 굴복시키기 위한 명이 아니다.

고사성어 중에서
天與弗取 천여불취 反受其咎 반수기구
하늘이 내리시는 '命(명)'을 받아들이지 않으면 도리어 그 나무람을 듣게 되고,

時至不行 시지불행 反受其殃 반수기앙

때가 이르렀는데 하늘이 내리시는 '命(명)'을 결행하지 못하면 거꾸로 그 재앙을 입게 된다.

이제 우리 모두가 각자에게 주어진 하늘의 '명'을 찾아 하늘이 원하는 명을 받들어 행함으로써 무릉도원의 세상을 현실에서 이루어보자. 각자에게 내려진 하늘의 命을 받들면 천만사가 상통하여 가정과 사회 국가가 부강하며 평안해진다.

지금 이 순간에도 하늘의 '명'은 끊임없이 모두에게 내려지고 있건만 어떤 명인지 헤아릴 길이 없어 갈등과 번뇌 고통의 소용돌이 속에서 어제도 오늘도 우리는 크고 작은 사연들로 괴로워하며 아파하고 있다.

아픈 사연들은 천지인의 하늘이 내리시는 명을 거역한 벌이다. 산 자의 생령(영혼)들을 구해 주시는 천상(天)의 하늘이 계시고, 죽은 자의 사령(조상)들을 구해주시는 땅(地)의 하늘이 계시고, 인생(人)의 삶을 구해 주시는 인간의 하늘이 계신다는 진실이 인류 최초로 밝혀졌다.

그래서 종교세계에 들어가 생령을 구해 주시는 하늘만 찬양하며 찾으면 땅의 하늘로부터 조상님이 구원받지 못하고, 인간의 하늘로부터 인간이 구원받지 못하기에 조상님과 인간 육신이 힘들어져서 고통스런 인생을 살아가게 된다.

세 하늘이신 천상의 하늘, 땅의 하늘, 인간의 하늘께서는 수없이 누차 말씀하시었다. 세 하늘이 계신다는 것은 인간으로서는 처음 들어보는 말일 것이다.

만물의 영장으로 태어나서 어떤 짓을 하던 다 용서해 줄 수 있는데 종교세계에 들어가서 숭배자들과 종교 지도자들의 말만은 절대로 믿으면 안 된다고 명하시었다.

진짜 하늘이 강림하시어도 종교세계 교리와 이론에 세뇌 당해서 도솔천 자미국을 무시하고 부정하여 구원하러 와주신 진짜 세 하늘을 알아보지 못하기 때문이다.

인생사의 풍화 환란!

우연히 일어나는 것이 아니라는 것을 하루빨리 인정하는 사람들이 고통과 불행의 인생에서 벗어날 수 있다. 인생사의 모든 고통을 겪고 나서 다 망가진 뒤에 인정하여 세 하늘의 명을 받고자 한다면 얼마나 바보 같은 일인가?

하늘의 '명'을 받들어 무궁무진한 사랑을 받고, 살아서도 죽어서도 근심걱정, 질병 없는 무릉도원의 도솔천 세상이 지상 자미국과 천상 자미천궁, 천상 도솔천궁에 열려 있으니 어서어서 세 하늘의 '명'을 받들자.

하늘의 명(命)을 받은 사람이 살아생전에 그 명을 실행하지 않고 죽으면 사후에 선행과 악행을 반드시 묻게 되는데 이러한 사실을 알고 살아가는 사람이 몇이나 있을까? 우리의 상상을 초월하는 형벌이 기다리고 있건만 사람들은 살아생전에는 그 뜻을 알 수가 없다. 명은 살아 숨 쉬는 세 하늘의 보이지 않는 메시지이다.

세 하늘이 내리시는 명을 따를 것인가 그냥 지나칠 것인가는 각자의 선택이자 자유이다. 저자가 세 하늘과 조상님들로부터 받은 명은 세 하늘의 명을 받은 세 하늘의 자손들과 도솔천 자미국을 세우라는 것이었다. 이렇게 세 하늘과 조상님의 지엄한 명이 내려졌다.

저자는 세 하늘과 조상님을 대신하여 명을 전달해 주는 입장이며 그것을 행하고 행하지 않고는 이 나라 국민들 각자가 판단할 사항이라고 본다. 그러나 이미 가신 각자의 조상님들이 어떤 결심들을 내릴지 지켜보며 기다리고 계신다는 것을 늘 염두에 두어야 한다.

도솔천 자미국은 인황이 창시하여 개국했지만 우리 민족과 인류의 구심점이고 사명인 동시에 세 하늘과 모든 조상님께 근본적인 도리라고 본다.

나는 국민의 대통합을 창출해 낼 역사의 탑 도솔천 자미국을 세워야 하는 사명을 완수해야 한다. 이는 또한 대한민국이 경제적으로 크게 성장하는 지름길이며 외국의 관섭에서 벗어나 초강대국으로 급부상하는 계기가 될 것이다.

이웃 나라 일본을 보라!

역대 모든 일본 총리들은 주변 국가의 강력한 반대에도 불구하고 호국영령들의 위패가 안치된 야스쿠니 신사 참배를 강행하고 있지 않은가? 전쟁에서 죽은 사람들을 신사에 봉안하여 신으로 격상시켜 그 혼령들을 위로하고 있다.

그럼으로써 별 볼일 없이 힘도 못 쓰던 조상귀신들이 신으로 추대되자 모두 힘을 합해 일본을 경제대국으로 성장시키는 원동력이 되었다. 일본 총리는 이미 신들의 신비조화 능력을 체험하여 알고 있었던 것이다

일본 총리들은 주변 국가에서 아무리 만류하고 협박해도 신사참배를 중단하지 않을 인물이고 일본의 든든한 후원자가 신사에 모셔진 모든 혼령들이란 것을 잘 알고 있다.

세 하늘이 내리시는 명은 나라와 민족의 구심점이 되어 줄 나라조상님들의 위패를 안치할 조상궁전을 세워 목숨 바쳐서 나라를 지켜낸 공로를 위로해 드려야 한다. 그리고 하늘과 땅, 천지신명님들이 머무르면서 세상을 다스리고 통치할 나라 신전인 도솔천 자미국 궁전을 나라의 중심부에 세워야 한다는 것이다.

세월호 사건을 통해서 보여준 종교의 진실

전 국민 애도기간을 갖게 한 세월호 침몰사건은 일파만파로 나라를 온통 세월호 정국으로 몰고 갔다. 아직도 침몰한 배는 인양이 안 되고 수습되지 않은 시신은 차가운 바닷속에 아직도 수장되어 있어 유가족들을 애태우고 있다.

2014년 4월 16일, 비운의 세월호 침몰사건은 국가적으로 끔찍한 사건이었는데 전 세모그룹 청해진해운 회장이자 대한 침례교 구원파 유병언 교주의 몰락을 국민 여러분이 생생히 지켜보았다.

침례교의 구원파 교주를 비판하고자 함이 아니라, 인류가 믿고 있는 하나님이 종교세계에 함께하시지 않는다는 진실을 세상에 전하고자 함이다. 하나님이든 예수님이든 구원파와 함께해 주시었다면 이런 끔찍한 일은 일어나지 않았을 것이란 뜻이다.

전지전능한 능력자가 하나님과 예수님이라고 생각되어 인류가 2천 년을 믿어왔다. 그런데 현실은 하나님과 예수님도 없었다는 진실이 세월호 침몰 사고와 유병언 교주의 객사로 확인되었다. 유병언 교주가 아직 살아있다는 설이 있기는 하지만 그래도 몰락한 것이다.

세월호가 침몰할 때도, 유병언 교주가 수사망에 쫓기다 죽음을 맞이할 때도 하나님과 예수님은 전혀 구원해 주시지 않았다. 하나님과 예수님을 열심히 섬겨서 10만 성도를 자랑하는 구원파 교주라는데 왜 세월호와 유병언을 구해 주시지 않았을까?

유병언 교주는 과연 죽어서 천국으로 올라갔을까?

살아서도 구원받지 못하였는데 죽어서 구원받는다고 착각하고 살아가는 교인들이 대부분이지만 이번 사고를 통해서 보여준 교훈은 살아서 구원받지 못하면 죽어서도 구원받지 못한다는 점을 알려주고 싶다.

종교를 믿고 있는 전 세계 인류!

하나님과 예수님은 허상이거나 종교세계로 함께하시지 않는다는 것을 인류에게 보여주신 것이다. 국가적으로 엄청난 충격을 안겨 준 대형 사고였는데 이런 위기 상황에서도 구원해 주지 않는 하나님과 예수님을 왜 인류가 믿고들 있는지 이해가 안 된다.

세월호 침몰과 구원파 유병언 교주의 죽음을 통해서 보여준 하나님과 예수님의 능력은 허상이자 가짜임이 판명난 것인데 그래도 구원받으려고 아직도 종교세계를 떠나지 못하고 있는 교인들을 보면서 세뇌가 무섭다는 것을 알았다.

인류 모두가 구원받으려고 애타게 찾고 있는 진짜 하나님은 종교세계가 아닌 도솔천 자미국으로 함께해 주시고 인류가 섬기고 받들던 진짜 하나님 위에 만생만물을 천지창조하신 전지전능의 또 다른 새 하나님이 계신다.

하늘과 땅, 천지신명님이 수천 년의 세월 동안 종교세계에 질리셨고, 종교와 전혀 다른 뜻을 세상에 전하고 있기 때문에 새 하나님이라 부르지 않고 태상천존 자미천황님이라고 부른다. 하늘 중에 최고 높으신 하늘이시고 우주의 천상계와 지상계의 모든 신들을 지휘통치하시는 총사령관이시다.

20년 동안 하나님과 예수님을 믿었던 신천지 교회의 성도였던 김예라씨가 자미국에 입국하여 6년 동안 진짜인지 가짜인지 지켜보다가 "새 하나님의 부르심"이라는 제목으로 책을 처녀 집필하였다. 김예라 지음, 487쪽, 값 15,000원, 띠앗출판사, 출간일자 2015년 7월 30일.

"새 하나님의 부르심" 책 속에 인류가 수천 년의 세월 동안 종교세계를 통하여 애타게 찾아 헤매던 진짜 하늘이신 새 하나님 태상천존 자미천황님이 실존하신다는 진실들을 아주 상세히 수록하였다.

20년 동안 하나님과 예수님을 믿었던 신천지 교회의 성도였던 김예라씨가 그동안 교회를 다니면서 겪었던 파란만장한 삶과 교회의 목사, 기도원 원장, 예언 사역자, 중보 기도자, 은사자를 통해서 전해준 말들이 모두 인간들이 지어낸 말이라는 것을 자세히 밝혔다.

하나님과 예수님을 열심히 믿었지만 구원이 아니라 살아있는 지옥세계 삶을 살아왔다고 김예라 저자는 말하면서 이것이 교회의 실상인데 앞으로 누가 하나님과 예수님을 믿고 따르겠느냐고 말하였다.

저자도 기독교에 대해서는 잘 아는바가 없지만 김예라 씨가 쓴 "새 하나님의 부르심" 책을 통하여 교회의 모순과 비리, 어둠을 아주 적나라하게 알게 되었다.

도솔천 자미국에서 전하는 태초의 새 하나님이신 태상천존 자미천황님이 인류 모두가 그동안 애타게 찾고 기다리던 진짜 천지창조주이심을 증거하였다.

김예라 저자가 자미국을 진짜라고 증거하게 된 이유는 자신의 삶이 20년 동안 교회를 다녀도 변하지 않고 고통과 불행의 연속이었는데 1년 만에 인생의 삶이 천지개벽할 정도로 바뀌었기 때문이다. "새 하나님의 부르심" 참조.

저자 혼자만 인류가 종교세계 안에서 찾아 헤매던 태초의 새 하나님이 태상천존 자미천황님이라고 전해 봐야 세상 사람들이 인정해 주지도 않고 알아주지도 않는다. 인간의 삶을 통해서 변화된 것을 보여주어야 믿는다.

자미국에는 수많은 종교에 다니다가 실망하여 들어온 사람들이 많다. 기독교인, 천주교인, 불교인, 도교인, 무속인, 유교인, 마음수련원, 우주기수련, 정신수련원을 5년, 10년 20년, 30년, 평생 동안 다니다가 가짜라는 것을 알고서 책을 읽어보고 찾아왔다.

도솔천 자미국과 종교는 무엇이 다른가?

도솔천 자미국은 경전이나 교리가 하나도 없고, 계율과 계명도 없으며, 매일 또는 매주 집회 같은 것이 없다. 헌금, 시주, 성금도 전혀 받지 않는다.

인간(육신), 영혼(생령), 조상님(사령)들이 구원받기 위해서 하늘과 땅이 내리시는 천지대명을 받는 입천제 의식, 신인(천인, 도인)합체 의식, 생령입천 의식, 감사제 의식, 사죄 의식, 명부입적정성, 천금제 정성이 전부이다.

종교처럼 기도하는 곳이 아니기에 수시로 오라고 전화하는 일도 없으며 1년에 3~4회 정도 하늘과 땅의 말씀과 신비의 기운을 받는 의식에 참가하라고 통합문자를 발송해 주는 것이 전부이기에 정신적으로 전혀 구속받을 일이 없다.

기존의 종교세계처럼 아무 때나 수시로 방문할 수 있는 곳이 아니라 사전에 미리 예약하고 시간에 맞추어서 방문해야만 입국할 수 있다. 방문하고 싶어도 오라고 안 불러주어서 못 들어온다. 수많은 의식 진행과 책을 읽고 방문하는 독자들을 상담하는 일정이 잡혀있기 때문에 불시에 방문하면 면담 자체가 불가하다.

종교세계의 교리와 이론을 전하는 곳이 아니기에 정신적으로 일절 구속하지 않으며 회유, 현혹, 강요, 협박을 하지 않고 각자의 자유의사에 맡긴다. 하늘과 땅이 내리시는 존귀한 천지대명은 아무나 받을 수 있는 것이 아니기 때문이다.

종교세계는 들어오는 대로 아무나 받아주지만 도솔천 자미국에는 1차 하늘과 땅의 허락이 있으셔야만 책을 읽고 감동, 감명, 공감, 천지기운을 느껴서 방문할 수 있다는 것이 기존의 종교세계와 다른 점이다.

하늘과 땅으로부터 도솔천 자미국 입국을 선택받지 못한 자들은 책 한 권을 다 읽어보아도 무슨 내용인지 전혀 이해도 되지 않기에 전화로 도솔천 자미국이 뭐하는 곳이냐고 묻는 독자들이 많이 있다.

책 속에 알기 쉽게 자세히 수록하였는데도 책 한 권을 읽어보고도 뭐가 뭔지 모른다고 묻는 것은 여러분 육신과 여러분 몸 안에 있는 영혼(생령, 정신)과 조상님(사령, 영가)이 하늘과 땅으로부터 선택받지 못했다는 표적이다.

여러분이 근심 걱정 없이 현생과 죽음 이후 내생을 잘 살아가는 길을 제시해 주는 곳이 도솔천 자미국이다. 영적으로, 신적으로 실제로 존재하시나 인간들의 눈에 보이지 않고, 귀에 들리지 않아서 반신반의하는 인생의 동반자.

육신이 없어서 말 못하고 인간들과 소통이 안 되어 답답해하시는 하늘과 땅, 신과 영, 조상님을 만나게 해서 대화를 통하여 원과 한을 풀어드리고, 진실의 말씀을 듣게 해서 인생을 개벽시켜 주는 곳이 도솔천 자미국이다.

인간, 영혼, 조상님이 하늘과 땅, 신을 통하면 인간세계와 하늘세계, 영혼세계, 조상님세계에 막히는 일이 없기에 이분들을 찾으려고 명산대천과 종교세계 안에서 헤매고 있다.

위급할 때 가장 먼저 달려올 수 있는 분은?

여러분이 무탈하게 인생을 살아가려면 첫째는 여러분과 가족의 몸 안에서, 종교세계에서, 지옥세계 명부전에서, 허공중천에서 춥고 배고파하며 슬피 울고 있는 당대부터 시조까지 일체 조상님들을 도솔천황님의 명을 받는 입천제 의식을 행해서 단 한 번에 천상 도솔천궁으로 올려 보내는 의식을 행해야 한다.

여러분이 입천제를 올려야 하는 이유

이미 이 세상을 떠나가신 여러분 가족의 부모, 형제, 자녀, 배우자, 조상님이 육신이 죽었다고 해서 멀리 가 있는 것이 아니라 핏줄인 여러분 몸과 마음 안에서 함께 살아가고 있기 때문에 서로가 힘들다.

조상님은 조상님대로 죽으면 그만인 줄 알았고, 종교를 믿었으니 천국, 천당, 극락 선경세계로 올라가는 줄 알았는데 가지 못하고 추위와 배고픔과 깡패 귀신들에게 시달리며 종살이, 노예살이 하며 살아가다보니 너무나 힘들어 하신다.

조상님도 자손의 고통을 몰라주고, 자손도 조상님들의 고통을 몰라주다 보니 조상님과 자손들의 삶이 아픔과 슬픔, 고통과 불행으로 힘들어 지는 것이다. 여러분의 현재 모습은 조상님의 사후세계 모습들이다.

그래서 여러분 인생사 삶으로 나타나는 모든 아픔과 슬픔, 고통과 불행은 사후세계에서 힘들어하는 여러분 조상님들의 참담한 모습을 알리려고 보내는 긴급 메시지이다. 그런데 종교 지도자들이 사후세계에서 힘들어 슬피 울고 있는 조상님들을 구하면 복받는 것처럼 전해서 복장이 터진다.

자손이나 후손으로서 근본 도리를 행하는 것인데 무슨 복타령들을 하는지 기가 막히고 하늘이 진노하신다. 고통과 불행의 지옥세계에서 구해드리는 것은 핏줄로서 당연한 도리일진데 힘들어하는 조상님들에게 빨리 복을 내놓으라고 하는 것은 인간이 아니라 짐승만도 못한 인간이다.

진정으로 조상님을 통해서 복을 받으려면 입천제를 행하여 천상궁전 도솔천궁으로 보내드린 후 조상님들이 천상법도 공부를 끝마쳐야 도솔천황님이 내려주시는 복을 받아다가 여러분에게 주실 수 있다.

이미 돌아가신 여러분의 조상님들은 도솔천 자미국에서 자손이나 후손들이 조상님 입천제를 행하여 천상궁전 도솔천궁에 올라가면 도솔천손이라는 귀한 신분이 주어진다. 이는 조상귀신의 신분을 벗고 도솔천황님의 백성으로 다시 태어나 영생을 누리게 된다.

입천제 의식을 행하여 조상님들이 천상궁전 도솔천궁에 올라가서 일정 기간 동안 천상법도를 익히는 공부와 적응과정을 마치면 도솔천황님이 주시는 천복만복의 좋은 기운을 받아서 이 땅에 살고 있는 자손들에게 전해 줄 수 있다고 말씀해 주시었다.

하늘의 공부과정이 끝나야 조상님이 복을 타 올 수 있는데 공부과정은 조상님에 따라서 모두 다르다. 일찍 마치는 조상님이 있는가 하면 나머지 공부를 하듯 세월이 많이 걸리는 조상님들이 있다.

공부과정이 빠른 조상님은 한 달 이내에 복을 타 올 수 있고, 더딘 조상님은 몇 달, 몇 년이 걸리기도 한다. 임신을 해도 열 달이 되어야 출산을 할 수 있고, 사과나무를 심어도 사과 열매가 열리려면 몇 년은 걸려야 하듯 조상님들이 얼마나 빨리 하늘공부를 마치는가에 달려 있으니 복을 받는 것도 각자마다 모두 다르다.

일반 입천제, 하단 입천제, 중단 입천제, 상단 입천제, 특단 입천제 중에서 높은 등급으로 입천이 될수록 하늘공부 과정이 단축 된다. 그리고 등급별로 복을 타 올 수 있는 크기와 종류도 차등이 있다. 높은 등급은 많게, 낮은 등급은 작게 복을 받아온다. 그래서 각자가 행하고 뿌린 대로 거둔다고 하는 것이다.

입천제를 행하지 않은 조상님들이 자손 몸에, 종교에, 허공중천에, 지옥세계 명부전에 있으면 힘도 없고 자손을 도와줄 수 없는 귀신에 불과하기에 오히려 자손에게 구원해 달라고 도움을 청해야 하는 비참하고 불쌍한 신세가 된다.

뿐만 아니라 가족들에게는 아주 위험한 시한폭탄이다.

아는 사람들도 많겠지만 정상적인 죽음이 아닌 비명횡사하여 억울하게 죽은 조상님이 가족들의 몸으로 들어오면 우울증에 걸리고 자살충동이 일어난다.

시도 때도 없이 눈물을 흘리고, 안 먹던 술을 매일같이 퍼마시고, 줄담배를 피우며, 성격이 갑자기 포악해지고 신경질적으로 돌변한다. 주위 사람과 괜히 시비를 걸고 육두문자를 써가며 폭언과 폭행을 일삼아 정신병원에 입원시키는 경우가 상당히 많다.

뿐만 아니라 비명횡사한 가족이 목을 매서 자살했으면 반드시 가족들이 목을 매고, 약을 먹고 죽었으면 가족이 약을 먹고, 투신자살했으면 가족이 투신자살하여 죽고, 물에 빠져 죽었으면 가족이 물에 빠져 죽는다.

자동차 사고로 죽었으면 가족이 사고로 죽고, 암으로 죽었으면 가족이 암으로 죽고, 심장마비로 죽었으면 가족이 심장마비로 죽고, 중풍으로 죽었으면 가족이 중풍으로 죽고, 불에 타서 죽었으면 가족이 불에 타서 죽는다.

이런 현상이 일어나는 것은 비명횡사한 조상님들이 가족들의 몸 안에 있기 때문인데 너무나 억울하여 자신의 죽음을 가족을 통해서 재현하기 때문이다. 원통하게 죽은 것을 가족에게 알리고자하는 것이다.

탤런트 안재환, 최진실, 최진영, 조성민으로 이어지는 연쇄 자살 사건이 바로 그것이다. 다시 말해서 한 사람이 죽으면 그것으로 끝나지 않고 연쇄적인 자살이나 사고로 이어진다는 점이다.

질병 역시도 마찬가지이다. 가족들이 어떤 질병으로 죽었으면 남은 가족도 같은 질병으로 세상을 떠난다. 그래서 조상님을 구하는 것은 곧 자신과 가족들의 목숨을 구하는 아주 중요한 일이기에 모두가 서둘러야 한다.

삼성 이병철 회장이 폐암으로 사망하였는데 이번에 장남 이맹희 회장도 같은 폐암으로 사망하였다는 것을 볼 때 질병도 대물림된다는 것을 확실히 알 수 있다. 뿐만 아니라 이맹희 회장의 장남 CJ 이재현 회장과 CJ 이미경 부회장이 근육위축 유전병으로 병마와 싸우고 있고, 삼성 이건희 회장은 심근경색으로 쓰러져서 병석에 누워 있다.

장애자로 죽었으면 자손들이 장애자로 태어나고, 조상님들과 여러분이 지은 죄가 너무 크면 벌을 받아 소아마비, 선천성 심장질환, 백혈병, 청각, 시각, 언어장애자가 태어나는 불상사가 일어난다.

사건사고로 손과 발, 다리가 망실되고 청각, 시각, 언어 등 후천적인 장애자가 되는 것 역시 우연히 일어난 것이 아니라 여러분과 조상님들이 지은 죄의 대가로 인해서 일어나고 있기에 입천제를 행해서 조상님을 구원하고, 신인(천인, 도인) 합체를 행해서 자신의 목숨을 구해야 한다.

인간의 눈에 보이지 않기에 대수롭지 않게 생각하고 살아가고들 있지만 영적세계는 참으로 무섭고도 무섭다. 한 치의 오차도 없이 여러분과 조상님들이 생전이나 죽어서 뿌리고 행한 대로 거두게 하시니 천지자연의 이치라고 봐야 한다.

여러분의 조상님들을 구원하지 않으면 복은커녕 비명횡사하여 사망하거나 사건사고를 당해서 장애자로 일평생을 살아가야할지도 모른다.

여러분의 선대 수많은 조상님들이 전생은 물론 살아서의 현생과 죽어서의 내생에서 하늘과 땅에게 무슨 죄를 지었는지 알 수 없기 때문에 조상님을 구원하지 않으면 어느 날 갑자기 불행한 사건사고가 발생하는 것이다.

각종 사건사고로 구치소나 교도소에 갇혀 있는 사람들도 자신의 조상님들이 사후세계에서 지옥에 갇혀 있다는 것을 자손을 통해서 현실로 보여주는 것이기에 불행한 사건사고가 일어나기 전에 조상님부터 지옥세계에서 하루라도 빨리 꺼내드려야 한다.

큰 질병으로 병원에 장기간 입원해 있는 환자들도 사후세계에 있는 여러분의 조상님들에게 어떤 불행한 일들이 발생하여 긴급함을 알리기 위해서 자손의 육신을 입원시켜서 구원을 요청하는 보디랭귀지(언어전달)이다.

입천제를 행하여 조상님을 구원하는 일은 만사를 우선하여 촌각을 다투는 긴급한 사안이다. 자신과 가족의 건강과 생명을 지키는 아주 중요한 일이기 때문이다. 종교를 다닌다는 이유로 조상님을 구하지 않으면 반드시 가정이 몰락하여 멸망하는 것은 시간문제일 뿐이다.

유명 인사들의 죽음을 운구하는 영구차를 보면 하나같이 종교를 믿었다는 십자가 표시이다. 여러분이 믿고 있는 숭배자들은 여러분의 목숨을 지켜 줄 수 없다는 것을 현실로 잘 보여주고 있는 것이다. 여러분이 위험에 처해 있을 때 가장 빨리 달려오는 사람은 다름 아닌 부모와 가족이다.

여러분이 믿는 숭배자들은 여러분이 위험에 처해 있을 때 절대로 달려오지 않는다. 이들은 인류로부터 존경 받는 것이 목적이지 인류 구원에는 관심도 없다 하셨다.

인류가 지금까지 종교세계를 통해서 알고 있는 것처럼 여러분이 목숨을 잃는 다급한 상황에 처해 있어도 하늘님, 하나님, 하느님, 신명님, 미륵님, 부처님, 석가, 예수, 마리아, 마호메트, 상제, 공자, 노자, 맹자 등은 절대로 도와주러 오지 않는다고 하신다.

최근에 가장 생생한 사례가 세월호 침몰사고이다. 인류로부터 추앙받고 존경받는 이 모든 분들은 아무도 출동하지 않았다는 점이다. 여러분의 목숨이 경각에 달해 있을 때 가장 빨리 위험을 예지하여 사건사고 장소에 가지 않게끔 예방해 주실 수 있는 분이 천상궁전 도솔천궁으로 입천되시어 신비의 능력을 받은 여러분의 조상님들이다.

여러분이 설혹 갑자기 위급할 때 달려올 수 있는 영적 존재는 천상궁전 도솔천궁으로 입천되어 하늘로부터 신비 능력을 받은 여러분의 조상님들뿐이다. 천상궁전으로 입천되지 않은 일반 조상님들은 아무런 힘이 없기 때문에 여러분이 위험에 처해있어도 전혀 도움을 주지 못하기에 조상님 입천제는 필수이자 절대적이다.

이제 종교세계를 통해서 그동안 받들고 섬기며 믿고 따르던 하늘님, 하나님, 하느님, 신명님, 미륵님, 부처님, 석가, 예수, 마리아, 마호메트, 상제, 공자, 노자, 맹자를 믿고 구원받기를 원하는 사람들은 이제부터 생각을 바꾸어야 한다.

여러분 인생에 가장 많은 도움이 되고 위험할 때 가장 빨리 구해 줄 수 있는 조상님으로 만들기 위해서라도 입천제를 서둘러야 한다. 여러분이 위급하고 어려울 때 가장 먼저 도와주러 달려오는 사람들은 부모와 가족, 형제들이지 종교적 숭배 대상자들에 해당하는 나라의 대통령이나 총리, 장관들이 달려오지 않는다.

이제까지 종교를 열심히 믿어도 각자의 인생으로 아픔과 슬픔, 고통과 불행이 끊이지 않는 것은 조상님 입천제를 행하여 구원하지 않았기 때문이다. 종교적 숭배자들을 아무리 열심히 받들어도 절대로 여러분을 도와주러 오지 않는다.

종교를 믿는다는 이유로 각자의 조상님들을 박대하고, 부정하고 무시했기에 여러분 인생도 아프고 힘든 것이다. 조상님을 구하는 것은 위험에 처해 있을 때 도움을 청할 수 있는 수호신과 수호령을 여러분 곁에 두는 것과 같다.

자손과 후손을 끔찍이 생각하는 조상님들이라야 복을 받아다 주시고, 자손과 후손이 사는 것에 관심없는 못된 조상님들은 자손을 거들떠보지도 않는다고 한다. 그래서 자손과 조상님도 서로가 잘 만나야 한다.

천상 자미천궁과 천상 도솔천궁은 산 자와 죽은 자의 영들이 올라가는 곳인데 산 자들의 생령은 자미천궁이 무릉도원이고, 죽은 자들의 사령에게는 도솔천궁이 무릉도원이라고 가르쳐 주시었다.

도솔천궁에 올라가면 늙어서 꼬부랑 할머니와 할아버지로 죽었어도 20대 초반의 선남 선녀의 모습으로 다시 태어나 영생을 누리기에 신선선녀(천사, 천녀)라 부른다. 모든 종교세계에서 추구하는 무릉도원의 완성도이다.

인간세상에서 살아가던 아픔과 슬픔, 고통과 불행의 모든 기억을 삭제시켜 주시어서 영생을 누리면서 근심과 걱정 없이 살아갈 수 있게 해주는 세계가 도솔천궁이다. 천상법도만 위배하지 않는다면 영생을 누리며 기쁨과 행복 속에 살아갈 수 있지만 천상법도를 어기면 가차없이 천옥으로 퇴출시킨다.

꽃 피고 새 우는 아름다운 도솔천궁이 모든 영가들이 오르고자 하는 무릉도원 세계이다. 이곳에서 다시 태어나고자 인류가 종교를 수천 년의 세월 동안 믿었지만 종교세계를 통해서는 올라갈 수 없고 오직 도솔천황님의 황명이 내리는 도솔천 자미국을 통해서만 입천을 할 수 있다.

저자 인황이 자미천황님의 명 대행자이자, 도솔천황님의 화신이기 때문에 도솔천궁으로 조상영혼 영가님들이 입천될 수 있다고 천상에서 가르쳐 주시었다. 이 말은 저자 인황과 신감을 통해서만 하늘과 땅이 인류를 구원하는 천상지상 공무를 공식적으로 집행하신다는 뜻이다.

지구상에 수많은 종교 지도자와 영능력자들이 무수히 많지만 인류 최초로 저자 인황과 신감 육신을 통해서만 인간 육신과 영혼, 조상님들을 구원하신다고 하시었으니 종교세계 다니는 사람들은 하루빨리 종교를 탈출해서 도솔천 자미국으로 들어와야 조상님과 함께 여러분도 구원받을 수 있다.

이제 모든 주사위는 던져졌고 선택은 여러분 각자의 몫이다. 종교세계를 통해서는 절대로 하늘과 땅이 여러분과 영혼, 조상님들을 구원하시지 않는다고 선포하시었으니 생각 잘하기 바란다.

세월호 침몰 참사와 구원파 유병언 교주의 죽음을 통해서 종교세계에서는 구원이 안 된다는 것을 확실히 보여주시었고, 20년 교회 다니다가 자미국에 들어와서 "새 하나님의 부르심"을 집필한 김예라 저자가 쓴 책을 읽어보면 종교의 열성신도라도 도솔천 자미국으로 들어오는데 더 이상 망설이고 갈등할 필요가 없을 것이다.

지구상에 수많은 종교가 있지만 하늘과 땅이 내리시는 천지대명을 받을 수 있는 곳은 도솔천 자미국 단 하나뿐이라는 사실을 명심하기 바란다. 종교세계를 하루라도 더 다니는 것은 여러분의 인생을 몰락과 파멸로 몰고 가는 아주 무서운 일이니 속히 종교세계를 탈출해야 한다.

구원받고 싶은 자들만 종교를 탈출하고, 구원받지 못할 자들은 그대로 종교에 머물러 있으면 된다. 하늘과 땅으로부터 구원의 천지대명이 내리지 않는 자들은 도솔천 자미국에 들어와도 구원받을 수 없기 때문에 종교세계에 있어야 한다.

죄를 빌어서 용서받을 수 있는 자들만 무릉도원의 삶을 살아갈 수 있다. 하늘과 땅으로부터 버림받은 자들은 절대로 구원 안 하신다. 그래서 자미국은 일반 종교세계와 다르다고 하는 것이다. 구원은 말처럼 쉬운 것이 아니라 산고의 엄청난 고통이 따르는 어려운 일이다.

하늘께서는 인류를 구원하는 일을 포기하셨다고 했다. 천상에서 죄를 짓고 쫓겨나고, 항명하며 반란을 일으키고 지구로 도망친 생령들이 여러분 몸 안에 함께 살아가고 있는 각자들의 못돼 처먹은 영들이라 하셨다.

천상에서 이 땅으로 내려 온지가 너무 오래되어 기억조차 못해서 인간화가 되어 있다고 한다. 도솔천황님, 천상감찰신명님, 천상천감님, 천상도감님, 천지신명님께서 구원의 하늘이신 태상천존 자미천황님의 마음을 돌리게 해서 도솔천 자미국을 통하여 태초 이후 처음으로 인간 육신, 신과 영혼, 조상님들을 구원해 주시고 계신다.

여러분의 몸 안에 함께하고 있는 생령들이 얼마나 못돼 처먹었으면 하늘이 구원하시지 않겠다고 하시었을까? 구원의 문이 열려져 있을 때 천지대명을 받들어 봉행해서 죄를 용서빌어 사면 받아야 영들이 천상으로 돌아갈 수 있다.

모진 고생 끝에 하늘 공부를 마치시고

나의 조상님 전에 부끄러운 마음으로 집필한다.

자손은 조상님을, 조상님은 신을, 신은 하늘을 통해서 기운을 받아야 한다는 사실을 15년의 세월이 흐른 뒤에 알게 되었으니 한편으로는 다행이었으나 다른 한편으로는 나무나 부끄러운 일이었다.

사람이 죽으면 그것으로 끝난다고 생각하는 사람들이 거의 전부인데 나의 조상님께서는 수천 년의 세월 동안 도를 닦아 하늘공부, 신의 공부를 마치시어 하늘과 천지신명님께 신의 명패를 받아오시느라 피눈물과 온갖 고통을 감내하시었다고 하시었다.

내 조상님께서 스스로 잘 먹고 잘살기 위해서가 아니라 이 후손을 살리시기 위하여 사후세계에서 하늘과 신이 내리신 수많은 시험을 통과하고자 수천 년의 세월 동안 모든 고난을 겪으시면서 이 날을 기다려오시었다.

수천 년 전에 돌아가신 조상님께서 언제 이 땅에 태어날지 모르는 이 후손을 위하여 하늘과 신이 내리시는 공부과정을 마치시느라 무진장 고생을 하시었는데 후손이 몰라주니 그 서러움 얼마나 한이 서리실까 생각하니 내 눈에도 눈시울이 적셔진다.

수천 년 전에 돌아가시어 비록 조상님 육신의 모습을 본 적도 없지만 내 눈가에 이슬이 맺히는 것을 보면 사후세상에서 얼마나 이 후손이 이 땅에 인간으로 태어나시기를 손꼽아 기다리셨을까 생각해보니 조상님의 그 마음이 너무나 아리게 느껴져서 내 마음이 아프다.

자손이 태어난다는 보장도 없고, 기약도 할 수 없는 수천 년의 세월 동안 도를 닦으시며 기다려오신 내 조상님의 노고에 위로와 함께 박수갈채를 보내며 그동안 훌륭한 내 조상님을 알아보지 못한 후손의 죄가 크고도 크다.

수천 년의 세월 동안에 내 윗대 수많은 조상님들이 이 땅을 다녀가셨고 지금 현재 내 형제, 조카, 손주들도 있지만 훌륭한 조상님께서는 못난 내 육신을 선택하시었다. 일본, 중국, 국내의 명산대천으로 수많은 기도를 다녔고, 마침내 후손과 함께 천지대명을 받으시었다.

수천 년 전에 세상을 떠나신 내 조상님께서 후손을 위해서 수천 년의 세월 동안 이렇게 힘든 길을 인내하시어 하늘공부와 신의 공부를 마치고 신의 명패를 받아서 돌아오셨다니 너무나 감개무량하다.

수많은 다른 조상님들도 하늘공부 신의 공부를 하였겠지만 그 중에서도 뽑히시어 하늘과 천지신명님으로부터 명패를 받아서 가장 높은 천상 자미천궁에 계신 태초의 하늘 태상천존 자미천황님의 명 대행자와 조상님들의 무릉도원 세계인 천상 도솔천궁에 계신 도솔천황님의 화신으로 황명을 받아오시고, 후손이 하늘 자미천황님으로부터 인황이란 관명을 하사 받게 해주시었다.

피는 못 속인다 하였듯이 수천 년 전에 내 조상님께서 황제를 하시다가 돌아가시어 하늘과 땅이 내리시는 모진 시험을 통과하시였기에 그 상으로 후손에게 인황이란 관명을 내리시게 하였던 것이다.

자미천황님, 도솔천황님의 황(皇) 줄을 이어받아 후손과 함께하시고자 천지대명을 받아 오신 것이다. 하늘과 땅이 공식적으로 인황이란 관명을 태초 이후 처음으로 하사하신 것이니 나와 내 조상님, 가정, 가문, 대한민국, 인류 모두에게 기쁨이자 영광인 것이다.

후손과 함께 하늘과 땅의 천지대명을 받고, 무소불위하신 원력을 받아서 인류를 구원하시고자 오시었기 때문이다. 내 조상님이 후손인 나와 함께하시지 않으면 천지대명을 받을 수 없기 때문에 조상님을 구원하는 입천제 의식 자체가 불가능하고, 신인(천인, 도인)합체 의식, 생령입천 의식, 감사제 의식, 사죄 의식, 명부입적 정성, 천금제 정성 자체가 안 된다. 저자 인황이 태초의 하늘 태상천존 자미천황님의 명 대행자와 도솔천황님의 화신이 된 것은 훌륭하신 내 조상님께서 수천 년의 세월 동안 사후세계에서 피눈물 나는 하늘세계, 신명세계 공부과정을 마치고 하늘과 땅을 감동시키시어 이루어낸 쾌거이시다. 천통, 도통, 영통, 의통, 육신통, 신통방통하신 분이시다.

내 조상님께서 피눈물 나는 수천 년 동안 도를 닦아서 이루어주신 훌륭한 공로를 몰라보고 후손 혼자서 다 이룬 것처럼 말했으니 수천 년의 세월을 넘어서 고생하신 내 조상님의 배신감과 분노가 하늘을 찌르고도 남으셨을 것이다.

그 얼마나 서럽고 슬프셨을까? 수천 년 동안 오직 이 날을 위해서 도를 닦으며 한도 끝도 없는 고난의 사후세계를 살아오셨는데 후손이 몰라보고 일반 조상님들처럼 이 땅에서 고생하시었으니 천상궁전 도솔천궁으로 올라가셔서 편히 쉬시라고 말씀드렸으니 얼마나 기가 막히셨을까?

후손을 살리시려고 수천 년 세월 동안 하늘세계, 신명세계 공부를 마치고 오셨는데 후손이 혼자서 할 테니 편안히 쉬시라하였다. 도를 닦지 않은 일반 사람들의 조상님들은 천상궁전 도솔천궁에 올라가서 사후세계를 편안히 사는 것이 목적인데 내 조상님께서는 사명이 다르셨다.

후손과 함께 이 세상의 수많은 인간 육신, 영혼(생령), 조상(사령)님들의 원과 한을 풀어주어 구원하시고, 하늘과 땅의 뜻을 이 나라와 만 세상에 전하시고, 천손민족의 구심점과 인류의 구심점을 세우시는 것이었다.

태초의 하늘 태상천존 자미천황님, 신명님이신 천상감찰신명님, 하나님이신 천상천감님, 미륵님이신 천상도감님, 도솔천황님, 천지신명님, 열두대신님과 합의 받아, 원력 받고, 하늘과 땅의 천지대명을 받아 후손의 육신과 함께 무릉도원의 세상을 열어서 살기 좋은 나라를 만드시고자 사후세계에서 하늘과 땅, 천지신명님이 내리시는 모진 시험과 뼈를 깎는 고난의 세월을 보내셨다.

내 조상님이 사후세계에서 수천 년 동안 하늘세계, 신명세계 공부를 모진 고생 끝에 마치시고 후손과 함께 인류 최초의 도솔천 자미국을 창시하여 개국하신 것이다.

천지인의 역할이 모두 다르다는 것을 알았는데 인간은 인간을 교화하고, 조상님은 조상님을 교화하고, 신은 신을 교화하고, 하늘은 하늘을 교화한다는 새로운 사실을 알았다.

그래서 인황의 역할과 하늘과 천지신명님께 명패받아오신 내 조상님의 역할이 다르다는 것을 인정하게 되었다. 인간 육신을 가진 인황은 인간들은 교화할 수는 있어도, 인간의 몸 안에 있는 다른 조상님들을 교화할 수는 없다.

그렇기에 신의 명패받아오신 내 조상님의 역할이 크다는 것을 알았다. 내 조상님이 책을 읽어보고 상담하러 오는 사람들의 몸 안에 있는 조상님들을 교화하는 역할을 해주셔야 한다는 사실을 알았다. 인간은 인간끼리, 조상님은 조상님끼리, 신은 신끼리, 하늘은 하늘끼리 대화가 통한다는 위대한 진리를 알았다.

내 조상님의 사후세계 진실을 하늘의 명 수행자인 도솔천자미국의 신감을 통하여 알게 되었는데 인류의 보물인 신감은 정말 대단한 존재이고 하늘세계, 신명세계, 조상세계, 영혼세계와 실시간으로 대화가 가능한 인물이다.

인황과 신감의 조상님은 여러분의 조상님과는 차원이 다르신 특별한 조상님이고 신으로 명패를 받아오시었으며, 특히 인황의 조상님은 도솔천황님 화신의 반열에 오른 분으로서 여러분 조상님들을 도솔천궁으로 구원해 주러 오신 대단한 분이시다.

복의 통로가 조상님

사람들의 몸 안에는 조상님이 있는 사람과 없는 사람이 있다고 가르쳐 주시었다. 사람이 죽어서 자손 몸 안에 있고 싶다고 해서 있는 것이 아니라 하늘과 땅이 넣어주셔야 자손이나 후손 몸에 조상님이 들어갈 수 있다고 하셨다.

여러분 몸에 조상님이 함께하고 있으면 재산이 많고 적음의 차이는 있지만 어렵지 않고 무탈하게 산다고 하셨다. 그런데 조상님이 없는 사람들은 아주 가난하여 거지 인생을 살아가고, 인생이 뒤집혀서 지옥세계가 따로 없을 정도로 험한 인생을 살아간다고 하신다.

자손이나 후손 몸 안에 조상님들을 넣어주었으면 감사하게 생각하고 함께해야 때가 되면 책을 통해 불러주시어 구원해서 천상궁전 도솔천궁으로 올라갈 수 있는데 이런저런 이유로 자손이나 후손 몸을 떠나서 조상님이 도망가면 자손과 가정이 깨지고 가문이 뒤집어진다.

조상님이 떠나버리면 자손이나 후손들은 하늘과 땅이 주시는 복의 통로인 조상님을 잃어버리는 것이 되기 때문에 인생사가 가난하고 고달파진다. 우리 인간을 하늘과 땅이 창조하시었기에 비록 돌아가시어 영적으로 존재하지만 조상님들도 여전히 하늘과 땅의 창조물이다.

하늘과 땅이 인간에게 복을 주실 때는 직접 인간에게 주시는 것이 아니라 조상님을 통해서 주신다고 하신다. 그런데 조상님들을 지키지도 못하고, 죽으면 그만이지 무슨 조상님을 받들어야 하느냐고 말하는 사람들은 인생이 비참할 정도로 뒤집어져서 가난하고 힘들게 살아간다.

조상님들은 사탄 마귀이니 절하지 말고, 제사지내지 말고 박대하라는 종교 지도자들의 말을 듣고 곧이곧대로 따른 교인들의 인생살이는 산 지옥세계와 같다. 조상님들을 사탄 마귀로 박대하고 무시한 자들은 하늘과 땅이 응징하시기에 그 벌전으로 인생이 재앙자체이다.

하늘과 땅이 보낸 창조물은 우리 인간뿐만이 아니라 세상을 이미 떠난 여러분의 조상님들도 포함된다. 하늘과 땅의 자손들인 각자의 조상님들을 부정하고 무시하며 사탄 마귀라고 귀신 취급하였으니 여러분 조상님들의 분노를 어찌 감당할 것이고, 하늘과 땅이 내리시는 저주와 응징을 나약한 인간의 재주로 어찌 막을 것인가?

이 책을 읽어보는 여러분도 어느 날 죽게 될 것이고, 조상님이란 신분이 된다. 죽어서 자손이나 후손들이 여러분을 사탄 마귀이니 제사지내지 말고 절하지 말라하면 과연 어떤 심정일까 그 날을 생각해 보았는가?

천하에 불효자이고, 배은망덕한 자가 기독교와 천주교에 들어가서 천국가려고 하나님과 예수, 마리아를 찾는 자들이다. 하늘과 땅의 자손들인 조상님들을 사탄 마귀라고 무시하며 부정한 죄인 중에 중죄인인데 천국의 문을 열어주실까?

천국 가는 길은 기독교, 천주교를 믿어서는 억만년이 흘러가도 불가능하다. 극락세계, 선경세계 가려고 불교나 무속, 유교, 도교를 믿는 사람들도 마찬가지로 하늘과 땅이 내리시는 입천제의 천지대명을 받지 못하면 절대로 갈 수 없다.

지구상에 있는 그 어떤 종교를 통해서도 산 자나 죽은 자나 천국, 천당, 극락, 선경세계로 올라갈 수 없다고 밝히시었고, 오직 천지대명을 받아서 입천제와 신인(천인, 도인)합체 의식을 행해야만 갈 수 있다고 하시었다.

종교에서 알고 있는 천국, 천당, 극락, 선경세계로 구원해주시는 분은 영적, 신적으로는 태초의 하늘 태상천존 자미천황님, 신명님이신 천상감찰신명님, 하나님이신 천상천감님, 미륵님이신 천상도감님, 도솔천황님, 천지신명님, 열두대신님이 해주시는 것이고, 육적으로는 자미국을 창시하여 개국한 도솔천황님의 화신이자 하늘의 명 대행자 인황과 인황의 조상님, 하늘의 명 수행자 신감과 신감의 조상님뿐이라는 사실을 알린다.

독자 여러분이 이 글을 인정하든 말든 현실이다.

하늘과 땅의 능력자 분들께서 인간의 육신을 빌려서 인류를 구원하시는 것이지 인간 육신 자체만으로는 절대로 구원 자체가 불가능하다.

그러니 종교 지도자들이 전하는 구원받는다는 모든 말들이 거짓인 것이다. 하늘과 땅은 절대 종교세계로 가시어서 구원하는 일은 없다고 하시었다. 능력자 분들이 가시지 않는다하니 굿, 천도재, 기도, 미사, 예배가 모두 인간 눈높이 수준에 맞춘 형식에 불과한 보여주기 의식이다.

인류를 구원해 주시는 이 모든 분들을 찾아내기 위하여 인황과 신감은 조상님과 함께 뼈를 깎는 혹독한 아픔과 고통의 세월을 감내하였기에 가능했던 것이다. 도경, 불경, 무경, 성경 속에도 등장하지 않는 대단하신 능력자 분들을 인류 최초로 찾아내는 것은 상상을 초월하는 고난의 길이었다.

태초의 하늘 태상천존 자미천황님, 신명님이신 천상감찰신명님, 하나님이신 천상천감님, 미륵님이신 천상도감님, 도솔천황님, 천지신명님, 열두대신님들께서 말씀하신다. 인류가 이 땅에 태어나고 진짜 분들의 존호를 찾아내고 수천 번의 모진 시험을 통과한 자는 인황과 인황의 조상님, 신감과 심감의 조상님이 처음이라고 하셨다.

수천 년의 세월 동안 내 조상님께서 겪었던 하늘세계, 신명세계, 영혼세계, 조상세계 공부가 얼마나 혹독하고 힘든 공부과정이었는지 후손 육신을 통해서 생생히 보여주신 것이라고 하는데 정말 말로는 표현할 수가 없을 정도이다.

한도 끝도 없는 하늘세계, 신명세계, 영혼세계, 조상세계 공부가 이토록 힘든지 저자는 미처 몰랐다. 세상에 있는 기존의 종교세계가 아니라 종교와 전혀 다른 세계를 펼치고자 하니 그만큼 시련과 고통이 말할 수 없이 많았다.

비유하자면 군대시절 유격훈련을 하루 종일 그것도 10년의 세월 동안 가혹하게 PT훈련을 받는다고 생각하면 조금은 이해가 될 것이다. 일주일 동안의 유격훈련도 지옥세계나 다름없는 고통의 시간인데 인황과 인황의 조상님은 10년 동안 매일 같이 하늘과 땅의 심판과 호통을 받으며 모든 시험을 통과하였다.

가혹한 시험을 이겨내고 통과하는 내 모습이 수천 년의 세월 동안 사후세계에서 하늘세계, 신명세계, 영혼세계, 조상세계를 고난의 가시밭길을 걸으시며 공부하신 내 조상님의 모습 일부를 보여주신 것이라고 하신다.

인류가 성인 성자로 숭배하며 받드는 석가, 예수, 마리아, 마호메트, 상제, 공자, 노자, 맹자도 하늘과 땅이 내리시는 모진 시험을 통과한 자가 하나도 없었기에 하늘과 땅을 제쳐

두고 자신들이 잘난 척, 착한 척하며 수천 년 동안 인류로부터 존경을 받아 하늘의 죄인 신분이 되었다고 하신다.

그래서 하늘과 땅께서는 인류로부터 존경받는 숭배자들과 이들을 추종하는 제자와 종교를 세운 지도자들은 절대로 구원하시지 않는다고 선포하셨다. 인류로부터 성인, 성자로 추앙받고 있는 종교의 숭배자들과 종교 지도자들도 구원 안 하신다는데 하늘과 땅의 뜻을 잘못 전하고 있는 이들을 믿고 따르는 여러분이 과연 구원받을 수 있을까?

수천 년의 세월 동안 종교세계를 통해서 인간 육신과 몸 안에 영혼(생령)과 조상(사령)님들이 구원받아보려고 종교에 들어가서 종살이, 노예살이를 하였으나 결과는 금전, 정신, 육신, 가정, 인생을 허송세월하며 착취당한 것밖에는 없다.

어떤 종교를 믿고 있던지 구원해 주실 진짜 하늘과 땅을 만나려면 종교세상과 정반대되는 진짜 하늘과 땅의 뜻을 전하는 도솔천 자미국으로 갈등하지 말고 속히 들어와야 한다.

종교세계의 교리와 이론, 믿음으로 구원받는 것이 아니라 현실적으로 도솔천 자미국의 두 저자 인황과 신감 인간 육신을 통해서만 구원하신다. 그래서 구원받으려는 여러분은 도솔천 자미국으로 들어와야 한다. 도솔천 자미국을 통하지 않고서는 인류가 진짜 하늘과 땅을 만날 수도, 말씀을 들을 수도 없고 그토록 원하고 바라던 구원조차도 받을 수 없다.

하늘과 땅이 인간들에게 복을 주시는 통로가 조상님인데 사탄, 마귀, 악귀, 잡귀로 천대, 박대하며 매도하였으니 결국 복의 밥그릇을 말로써 차버린 것이다. 기독교, 천주교가 조상님들 잡고, 영혼들 잡고, 사람들을 잡는 곳이다.

종교 이론과 세뇌가 참으로 무섭다.

자신을 이 땅에 태어나게 하신 부모 조상님을 죽었다고 사탄, 마귀 취급을 하고 있으니 천벌, 신벌, 조상벌을 모두 어떻게 받을 것인가? 이름만 조상이고 사탄과 마귀가 조상님으로 위장했으니 절하지 말고 제사도 지내지 마라 한다니 지나가던 개가 웃을 일이다.

누가 처음부터 사탄, 마귀, 악귀, 잡귀가 되고 싶어서 된 줄 아는가? 양처럼 순진한 사람도 너무나 고통스럽고 악에 바치다보면 악마로 돌변한다. 옛날 말에 삼일 굶으면 도적질 안할 사람 없고, 너무 배가 고프면 도적질을 넘어서 강도 살인까지 한다고 했다.

사후세계로 돌아간 조상님들도 죽으면 그만인 줄 알고 대수롭지 않게 생각하다가 막상 좋은 세계인 줄 알았던 천국, 천당, 극락, 선경세계가 아비규환의 아수라장이라서 너무나도 고통스러워 살려달라고 울부짖으며 소리쳐도 구원자가 나타나지 않으니 사탄, 마귀, 악마로 변해버린 것이다.

각자의 조상님들이 처음부터 사탄, 마귀, 악마로 변해버린 것이 아니라 도저히 참을 수 없는 사후세계의 참혹한 고통

때문에 돌변한 것이다. 조상님을 두 번 죽이고 울리는 천하에 못된 곳이 기독교, 천주교이다.

자신의 육신을 낳아준 뿌리를 잘라버리고 부정한다는 것은 짐승만도 못한 짓이다. 조상님은 하늘과 땅이 여러분에게 복을 주려고 보낸 가장 훌륭한 선물이라 하시었다. 조상님도 하늘과 땅이 창조하시어 이 땅으로 보내시었거늘 죽었다고 사탄, 마귀로 천대, 박대하며 매도하니 하늘과 땅, 조상님으로부터 내리는 무서운 벌을 무슨 수로 감당하려는가?

제사 지내지 않아도 된다고 하니까 거기에 혹해서 기독교, 천주교를 믿고 있는 여러분은 천하에 못된 이기주의자들이고, 신앙인 여러분도 죽으면 사탄, 마귀의 자식이 될 거다.

뿌리고 행한 대로 거두게 하신다

조상님 중에서도 종교에 굴복하지 않은 조상님들이 대표조상이 되는데 이런 조상님들은 사후세계에서 수백 년 또는 수천 년 동안 도를 닦아 하늘과 땅, 신으로부터 뽑힌 조상님들이 자손의 육신을 통해서 도솔천 자미국에 들어오는 것이다.

사후세계에서 도를 닦아서 천지이치를 공부한 뒤 도솔천 자미국으로 입국해서 천상궁전 도솔천궁으로 입천되어야 하늘로부터 자손을 도와 줄 수 있는 신의 능력을 부여받게 된다고 하셨다.

신의 능력을 부여받아야 조상님들이 여러분을 언제 어디서나 일거수일투족을 살피며 위험에 처했을 때 구해주고, 인생사가 잘 풀리도록 천상의 좋은 기운을 받아서 여러분에게 전해줄 수 있다.

자신의 인생사를 실시간으로 지켜보고 보살피며 도와줄 수 있는 신의 능력을 받은 조상님으로 만들려면 입천제가 필수이고 절대적이다. 앞에서도 말한 것처럼 대단한 능력자이신 하늘과 신은 여러분을 직접적으로 도와주시지 않는다 한다.

조상님을 통해서 하늘과 땅, 신의 기운을 내려주시므로 여러분의 역할이 중요하다. 사후세계에서 피눈물 나는 공부과정을 마쳤어도 자손이 천상궁전 도솔천궁으로 입천시켜 드려서 하늘이 내려주시는 명패를 받아야 천상의 좋은 기운을 받아 여러분에게 전해 주실 수 있다.

그래서 입천제는 조상님을 구하는 기쁜 일도 되지만 여러분 자신과 가족들의 목숨을 구하는 아주 중요한 일이기에 망설이지 말고 속히 행해야 한다. 입천제를 행하면 직계 가족들 몸 안에 있는 조상님들이 모두 천상궁전 도솔천궁으로 올라가기에 우울증과 우환이 사라지는 신비함이 있고 신경질나고 짜증나는 답답함이 없어진다.

돌아가신 부모, 형제 직계 조상님들이 무수히 많지만 입천제를 행하는 날은 필히 여러분의 인생사를 지켜주시고 보살펴주실 대표조상님을 만나야 좋다. 최근에 돌아간 부모, 배우자, 자녀, 형제 등을 슬픔에 못 잊어 당대에 돌아가신 부모조상님을 만나면 잠시 궁금증이 풀어지고 기쁘기는 하겠지만 여러분 인생사에 아무런 도움이 안 된다.

사후세계에서 도를 닦아 하늘과 땅으로부터 선택받은 대표조상님에게 입천제가 윤허되는 것이고, 나머지 조상님들은 덤으로 구원받는 것이라 하신다. 그래서 대표조상님은 도를 많이 닦은 시조 조상님 반열이나 그 윗대 조상님이 되신다.

이런 진실을 모르고 인간의 눈높이 수준에서 자신들이 알고 있는 부모님, 배우자, 자녀, 형제나 조부모님 영혼과 만나기를 원하는 사람들이 많다. 그래서 자신의 눈높이에 맞는 아는 조상님을 만나면 오랜 세월 도를 닦아서 자손을 도우려고 찾아온 조상님을 내쫓는 격이 되는 것이고, 이는 복을 발로 걷어차는 형국이다.

도솔천 자미국에서 입천제를 행하면 조상님과 상봉할 수 있는 특별한 기회가 주어진다. 무속에서처럼 울고 짜는 춥고 배고픈 낮은 조상님들과 만나는 것이 아니라 이 모든 고통을 초월해서 도를 닦아 신의 반열에 오르기 직전의 높은 대표조상님과 만나서 사후세계에서 피눈물 흘리시며 공부하신 고난의 세월을 위로해 드리고 감사하게 맞이해야 한다.

입천제는 기존의 종교에서 행하는 굿이나 천도재와는 전혀 차원이 다른 아주 진귀한 의식이고, 지구상에서는 도솔천 자미국에서만 행할 수 있는 의식이다. 대표조상님을 살려내고, 가문을 살려서 여러분 인생이 아프지 않고 기쁨과 행복을 누리게 해 줄 수 있는 지상 최고의 의식이다.

입천제 의식 종류로는 벼슬(특단) 입천제, 상단 입천제, 중단 입천제, 하단 입천제, 일반 입천제가 있다. 등급에 따라서 천상궁전 도솔천궁으로 입천되는 조상님들의 신분과 서열이 정해지고, 등급에 따라서 천상에서 여러분에게 주려고 받아오는 복의 기운과 크기도 천차만별이다.

각자들이 도솔천 자미국에서 뿌리고 행한 대로 한 치의 오차도 없이 거두게 해주시는 분이 하늘과 땅이시다. 그래서 대표조상님 입천제는 한 번뿐이기에 벼슬입천제를 행하는 것이 가장 좋고, 형편이 안 되면 자신의 수준에 맞는 입천제를 선택하면 된다.

돈이 부족해서 낮은 등급으로 입천제를 행하면 조상님들의 신분과 계급이 낮아지므로 자신보다 높은 상전의 조상님들을 떠받들어야 한다. 군대의 위계 서열인 훈련병, 이등병, 일등병, 상등병, 병장과 같다고 보면 된다.

입천되신 등급에 따라서 자손에게 가져다 줄 수 있는 복의 크기와 종류가 달라진다. 조상님들은 천상궁전 도솔천궁에 입천이 되면 조상님의 신분을 벗어나서 도솔천황님의 백성들인 도솔천손이란 신분으로 바뀐다.

조상님의 입천 등급에 따라 특단 천손(병장), 상단 천손(상등병), 중단 천손(일등병), 하단 천손(이등병), 일반 천손(훈련병)으로 계급이 부여되는데 인간들 입장에서 보면 이분들이 근심과 걱정없이 영생을 누리는 천사이자 신선이고 선녀인 것이다.

조상님 영혼영가 입천제 준비 사항
입천제 올리는 사람
본관, 성명, 생년월일(음력), 거주지 주소

직계 가족 배우자와 자녀, 부모의 성명, 생년월일(음력)

망자 및 조상님 명단
관계, 성씨 본관, 이름(이름 몰라도 상관없음)
현조부모(5대조), 고조부모, 증조부모, 조부모, 부모, 배우자, 형제, 자녀, 낙태유산 영가

친가와 배우자의 직계 조상님은 당대부터 시조까지 해당되고 방계는 제외. 친가와 배우자의 양쪽 외가는 당대 외조부모님만 해당하고 명단은 e-메일로 보내면 된다.

의식 시간은 정해 준 날짜에 도솔천 자미국에 1시까지 도착해야 하고 사람에 따라서 차이가 있기는 하지만 통상적으로 5~6시 정도에 의식이 당일로 끝난다. 옷차림은 대표조상님을 맞이하는 자리이니 깨끗하게 입고 오는 것이 좋다.

특별 주의 사항은 배우자의 조상명단과 외가 조상님 명단을 알려고 배우자에게 말하면 입천제를 할 수 없는 돌발적인 상황이 발생한다.

대표조상님 이외에 일반적인 조상님들은 사후세계에서 하늘과 신으로부터 공부를 하지 않았기에 때문에 도솔천 자미국을 모르듯이 여러분이 이 책을 읽고 감명받고 공감한다 해서 배우자나 자녀, 형제에게 이야기를 하면 큰일 나고 집안 싸움이 일어난다. 가족 중에 한 명만 올 수 있다.

이 책 내용을 읽어보고 감동 감명받아 조상님 입천제를 행하고 싶은 것은 여러분 자신이지 부모, 배우자, 자녀, 형제들이 아니기 때문에 이들에게 도솔천 자미국에 대해서 말하면 쌍심지 켜고 사이비니, 가짜니 온갖 비난을 해대기에 입천제를 올릴 수 없는 상황이 만들어 진다.

그래서 상담 받으러 올 때도, 의식할 때도 혼자와야 하고, 절대로 가족이나 지인, 이성 친구에게 도솔천 자미국에 대해서 말하면 부정 타니 자문이나 의논하는 것은 금물이다. 책 내용을 일체 말하면 안 된다. 말해봐야 미쳤다고 한다.

이 책은 하늘과 땅, 신이 선택하여 뽑아주신 사명자들만 감명, 감동, 공감하게 되어 있고 사명자가 아닌 일반인들은 책을 읽어 봐도 무슨 내용인지 전혀 이해도 안 되고, 무조건 부정하기 때문이다.

조상, 영혼, 육신의 소원이 다르다

이 세상으로 하늘과 땅이 인류에게 내려주신 가장 큰 복이 무엇이라고 생각하는가? 첫째는 도솔천 자미국에 일단 들어오는 것이고, 두 번째는 하늘과 땅이 내리시는 천지대명을 기쁜 마음으로 받들어 행하는 것이다.

인류가 찾아와야할 곳이 도솔천 자미국이다.

인류가 원하고 바라는 것이 모두 준비되어 있기 때문이다. 종교세계를 통하여 수천 년의 세월 동안에도 이루지 못한 인류의 구원이 현실로 이루어지고 있으니까 말이다.

각자들이 원하고 바라는 것이 모두 다르다.

육신을 잃어버린 일반 조상님(사령)들은 꽃 피고 새 우는 천상궁전 도솔천궁에 올라가서 신선선녀로 아름답게 태어나서 근심과 걱정 없이 영생을 누리며 기쁨과 행복의 무릉도원세계 삶을 만끽하는 것이 최고의 소원이자 목표이다.

도솔천궁 자체가 기쁨과 행복이 넘쳐나는 무릉도원 세상이라고 가르쳐 주시었다. 반면, 조상님들은 천지대명을 받들어 입천제를 행하여 도솔천궁에 올라가서 천상공부 과정을 마친 뒤에 금은보화와 천복만복을 받아와서 자손과 가문이 번창하고 잘되도록 보살펴 주신다.

각자의 몸 안에 있는 영혼(생령)들은 죽어서 춥고 배고픈 귀신이 되어 허공중천 구천세계를 떠돌지 않고, 하늘나라 자미천국(천상궁전 자미천궁)으로 올라가서 자미천국의 백성인 신인, 천인, 도인으로 재탄생하는 것이 가장 큰 소원이다.

신인, 천인, 도인이 되려면 죽어서는 불가능하고 살아있을 때 입천제를 행한 뒤에 하늘과 땅의 천지대명이 있어야 신인(천인, 도인)합체 의식을 행하여 신인, 천인, 도인으로 관명을 받아 다시 태어난 뒤에 자미천궁으로 오를 수 있다.

지금 각자 여러분의 영혼들은 인간 육신의 죽음이 가장 두렵다. 천지대명을 받지 못하고 죽을까 봐 마음 졸이며 인생의 모든 풍파를 주어서 데려오려고 메시지를 주고 있으나 인간 육신들이 자신의 영들이 전하는 말을 알아듣지 못해서 팔짝팔짝 뛰고 분노를 폭발하고 있다.

인간 육신의 소원은 100년 미만의 세월 동안 잘 먹고 잘살면서 가문을 번창시키는 것이다. 육신적인 출세와 성공, 부귀영화, 수명장수, 재물, 권력, 명예, 쾌락을 추구하는 것이 인간 육신들의 야망이다.

세계적인 재벌기업 총수가 되고 대통령, 총리, 장관, 차관,

국회의원, 시도 및 시군구의원, 광역시장, 도지사, 시장, 군수, 구청장, 장군, 변호사, 판검사, 의사, 교수, 기자, 연예인, 가수, 탤런트, 세계적인 프로 선수 등등이 되기를 원하고 바라지만 뜻을 이루는 자는 극소수뿐이다. 이런 소원을 이루어주시는 분은 천지신명님과 열두대신님이시다.

이렇듯 조상(사령), 영혼(생령), 인간 육신 모두가 추구하는 소원이 다르다. 조상님의 소원은 입천제를 행하면 천상궁전 도솔천궁(도솔천국)에 계신 도솔천황님께서 받아주시어서 소원을 이루어 주신다.

각자 여러분의 영혼(생령)의 소원은 천상궁전 자미천궁(자미천국)에 계신 자미천황님께서 받아주시어서 소원을 이루어 주시고, 인간 육신의 소원인 성공과 출세의 모든 부귀영화는 각자의 조상님께서 도솔천황님, 천지신명님이 주시는 기운을 받아다가 자손에게 주었을 때 이루어진다.

그래서 자미국은 조상(사령), 영혼(생령), 인간 육신의 모든 소원을 이루어 줄 수 있는 전 세계 유일한 인류의 구심점이라는 것이다.

그동안 종교세계를 통해서 수천 년의 세월이 흘러가도 이루지 못한 조상(사령), 영혼(생령), 인간 육신의 모든 소원이 이루어지니 이곳이 바로 인류가 종교 안에서 애타도록 찾고 기다리던 지상천국 무릉도원 세계이다.

종교세계 안에서는 인류를 구원하실 진짜 하늘과 땅, 신과 영, 조상님을 만날 수 없다. 지금까지 여러분이 종교를 다녔다면 그것은 도솔천 자미국을 알아보기 위한 안목을 넓히기 위한 지혜를 만들어 주시고자 함이다.

종교세계를 통하여 하늘세계, 사후세계, 신명세계, 영혼세계, 조상세계에 대해서 듣고 공부를 해봤어야 난세의 이 시대에 등장한 자미국이 진짜인지 거짓인지 조금이라도 알아볼 것 아니겠는가?

하늘세계, 사후세계, 신명세계, 영혼세계, 조상세계에 대해서 전혀 아는 바가 없다면 조상, 영혼, 육신을 구하고 살리는 도솔천 자미국이 귀한 줄을 모를 것이다. 인류를 살리고 구원하는 길은 이 나라뿐만이 아니라 지구상에서도 이곳에만 있으니 더 이상 갈등하지 않아도 된다.

신인, 천인, 도인이 되어야 귀신 안 된다

도솔천 자미국에 필히 들어와야 하는 이유!

조상님 입천제를 행하는 날 하늘께서 신인(천인, 도인)합체 의식을 윤허하시어 명을 내려주는 사람들만 별도로 날짜를 잡아 의식을 행해서 신인, 천인, 도인으로 재탄생할 수 있다. 이것이 144,000명의 영생자, 인 맞은 자, 도통자, 구원자, 사명자 명부에 올라가는 아주 진귀한 의식이다.

육신이 죽어서 귀신의 신세를 면하고 하늘의 신인, 천인, 도인이 되어 천상 자미천궁에서 근심 걱정 없이 영생을 누리며 살아갈 수 있는 전 세계 유일한 값진 의식이다. 신인, 천인, 도인이 되어야 천상궁전에 올라갈 수 있다.

죽어서는 입천제를 행해야 천상궁전 도솔천궁(도솔천국)으로 구원받을 기회가 주어지고, 살아서는 자미국에 들어와서 하늘의 명을 받아 합체 의식을 행해야 천상궁전 자미천궁(자미천국)으로 올라갈 수 있다.

누구나 살다가 일단 목숨이 끊어지면 정신이라 하지 않고 귀신이라 한다. 정신은 육신이 살아있어야 정신이라 하고,

육신이 죽으면 귀신이라 한다. 그런데 살아서 하늘의 귀한 명을 받아 합체 의식을 행하고 죽으면 허공중천 구천세계를 떠돌지도 않으며, 지옥세계 명부전에 가서 생전의 과보에 대한 심판받는 것이 생략되고 곧바로 자미천궁으로 입천하는 특혜를 누리게 된다.

합체 의식은 죽은 뒤에 지옥세계 명부전에 가서 심판받을 것을 합체 의식 당일 날 전생과 현생의 죄를 한꺼번에 미리 심판받기 때문에 일사부재리 원칙에 의해서 두 번 심판받지 아니하므로 지옥세계 명부전의 심판이 생략된다.

입천제는 여러분과 친가와 배우자의 당대부터 시조까지의 조상님들을 한꺼번에 하루에 구원하지만 합체 의식은 하루에 한 명만이 의식을 행할 수 있고, 가족들을 합체하려면 따로따로 행해야 한다.

우선 가장 먼저 사명자인 여러분이 신인(천인, 도인)합체를 행하고 나서 차례대로 가족들의 합체 의식을 행할 수 있고, 가족들은 의식에 참석하지 않아도 하늘과 땅이 합체를 행해주시는데 너무나도 신비한 이적과 기적의 조화가 합체자의 육신과 삶으로 일어난다.

신인(천인, 도인)합체 의식은 사명자가 먼저 행한 뒤에는 경제적인 형편이 허락하면 하루에 배우자와 자녀, 손자손녀, 부모, 형제들은 한꺼번에 행할 수가 있다. 재벌, 대통령, 고위공직자라 하더라도 살아생전에 합체 의식을 못하고 죽으면 아비규환의 지옥으로 가거나 춥고 배고픈 귀신으로 허공중천을 떠도는 비참하고 불쌍한 신세가 된다.

인생을 가장 아름답고 뜻 깊게 마감하고 무서움과 두려움 없이 세상을 떠날 수 있는 지상 최고의 의식이 하늘과 땅이 윤허하신 귀하디귀한 신인(천인, 도인)합체 의식이다.

인간이 하늘과 땅의 영원한 사랑과 보호를 받는 신인, 천인, 도인으로 재창조되는 합체 의식은 이 세상의 화폐가치로 환산이 안 될 정도로 아주 귀한 것이다. 일평생을 통해서 이루어낸 여러분의 귀한 성공과 출세, 재물과 권력, 명예와 행복을 천상으로 가져갈 수 있는 유일한 의식이다.

하늘의 절대자이신 태상천존 자미천황님 전에 올리는 합체 의식 비용을 천공이라 하는데 한정된 금액이 없고, 각자들이 살아서 하늘과 땅으로부터 받은 복 중에서 마음의 크기대로 올리는 것이다.

작은 금전을 올려야할 사람도 있고, 일평생 벌은 재산을 몽땅 올려야 할 사람도 있다. 여러분이 누리고 있는 성공과 출세, 재물과 권력, 명예와 행복을 내려주신 분이 하늘과 땅이시기 때문에 신인(천인, 도인)합체 의식을 통해서 기쁜 마음으로 이분들에게 환원해야 한다.

하늘과 땅이 주신 은혜에 크게 보답하라고 큰 금전을 벌어 주신 것이라고 하시었다. 하늘과 땅께서 언젠가 이 땅에 도솔천 자미국이 세워지면 보람 있게 쓰도록 여러분을 부르시려고 미리 크게 벌어 주셨다고 밝혀주셨다.

현재 여러분이 누리는 성공과 출세, 재물과 권력, 명예와 행복은 여러분이 이룬 것 같지만 하늘과 땅이 언젠가 쓰시려고 미리 준비해 놓으셨다는 진실을 여러분은 잘 모를 것이다.

여러분에게 내려주신 하늘과 땅의 천지대명은 살아서도 알 것이고, 죽어서도 알 것이라 하신다. 천지대명을 받들어 신인(천인, 도인)합체 의식을 행하는 자들은 당사자는 물론 자자손손 가문이 번창할 것이고, 알면서도 무시하고 부정하며 천지대명을 받들지 않는 자들은 정반대로 당대에 가문이 몰락하여 멸문지화를 당할 것이다.

하늘과 땅은 근본 도리를 가장 중요시 여기신다.

여러분 스스로가 하늘과 땅이 전하는 말씀을 알아듣지 못하기 때문에 하늘의 명 대행자 인황을 통해서 진실을 전하는데도 이행하지 않는다면 그동안에 베풀어주신 사랑의 은혜를 배신하고 몰라보는 배은망덕한 자이다.

축생, 짐승, 뱀, 곤충, 조류, 어류가 아닌 만물의 영장으로 태어나게 해주시고, 사지 멀쩡하게 장애 없이 건강 누리며 살아가도록 베풀어주신 은혜가 가장 크고, 전생의 천상에서 지은 죄를 도솔천 자미국을 통해서 용서 빌 수 있는 기회를 주심에 무한 감사를 올려야 한다.

인간으로 태어나도록 하늘과 땅으로부터 큰 사랑을 받았다면 이제는 다시 돌려드리는 것이 근본 도리 일 것인데 공짜로 받으시는 것이 아니라 여러분이 지은 죄를 심판해서 사면해 주시고, 하늘 중에 가장 높은 천상궁전 자미천궁에서 영생하면서 기쁨과 행복을 누리는 신인, 천인, 도인으로 재창조해 주신다.

도솔천 자미국에서 집행하는 모든 의식은 종교인들처럼 인간들이 행하는 것이 아니라 하늘과 땅이 하강 강림하시어 인황과 신감의 육신을 빌려서 직접 행하시는 천상지상 공무집행이시다.

그러기에 인황과 신감의 육신이 수명을 다하여 세상을 떠나면 더 이상 하고 싶어도 할 수가 없다. 종교처럼 의식 순서에 따라서 행하는 것이 아니라 천상의 대단하신 분들께서 인류 최초로 친히 강림하시어 집행하시는 것이기 때문에 그 어느 누구도 대신할 수가 없다.

천상의식은 종교처럼 자손이나 후손들에게 세습을 할 수 없다고 하시었고, 도솔천 자미국 두 저자가 살아있을 기간 동안만 한시적으로 인류를 구원하는 천상지상 공무를 집행해 주신다고 하셨다. 그래서 여러분은 진짜니 가짜니 운운하면서 시간을 끌다가는 큰 낭패를 볼 것이니 다급하게 천지대명을 받들어야 한다.

인류 최초로 대한민국 땅에 도솔천 자미국을 통해서 천지대명을 받들 수 있게 해주신 것은 두 저자와 가정, 가문은 물론이고 여러분과 가정, 기업, 나라에 가장 큰 천복만복이자 영광중에 영광이고, 행운아가 되는 길이며 더 나아가서는 세계 인류에게 유일한 희망의 등불이다.

인류의 상상을 초월한 신인(천인, 도인)합체 의식!

너무나도 대단하여 뭐라 표현할 수조차 없는 고귀한 의식이다. 인류가 탄생한 이후 최초의 공식적인 천상지상 공무집행이라 하시니 더 이상 망설이는 것은 최악의 손해 중에 큰 손해이다.

천인합체 의식의 등급 역시 특단 천인합체, 상단 천인합체, 중단 천인합체, 하단 천인합체가 있고, 의식을 행하면 등급에 따라서 특단 천인, 상단 천인, 중단 천인, 하단 천인의 관명을 하늘께서 하사해 주신다. 신인합체, 도인합체도 같다.

이 등급은 살아서는 물론 죽어서도 천상궁전 자미천궁에 올라가서도 그대로 유지되며 등급에 맞게 내려주시는 기운도 각기 천양지차로 다르다.

죽어서 자미천국(천상궁전 자미천궁)에 올라간 신인, 천인, 도인들은 천상세계 정부의 공직에 출사하는데 지상에서 합체 의식 등급에 따라서 특단, 상단, 중단, 하단 순서로 주요보직에 임명되고 등급이 높은 순서부터 하늘세계 총사령관이신 태상천존 자미천황님 전 앞자리에 앉게 된다.

물론 살아서도 도솔천 자미국에 어떤 행사가 있으면 맨 앞자리부터 등급별로 자리를 배정받아 앉는다. 자미천궁에 오른 신인, 천인, 도인들은 신분과 계급의 위계 서열이 인간세계보다 매우 엄격하여 상명하복이 철저히 지켜진다.

이 세상은 길어야 100년 미만이지만 자미천궁에서 살아가는 기간은 무한대이기 때문에 천상법도의 규율을 위배하면 인간세계로 다시 쫓겨나거나 죄의 경중에 따라서 지옥보다 더 무서운 천옥에 수감되므로 법도를 잘 지켜야 한다.

자미국에서 하늘의 명을 받아 합체 의식을 행한 신인, 천인, 도인의 등급은 천상궁전 자미천궁에 올라가면 변동 없이 영원토록 신분과 계급, 주요보직이 정해지기에 도솔천 자미국에서 합체 의식의 등급을 잘 선택해서 행해야 한다.

경제적인 능력이 허락한다면 최고의 높은 등급으로 의식을 행하는 것이 자신의 영원한 사후세계를 위해서 가장 바람직하다. 여러분이 갖고 있는 재물 역시 하늘과 땅이 도솔천 자미국을 세우는데 아낌없이 쓰라고 큰돈을 벌어 주신 것이기에 자신의 사후세계 신분과 계급, 주요보직을 임명받는데 보람되게 쓰는 것이 천상에 돌아가서 후회하지 않는다.

천상에서 말씀하시기를 의식 행하는 천공의 등급도 자신들의 그릇 크기라고 하셨다. 크게 올린 자는 큰 기운의 복을 담을 수 있는 큰 그릇을 내려주시고, 작게 올린 자는 작은 기운의 복을 받게 작은 그릇을 내려주신다고 하시었다. 그래서 각자들이 살아서 행하고 뿌린 대로 지상과 천상에서도 한 치의 오차도 없이 거두게 하신다고 하셨다.

세계적인 재벌 총수는 하늘과 땅이 그만큼 크게 벌어 주셨기에 그릇 크기에 맞게끔 수백억, 수천억, 조 단위의 금전을 천공으로 올려야 맞다 하시고, 부자가 아닌 일반인들은 자신의 그릇 크기대로 최선을 다하여 올리면 된다고 하셨다.

그러니까 여러분에게 하늘과 땅이 인황과 신감 인간 육신을 통하여 도솔천 자미국을 세우는데 필요한 자금으로 쓰시려고 각자의 그릇에 맞게끔 신인(천인, 도인)합체 의식을 행할 수 있도록 크고 작은 돈을 벌어 주셨다고 하신다.

하늘과 땅이 내리시는 천지대명을 반드시 받들어 이행해야 현생과 내생의 부귀영화를 오래도록 지키며 기쁨과 행복을 누리며 살 수 있다. 그러나 하늘과 땅이 벌어 주신 돈이 많은 사람들 중에 아까워서 큰 금액으로 합체의 천지대명을 받드는데 인색하여 작게 하거나 아예 받들지 않으면 하늘과 땅이 그동안 벌어 주신 재산을 몽땅 환수해 가신다.

여러분이 누리는 모든 것은 하늘과 땅이 주시었는데 돈이 아깝다고 합체의 천지대명을 받들지 않으면 소리소문 없이 즉시 거두어들이신다. 하늘과 땅이 내려주셨으니 하늘과 땅이 다시 거두어들이는 것은 당연한 이치일 것이다.

전 세계의 거대한 재벌 총수들은 물론 국내 재계 서열 10위권 안에 있는 탄탄한 거대 그룹도 상상을 초월하는 말도 안 되는 사건사고가 터져서 제 3자에게 그룹이 넘어가 공중 분해되는 비운의 아픔을 겪고, 그룹 총수의 구속수감, 질병과 사고로 인한 죽음, 심장마비 같은 급살로 세상을 등지는 불운이 따르게 된다.

재벌 총수가 심근경색으로 쓰러져 15개월 이상 병석에 누워서 생사를 알 수 없는 상황은 다른 재벌 총수들과 부자들에게 경종을 울려주는 것이다.

돈이 아무리 많은 재벌 총수나 고위 권력층일지라도 천지대명을 받들어 하늘과 땅으로부터 절대적인 보호를 받지 못하면 저렇게 갑자기 쓰러질 수 있고, 총리 자리에서 물러날 수 있음을 국민 모두에게 생생히 보여주었다.

뿐만 아니라 건국 이후 사상 초유의 총리와 총리후보 지명자가 줄줄이 낙마하는 사태가 발생하는 것도 인력으로는 안 된다는 것을 보여주신 것이고, 이들 대다수가 어떤 종교를 믿고 있는데 종교의 숭배자는 어째서 신도들을 불행으로부터 보호해 주지 않는 것일까 궁금하다.

세월호 침몰사고와 같은 대형 참사는 국민들 모두에게 종교를 믿어도 구원받지 못하니 절대로 믿지 말라는 생생한 교훈을 하늘과 땅이 주신 것이다.

이외에도 수많은 커다란 사건사고와 메르스 사태, 가뭄, 한강 녹조는 하늘과 땅의 뜻인 천지대명을 받들지 않으면 개인, 기업, 국가 모두가 불행해 진다는 것을 우리 모두에게 깨달으라고 보여주신 것임을 알아야 한다.

여러분에게는 저자의 글이 충분히 겁박, 협박, 공갈, 강요로 들릴 수 있지만 천상과 지상의 능력자께서 내 육신을 빌려서 쓰시는 진실의 글이기에 그대로 한 치의 오차도 없이 현실로 일어난다는 것을 명심해야 한다.

글로 쓰거나 말이나 생각만 해도 현실에서 실제로 이루어지게 신비의 조화를 부리신다. 오죽하면 하나님과 예수도 막지 못하는 미국의 토네이도, 허리케인, 가뭄, 홍수를 막아주시겠다고 워싱턴 미주방송과 인터뷰를 통해서 공개적으로 제안하라고 저자에게 명을 내리셨을까?

하늘과 땅이 저자를 통해서 공식적으로 내리시는 천지대명을 거역하면 여러분 인생으로, 가정으로, 기업으로 세월호 침몰사건 같은 국가적인 대형 참사가 일어나서 참혹한 삶으로 급변하게 된다.

여러분의 육신과 목숨, 기업과 금전, 권력과 명예도 자신들의 것이 아니라는 하늘과 땅의 진실을 전하고, 도솔천 자미국을 전 세계 인류의 구심점으로 세우는 천지대업에 여러분을 사명자로 쓰시기 위해서 하늘과 땅이 모든 것을 아낌없이 내려주시고 벌어주신 것이라 하신다.

여러분은 하늘과 땅이 주시어 누리던 귀중한 가정, 기업, 재물, 권력, 명예는 어느 날엔가 인간 육신이 숨을 거두고 세상을 떠나면 소중한 것 모두 그대로 놔두고 영혼(생령)만이 외로이 남게 되는데 신인(천인, 도인)합체를 행하지 않는 이상 천상궁전 자미천궁으로 오를 수가 없다.

살아생전 천지대명을 받들지 못하고 세상을 떠나면 천추의 원과 한이 쌓이고, 억만 겁의 세월동안 기약없는 어둠의 무서운 사후세계를 아비규환의 지옥도에서 비참하게 살아가야 하는 불쌍한 신세가 된다.

신인(천인, 도인)합체는 사후세계를 보장하는 가장 큰 복이고, 도솔천 자미국을 통하지 않는 이상 그 어디에서도 불가능하다. 여러분 모두는 조만간 인생이 끝나는 것은 기정사실이고 그 어느 누구도 다가오는 죽음을 피할 길은 없다.

반드시 여러분 앞에 조만간 현실로 다가 올 사후세계를 준비하지 않고 산다는 것은 참으로 용감한 것이다. 육신이 죽으면 끝이라고 말하지만 여러분의 영혼들은 갈 길을 몰라서 허공중천을 추위와 배고픔으로 슬피 울며 떠돌거나 아비규환의 지옥도에 갇히게 된다.

설혹 자손의 몸으로 조상님이 들어갔다 할지라도 자손과 대화가 안 되어 천불이 나고, 너무 힘들어서 우울증, 불면증, 사건사고를 통해서 보여주어도 조상님의 답답함을 몰라보고 무당 찾아가 굿하고, 절에 가서 천도재 하고, 목사나 신부에게 안수기도 부탁하다가 안 되면 정신병원에 보낸다.

예비 조상들인 여러분도 어느 날 죽으면 이와 같이 가련하고 처량 맞은 불쌍한 신세가 되므로 두 저자가 이 땅에 살아서 존재할 때 하루라도 빨리 천지대명을 받들어 신인(천인, 도인)합체 의식을 행해야 한다.

기쁜 마음에 멋모르고 가족들에게 합체 의식 한다는 사실을 미리 알렸다가는 집안이 풍비박산이 나든가 이혼이나 별거하자고 난리를 칠 것이기 때문에 절대로 비밀에 붙이고 의식을 행해주어야 한다. 믿거니 하고 말했다가는 가정이 깨져서 파탄난다. 가족들이라도 사명자 이외에는 이해하지 못하기 때문에 아무도 믿으면 안 된다.

도솔천 자미국은 종교가 아니기에 가족들이 모두 함께 들어오는 곳이 아니다. 가족 중에서 책을 읽고 감동, 감명, 공감한 대표자인 사명자 한 명만이 들어 올 수 있는 곳이기에 가족들에게 절대로 이야기를 하면 안 된다.

하늘과 땅으로부터 뽑힌 사명자 이외의 가족들 몸에는 사탄, 마귀, 악귀, 잡귀들이 무수히 숨어있기에 사이비라 하고, 가짜라 하면서 결사적으로 못가도록 방해공작을 하기 때문에 비밀을 철저히 지켜야 한다.

사명자 이외에는 영적 차원이 낮기 때문에 이곳에서 전하는 진실을 알아듣지도 못하고 이해하지 못한다. 그래서 아무리 금슬 좋은 부부라도 도솔천 자미국에 대해서 말하면 싸움으로 번지기 때문에 마음 편히 다닐 수도 없고, 하늘과도 인연이 끊어지는 불행이 따른다.

위에 내용은 그동안에 실제로 천인, 백성들에게 일어났던 내용들을 알려주는 것이니 하늘의 천인과 백성으로 다시 태어나려면 철칙으로 지켜야 한다. 당사자가 직접 체험해 보지 않으면 진실을 알 수 없는데 혹시라도 주변에서 도솔천 자미국을 비난하거나 사이비라 욕하는 사람들의 말을 듣고 방문하지 못했다면 참 불행한 사람이다.

도솔천 자미국을 사이비니 가짜니 욕하는 자들은 하늘과 땅으로부터 버림받아 선택받지 못할 대상자들이었기에 그렇게 욕하는 것인데 그들의 말을 듣고 인연을 맺지 못한 사람들과 조상들은 정말 재수 되게 없는 자들이다.

여러분이 도솔천 자미국의 진실을 직접 체험해 보지도 않은 채 남의 말만 듣고 판단한다는 것은 정말 어리석은 일이다. 구원받을 자와 구원받지 못할 자들이 있다. 앞서 말했듯이 종교처럼 오는 사람 모두 받아주지 않고 하늘과 땅이 엄격히 판별한 후 받아주고 구원해 준다.

하늘과 땅이 버린 구원받지 못할 자들이 전하는 비난의 말을 듣고 판단하였으니 그 또한 여러분과 조상님들의 팔자이자 업보이다. 인류가 태어난 이후 도솔천 자미국이 세워지기를 수천 년 동안 애간장을 태우고 학수고대하며 기다린 끝에 구원받은 조상님들이 부지기수이다.

하늘과 땅이 주신 구원의 천재일우 기회를 잃어버린 재수없고 불쌍한 자들이다. 노파심에서 말하는 것이니 여러분은 절대로 어느 누구의 말이나 자문을 구하면 안 된다. 도솔천 자미국이 어떠냐고 상대에게 말하는 순간 도솔천 자미국 입국은 물거품이 될 것이다.

자격이 박탈되는 이유는 도솔천 자미국의 진실을 아는 자가 없는데 들어오지도 않아서 아무것도 모르는 자들에게 무슨 자문을 구하는가?

자문을 받은 상대방은 무조건 사이비나 가짜라고 부정하면서 절대 그런 곳에 빠지지 말라며 가지 못하게 말해 줄 것이다. 진짜인지 가짜인지 판단은 여러분이 책을 읽어보고 마음

속에 일어나는 기운에 따라서 스스로 판단하면 된다.

하늘의 뜻을 전하는 도솔천 자미국인데 왜 의식비용을 많이 받느냐고 볼멘소리 하면서 사이비 아니냐고 말한다. 하늘이 돈을 받아가시냐고 말이다. 이론적으로는 그럴듯한 말처럼 들리는 것은 사실이다.

하늘이 말씀하셨다. 인간들이 전생의 천상에서 지은 죄, 현생에서 지은 죄에 대한 죗값을 받으라고 하셨다. 인간들이 목숨 다음으로 소중히 여기는 것이 금전이기에 의식을 통해서 돈을 올리게 하신 것인데 이 역시 죄를 용서해 주실 마음이 있는 자들에게나 각종 의식을 통해서 죗값 올리는 것을 허용해 주시는 것이기에 아무나 의식을 행할 수 없다.

용서 받을 수 있는 죄를 지은 자들은 의식을 행하여 죗값을 올리게 허락하시는 것이고, 용서받지 못할 자들은 의식을 못 올리게 하신다. 의식비용이 비싸다고 말하며 불평불만 하는 자들의 죗값은 하늘이 안 받아주시겠다는 뜻이다.

의식을 행하여 죗값을 받아주신다는 것은 전생과 현생에서 지은 죄를 용서해 주실 마음이 있으시다는 뜻이다. 여러분이 지은 전생의 죗값이 얼마나 큰지 상상도 못하겠지만 인간의 화폐가치로 환산하면 엄청난 액수이다. (별표참조)

띠별로 전생에 진 빚(좆값)

1. 쥐띠에 태어난 사람	7. 말띠에 태어난 사람
갑자생 : 2,120억	경오생 : 2,480억
병자생 : 3,000억	임오생 : 2,800억
무자생 : 2,520억	갑오생 : 1,600억
경자생 : 4,400억	병오생 : 1,320억
임자생 : 2,800억	무오생 : 3,600억
2. 소띠에 태어난 사람	8. 양띠에 태어난 사람
을축생 : 1조 1,200억	신미생 : 5,200억
정축생 : 1,720억	계미생 : 2,080억
기축생 : 3,200억	을미생 : 1,600억
신축생 : 4,400억	정미생 : 3,640억
계축생 : 1,080억	기미생 : 1,720억
3. 범띠에 태어난 사람	9. 원숭이띠에 태어난 사람
병인생 : 3,200억	임신생 : 1,680억
무인생 : 2,400억	갑신생 : 2,800억
경인생 : 2,040억	병신생 : 1,320억
임인생 : 3,840억	무신생 : 3,200억
갑인생 : 1,320억	경신생 : 2,440억
4. 토끼띠에 태어난 사람	10. 닭띠에 태어난 사람
정묘생 : 920억	계유생 : 2,000억
기묘생 : 3,200억	을유생 : 1,600억
신묘생 : 3,200억	정유생 : 6,800억
계묘생 : 480억	기유생 : 3,600억
을묘생 : 3,200억	신유생 : 1,480억
5. 용띠에 태어난 사람	11. 개띠에 태어난 사람
무진생 : 2,080억	갑술생 : 1,000억
경진생 : 2,280억	병술생 : 3,200억
임진생 : 1,800억	무술생 : 1,680억
갑진생 : 1,160억	경술생 : 4,400억
병진생 : 1,280억	임술생 : 2,920억
6. 뱀띠에 태어난 사람	12. 돼지띠에 태어난 사람
기사생 : 2,880억	을해생 : 1,920억
신사생 : 2,280억	정해생 : 1,560억
계사생 : 1,560억	기해생 : 2,880억
을사생 : 3,600억	신해생 : 4,040억
정사생 : 2,800억	계해생 : 3,000억

도솔천 자미국에서 의식비용 받는 것을 하늘이 공식적으로 허락하신다고 하셨기에 여러분이 왈가왈부할 사안이 아니다. 죗값을 받아 주시는 것만 해도 감지덕지해야하고 천만다행인 것이다. 전생에 지은 죗값을 꼭 지불하고 싶어도 어디에다가 올릴 것인지 망막한데 도솔천 자미국을 통해서 올릴 수 있으니 그 얼마나 다행스런 일인가?

현생과 내생을 구하는 행

열 가지 천지대명(天地大命)
네 조상을 구하라 = 도솔천황님 전 조상님 입천제
네 영혼을 구하라 = 자미천황님 전 신인(천인, 도인)합체
네 육신을 구하라 = 천지신명님 전 명부입적 정성
네 가족을 구하라 = 자미천황님 전 신인(천인, 도인)합체
네 기업을 구하라 = 재물천신님 전 천금제 정성
네 건강을 구하라 = 천지신명님 전 정성
네 목숨을 구하라 = 천지신명님 전 정성
네 성공을 구하라 = 천지신명님 전 정성
네 현생을 구하라 = 천지신명님 전 정성
네 내생을 구하라 = 자미천황님 전 생령 입천

여러분의 현생과 내생의 성공과 출세, 기쁨과 행복을 구하는 열 가지 천지대명이니 이를 실천하여 이행하는 자는 만물의 영장으로 태어난 사명을 완수하는 최고의 길이다.

조상님을 수호신과 수호령으로 재창조

하늘과 신을 찾아다니는 사람들이 많다. 구원받으려고 종교 안에 들어가서 하나님, 부처님, 석가, 예수, 상제, 마리아를 믿고 있는데 천상에서 오신 분들이 전해 주시기를 하늘은 조상을 구원하는 자들부터 구원해 주신다고 하셨다. 즉 자신의 조상님들을 구원하지 않는 자들은 하늘과 땅, 신들이 구원해 주지 않겠다는 말씀이다.

조상님을 구하는 것이 자신을 구하는 지름길이다. 여러분은 세상을 살아가면서 알게 모르게 수많은 난제에 부닥쳐서 힘들어 한다. 인간의 능력이나 생각으로 할 수 없는 불가능한 영역의 일들이 있는데 이것을 하늘의 영역, 신의 영역이라고 부른다.

여러분 인생살이를 지켜주시고 보살펴주실 수 있는 수호령과 수호신이 있다면 그 얼마나 좋겠는가? 조상님을 구하라는 것은 곧 자신을 구하는 일이기 때문에 망설이지 말고 행하라는 것이다. 여러분이 조상님 입천제를 행하여 천상궁전 도솔천궁으로 보내드려 천상법도 공부를 정해진 기간 안에 끝마치면 이 땅에 있는 자손들을 지켜주고 보호해 줄 수 있는 신비의 능력 즉, 도솔천손의 반열에 올라 자손을 도울 수 있는 능력을 부여받아 조상선령 신으로 재창조된다.

이때부터 조상님에게 천상과 지상을 오르내릴 수 있는 특권이 부여되어 여러분을 수시로 지켜보며 도와주실 수가 있게 된다. 도솔천국의 주인이신 도솔천황님으로부터 신비의 능력을 부여받았으니 이름하여 수호신, 수호령이다.

도솔천국 도솔천황님은 조상님(사령)들의 하늘이시고, 자미천국 자미천황님은 영혼(생령)들의 하늘이시고, 자미국 산하 인간의 육신들 하늘은 천지신명님과 열두대신님이시다.

그러니까 조상님을 여러분의 수호신, 수호령으로 도솔천황님께 임명장을 받게 하려면 그래서 입천제가 필수이자 절대적이라는 것이다.

왜 그러냐 하면 여러분이 종교를 통해서 믿고 있는 숭배자들인 하나님, 하느님, 하늘님, 부처님, 석가, 예수, 마리아, 마호메트, 상제, 공자, 노자 등은 여러분이 위험에 처했을 때 구원하러 달려오지 않는다고 가르쳐 주시었다.

여러분이 위급함에 처해있을 때 가장 빨리 달려올 수 있는 분은 미우나 고우나 여러분의 핏줄이신 조상님들이시다. 그런데 달려오기는 하여도 구원해 줄 능력이 없어서 발만 동동 구르면서 애간장만 태운다.

현실로 보여 준 것이 세월호 침몰사고와 유병언 교주의 죽음이다. 또한 재벌 총수가 쓰러졌을 때도 숭배자나 그의 조상님들도 구해 주지 못하였다는 사실을 통해서 알 수 있다.

입천제를 행해서 천상궁전 도솔천궁으로 구원하여 도솔천황님으로부터 수호신이나 수호령으로 명을 받지 못하면 여러분의 조상님들은 제삿밥이나 받아먹는 힘없고 불쌍한 춥고 배고픈 귀신 신세에 불과하다.

그래도 제삿밥 먹으러 오는 조상님들은 형편이 괜찮은 행운아 조상님이시고, 아비규환의 지옥도에 갇혀서 제삿밥도 먹으러 오지 못한다고 하셨다. 지옥도에 갇히면 오고 감의 자유가 박탈된다고 한다.

도솔천국의 주인이신 도솔천황님으로부터 수호신이나 수호령으로 명패를 받아오시면 신비한 능력으로 여러분의 일상에 모든 일들을 지켜보시고 도와주시기에 아직 목숨이 붙어 있다면 입천제는 필수이자 절대적이기에 만사를 제쳐놓고 우선적으로 행해야 한다.

종교에서는 조상님들을 귀신이고, 귀찮은 존재이니 좋은 세계로 가시어서 편히 쉬시라고 쫓아 보내는 굿이나 천도재, 치성, 정성, 추도미사, 추모예배를 올리지만 도솔천 자미국에서는 천상궁전 도솔천궁에 올라가시어 수호신, 수호령으로 명패를 받고 복을 받아오시어 자손, 후손들을 살리는 입천제를 행해 드리는 것이 종교와 다르다.

조상님들의 구원자 하늘이신 도솔천황님이 말씀하신다.

조상님을 통해서 여러분이 원하고 바라는 것을 주신다고 하시었는데 그것이 바로 조상님들에게 천상과 지상을 오가며 도솔천황님 하늘의 심부름을 할 수 있는 수호신, 수호령으로 명패를 받게 하는 입천제라고 한다.

여러분에게 복덩이가 조상님들이신데 이런 진실을 몰라보고 사탄, 마귀, 악귀, 잡귀라고 천대, 박대하며 무시했고, 귀찮은 존재, 안 되면 조상 탓이라며 애코지하는 존재로 생각하고 있었다.

종교세계에서 굿, 천도재, 치성, 정성, 추도미사, 추모예배를 드리면서 원풀이 한풀이나 해주고 좋은 세계에서 편안하게 살라고 해드렸었으니 여러분 인생이 엎어지고 뒤집어지는 것이었다.

입천제를 어느 등급으로 행하느냐에 따라서 조상님들이 큰 기운을 받아올 수 있느냐, 작은 기운을 받아 올 수 있느냐가 정해진다고 하시었다.

그래서 여러분의 조상님이 수호신, 수호령으로 명패를 받아 오실 때도 입천제 등급(특단, 상단, 중단, 하단, 일반)에 따라서 신분과 계급이 정해지므로 경제력이 허락하는 범위 내에서 최대한 상위 등급으로 입천제를 올리는 것이 좋다.

이미 돌아가신 여러분의 모든 조상님들에 대해서는 일평생 단 한 번만 행할 수 있는 입천제의 기회를 주고 있다. 종교에서처럼 매년 또는 수시로 행하지 않기에 최고 높은 등급으로 행해야 한다.

여러분의 조상님을 입천시켜 도솔천황님으로부터 명패를 받게 해서 수호신, 수호령으로 재창조할 수 있는 의식은 지구상에 입천제 하나뿐이다.

조상님들의 입천제를 행해주시는 분은 천상 도솔천국의 주인이신 도솔천황님께서 이 땅의 화신 인황을 통해서만 행해주시기에 다른 곳에서는 행할 수 없다. 천상에서는 도솔천황님이, 지상에서는 도솔천황님을 최초로 찾아내어 화신이 된 도솔천의 인황만이 입천제를 행할 수 있다.

입천제를 화신이 올려야만 도솔천궁에 계신 도솔천황님께서 조상 영혼영가님들을 받아주시고 수호신, 수호령으로 명패를 내려주신다.

하늘이나 신은 여러분이 본 적이 없으나 조상님들은 살아생전 자신들의 육신을 낳아주신 부모님이시다. 도솔천황님의 명을 받아 조상님들에게 영적인 신비 능력이 생기는 것이 바로 수호신이자 수호령이다.

입천되는 수많은 조상님들 중에서도 도솔천황님의 명패를 받아서 수호신, 수호령이 되어서 여러분을 도와주실 조상님은 따로 정해져 있다. 입천된 모든 조상님들이 수호신, 수호령이 되는 것은 아니라고 한다.

조상님의 하늘이신 도솔천황님이 내리신 천상공부를 모두 무사히 마친 조상님들에게만 수호신, 수호령으로 임명장을 하사하시니 입천된 조상님들도 천상공부를 게을리 해서는 자손과 후손을 도우러 올 수가 없다.

조상님은 하늘이 내려주신 복의 근원인데 수많은 교인들이 자신의 육신을 낳아준 부모 조상님들을 사탄, 마귀라고 매도하고 박대하여 사후세계에서 피눈물을 흘리며 억울하고 분통이 터져서 분노하고 있다는 진실을 알고 있는가?

이로 인하여 조상님들의 피눈물을 보시고 하늘이 여러분에게 저주를 내리시어 인생이 모두 힘들어지고 있는데 하늘은 약한 자의 편을 들어주신다고 한다. 교인들로 인하여 사탄 마귀로 취급받아서 억울하고 분통이 터져서 피눈물을 흘리며 분노를 폭발하는 조상님들의 편을 들어주시는 것이다.

수많은 사건사고를 통하여 종교의 숭배자들은 여러분을 구원하지 않는다는 진실을 수없이 보여주었으나 인간들이 세뇌당하여 믿지 않고 있자, 더 큰 재난을 통하여 종교에 다니지 말라고 가르쳐 주고 있으시다.

조상님들이 원하고 바라는 것은 굿, 천도재, 기도, 치성, 정성, 추도미사, 추모예배 의식이 아니라 영가들의 무릉도원 세계로 입천되어서 도솔천국의 주인이신 도솔천황님 하늘로부터 수호신, 수호령으로 명패를 받고 싶으신 것이다.

그래서 춥고, 배고픔도 벗어나고 자손과 후손을 도와 줄 수 있는 수호신과 수호령의 능력을 받아오고 싶은 것인데 이런 진실을 몰라보고 있다.

자신의 신을 찾아라. 하늘이 보내주신 신을 찾아야 한다. 신은 여러분 가족들 몸에 들어가 있고, 여러분을 살리려고 싫은 소리, 곧은 소리를 거침없이 내뱉어서 자존심 상할 때가 많아 집안이 조용할 날 없이 시끄럽다.

제3부

신기하고 신비로운 조화의 세계

하늘과 신의 존재는?

높고도 높고, 한도 끝도 없는 무한대의 신비로운 영적, 신적 능력자를 일컬어 우리 인간은 하늘과 신이라 하며 받들고 숭배해 왔다.

해와 달이나 밤하늘에 별을 보고, 산이나 강, 바닷가에서 산신이나 용신에게 자신들의 답답함이 풀어지기를 바라거나 더 잘살기 위해서 복을 갈구하는 소원을 빌었다.

인간의 능력으로는 절대 불가능한 영역의 어떤 신비조화, 천지조화, 풍운조화, 날씨조화를 내리시고, 인류를 구원해 주실 수 있는 분들을 하늘과 신이라 한다.

하늘과 신은 하나가 아니라 수천억도 넘지만 진정한 절대 능력자는 한 분이인데 도가와 불교에서 전해지는 하늘만 33개의 하늘이 있다.

수많은 하늘이 있지만 어느 하늘 아래에 줄을 서야 현생과 내생의 삶을 구원받아 편안할지 아는 사람들이 이 세상에 없어서 종교가 난무하고 있는데 무식하면 용감하다고 하는 것이 맞을 정도로 이 세상에 왔다간 성인, 성자들을 인간들이 하늘로 만들어 숭배하며 받들고 있다.

성인, 성자들은 잠시 어떤 능력을 갖기는 했으나 하늘과 신에게 죄를 지어서 그 능력을 박탈당하고 일찍 세상을 떠난 자들이 예수와 증산상제이다. 보리수나무 아래에서 고행하며 득도하였다고 전해지는 석가 역시 천상천하 유아독존이라 하여 하늘에 역천자가 되었다.

하늘과 신에게 죄를 지었거나 역천자가 된 이들을 믿고 따르는 인간들의 현생과 내생의 삶이 잘 풀리는가 하면 정반대로 하늘과 신이 내리는 벌로 인하여 천재지변의 대재앙으로 고통과 불행, 고행과 가난을 면하지 못하고 있다.

어느 누군가 잘 못 전한 것을 수천 년의 세월 동안 그대로 믿고 따르다 보니 그것이 종교화가 되었다. 그런데 도솔천자미국을 통해서 전해지는 하늘과 당, 신의 말씀은 우리 인류가 알고 있는 것과는 정반대였다

이 땅에 세워진 모든 종교는 귀신들이 인간을 회유, 현혹, 강요, 협박하여 세운 것이라고 하시며 진짜 하늘과 신은 귀신과 인간들이 합작하여 세운 종교세계로는 절대 강림하시않으신다고 누차 말씀하시면서 지구상에서 대한민국 땅의 인황과 신감 육신을 통해서만 강림하신다고 하셨다.

사실은 강림이 아니시라 하늘과 신이 도솔천 자미국의 인황과 신감 육신을 빌려서 천상과 지상의 공무를 집행하시는 천지신명공사라고 해야 맞다.

그러면 하늘과 땅, 신이 수많은 기존의 종교인들이 무수히 많은데 왜 하필이면 나약하고 보잘 것 없고 가진 거 없는 도솔천 자미국의 인황과 신감 육신을 빌리시었을까?

그것은 종교세계와 전혀 다른 뜻을 세우려고 하였기 때문에 그것이 하늘과 땅, 신을 감동시키어서 선택해 주셨다고 하신다. 인류 그 어느 누구도 기존의 종교를 그대로 계승 발전시키고 있는데 인황과 신감만이 종교세계 교리와 이론을 탈피하였기 때문이라고 하셨다.

그리고 인간의 뜻을 세워 자신들이 교주가 되어 나 잘 났으니 나를 따르라 하는 것이 아니라 진정으로 하늘과 땅, 신을 소통하려고 하면서 하늘과 땅, 신의 뜻과 답답함을 세상에 그대로 전하려하기 때문에 인류 최초로 기존의 종교세계가 아닌 도솔천 자미국을 세우게 하시었던 것이다.

그래서 기존의 종교세계가 하늘과 땅, 신의 원 뜻이 아니므로 책을 집필하여 진실을 전해서 읽는 도중에 감동, 감명, 공감하게 기운을 내려주어 이들을 도솔천 자미국으로 불러들여서 종교가 잘못되었음을 인간 육신과 각자의 영혼(생령), 조상(사령)님들에게 전하고 있는 것이다. 그동안 알고 있는 종교가 완전히 잘못되었음을 전해서 개인별로 종교에 세뇌된 정신세계를 가차없이 깨부수고 있다.

도솔천 자미국은 기존의 종교와 특이하게 다른 점은 입소문이나 인맥을 통하지 않고, 길거리에서 홍보하지 않고 책을 집필하여 신문광고를 통해서 책을 구독하고 하늘과 신이 주시는 신비의 기운을 따라서 들어오는 곳이다.

하늘과 신의 역할이 정확히 무엇인지도 모른 채 막연하게 잘살고 싶어서, 고통과 불행에서 벗어나고 싶어서, 각종 질병을 치료해 보고자, 정신적 지주를 마음의 위안으로 삼고자, 죽어서 내생을 편안하고 좋은 세상으로 올라가서 기쁨과 행복을 누리고 싶어 한다.

인간세계에도 전문부서가 있듯이 하늘과 땅, 신의 세계에도 전문부서가 정해져 있다. 국방부는 나라를 지키는 군인을 총지휘 감독하는 곳이고, 법무부는 죄지은 자들을 잡아들여 법을 집행하는 기관이다.

옷을 사려면 옷 가게를 가야하고, 신발을 사려면 신발 가게를 가야하고, 쌀을 사려면 쌀가게를 가야하고, 과일을 사려면 과일가게를 가야하고, 고기를 사려면 정육점에 가야하고, 기름을 사려면 주유소로 가야하고, 돈을 벌려면 장사를 하던가, 회사에 취직을 해야 하고, 큰돈을 벌려면 회사를 차려서 거대 그룹으로 성장시켜야 한다.

그렇듯이 하늘과 신의 역할도 다른데 인간들이 이런 진실을 모르고 종교에 들어가서 무조건 높은 하늘과 높은 신을 열심히 찾아다니거나 성인 성자들을 숭배하여 받들며 허송세월만 보내고 있다.

인류가 진정으로 하늘과 신에게 바라는 소원은 무엇일까? 크게는 현생의 삶을 무탈하게 아무 사건사고 없이 질병에 걸리지 않고, 돈을 많이 벌어서 풍요로운 인생을 수명장수 누리며 살다가 편히 죽는 것이다.

죽어서는 내생의 삶을 편안하고 좋은 사후세상이 있다면 그곳으로 올라가서 마음 편안하게 잘 지내는 것이 인류의 보편적인 소원일 것인데 지금의 종교세계를 믿어서는 이런 소원을 이루고 살아갈 수가 없고 각자들의 희망 사항이자 꿈일뿐 현실로는 이루어지지 않는다.

축생이 아닌 만물의 영장으로 태어난 인간!

인간의 구성은 외형적으로 보이는 육신과 눈으로는 보이지 않는 영혼이란 것이 있는데 영혼에는 육신이 아직 살아있는 영혼 즉 생령이 있고, 이미 육신이 죽어서 귀신 즉 조상이 된 사령으로 분류하고 이들 육신과 생령, 사령들의 소원이 각기 다르다는 것을 인류는 알지 못하고 종교세계에 들어가서 소원을 이루고자 한다.

이 세상에 종교들 중에서 육신과 생령, 사령의 소원을 모두 이루어 주는 곳은 아무데도 없다. 이런 진실이 있다는 것조차도 모르는데 어찌 이루어 줄 것이며, 이들의 소원을 이루어주시는 분이 누구인지 알지도 못하는데 종교 지도자들이 어찌 이들 각자의 소원을 이루어 주겠는가?

지구상에 있는 모든 종교세계로는 진짜 하늘과 신이 가시지 않는다고 수없이 말씀하시었으니 지금의 종교세계에서 전하는 그럴듯한 교리와 이론은 모두 허상이고 가짜이며 악신, 악령, 사탄, 마귀, 악귀, 잡귀들이 종교 지도자들의 육신으로 숨어들어가서 여러분 신도들을 지배통치하고 있는 것이다.

아무리 수천 년의 역사를 가진 기독교, 불교라 할지라도, 천주교의 거대한 로마교황청이라 할지라도, 도통군자를 배출한다는 대순진리회, 증산도나 무속인들이 전하는 신들 역시 진짜가 아닌 가짜 신들이 지배통치하고 있다.

그래서 이 땅에 진짜 하늘과 땅, 신을 전하려고 도솔천 자미국이 세워지고 있는 것인데 너무나도 기존의 종교세계 교리와 이론에 물들어서 깨어나지 못하고 오히려 사이비, 가짜라고 하는 웃지도 못할 기막힌 일들이 일어나고 있다.

생령들을 구원하는 하늘은 태상천존 자미천황님이시고
사령들을 구원하는 하늘은 도솔천의 도솔천황님이시고
육신들을 구원하는 하늘은 자미극의 천지신명님이시다.

인류가 애타게 찾고 기다리던 전생, 현생, 내생과 생령들을 구원해 주시는 새 하나님이 태상천존 자미천황님이시고, 사령(조상님)을 구원해 주시는 분은 도솔천황님이시고, 육신을 구원해 주시는 분은 천지신명님이신데 종교에서는 이런 진실을 몰라보고 한 곳을 믿으며 구원해 달라 외치고 있다.

이름 자체도 생소한 태상천존 자미천황님은 우주와 삼라만상을 천지창조하신 위대한 대능력자이시고, 천계와 지상계의 모든 하늘과 신들을 지휘통치하시는 최고 사령관이시자 무소불위하신 절대자이시다.

하나님, 하느님, 하늘님, 한얼님, 한울님, 하날님, 상제님, 천존님, 신명님, 미륵님, 도솔천황님, 천지신명님, 열두대신님의 지휘통치자이시니 새 하나님이라 불러도 된다. 종교에서 전하는 하나님, 하느님, 하늘님은 천지창조주도 아니고 전지전능자도 아닌 진짜 하늘 새 하나님이 계심을 알리기 위한 존재이다.

우리 인류 모두는 하나님, 하느님, 하늘님보다 더 높고 대단하신 새 하나님이 계신다는 진실조차도 전혀 몰랐고 도솔천 자미국을 통해서 태초 이후 처음으로 위대한 새 하나님이 계시다는 진실을 밝히고 있다.

도솔천은 이미 도가나 불가에서 전하는 兜率天(두솔천=도솔천)이 아니라 도를 거느리는 하늘을 상징하는 道率天(도솔천)이란 뜻으로 새로이 창조된 단어이다.

저자 인황은 도가나 불교에서 전하는 도솔천이 있는지도 모르는 상태에서 하늘과 신을 찾기 위한 무불통신의 도를 닦다가 도를 거느리는 하늘이 계신다는 뜻으로 도솔천이라 쓰라 알려주셨고, 그곳의 주인이 도솔천황님이라고 계시를 받아서 쓰게 되었다.

도솔천 자미국의 천지신명님 역시 무속세계나 일반세계에서 전하는 천지신명님과는 차원자체가 완전히 다른 분이시다. 이름은 같지만 전혀 다른 존재이시다. 하늘과 땅의 모든 신명님을 상징하기는 하지만 도솔천 자미국으로는 진짜 천지신명님들만 하강 강림하시기에 무속세계에서 전하는 같은 천지신명님으로 생각했다가는 경을 친다.

예를 들면 대한민국에서 가장 많고 흔한 이름이 김영숙인데 동명이인이 4만 명이 넘는다고 한다. 이름은 같지만 얼굴, 체형, 신장, 몸무게, 생년월일, 주소지, 학벌, 재력, 성품이 4만 명 모두가 다를 것인데 어찌 같다고 할 수 있는가?

이와 같이 도솔천이나 천지신명님이란 이름은 종교세계를 통해서 들어보았을지 모르지만 완전히 다른 존재들이시니 착오 없기를 바란다.

생령(산 자의 영혼)들의 오직 유일한 소원은 죄를 짓고 지상 인간세계로 쫓겨나기 전의 고향이었던 천상궁전 자미천궁으로 다시 돌아가는 것인데 생령들의 소원을 이루어주시는 분이 태상천존 자미천황님이시라는 분이고 이분의 명을 받아 합체 의식을 행한 생령들만 천계로 올라갈 수 있다.

사령(조상님)들의 오직 유일한 소원은 종교세계를 통해서 전해진 꽃 피고 새 우는 무릉도원의 도솔천 도솔천궁으로 올라가서 기쁨과 행복을 영생토록 누리는 것인데 자미국에서 도솔천의 주인이신 도솔천황님의 허락을 받아서 입천제를 행하여야 올라갈 수 있다. 조상님들의 영원한 하늘이 곧 도솔천황님이시다.

육신들의 오직 유일한 소원은 잘 먹고 잘 사는 것인데 이 뜻을 이루게 해주시는 분이 도솔천 자미국의 천지신명님이시니 곧 인생의 하늘이시다. 성공과 출세, 질병으로부터의 탈출, 부부문제, 자녀문제, 기업문제, 직장문제 등 인생사의 제반 문제들을 모두 해결하거나 예방하여 주시는 우리 인생에 없어서는 안 될 필수이자 절대적인 존재이시다.

이렇게 생령, 사령, 육신의 하늘이 각기 다르고 소원을 이루어주시는 분이 다른데 지금 종교세계에서는 편향적으로 하고 있고 그나마 가짜들이 지배하고 있기에 종교라고 하면 고개를 절레절레 흔든다.

기독교, 천주교는 생령들에게 죽어서 천국가야 한다며 구원을 외치고 있지만 구원이 없고, 불교는 사령(조상님)을 구원하려고 천도재를 올리나 아무 소득이 없고, 무속은 신을 내세워 육신을 구원하고자 하나 가짜 신들이 판치고, 대순진리와 증산도는 주문으로 도통을 시켜준다고 수많은 사람들을 끌어들였으나 도통은커녕 원성만 자자하다.

이렇게 생령, 사령, 육신의 소원을 모두 차례대로 이루어 줄 수 있는 곳은 지구상에 도솔천 자미국이 유일하니 이제 더 이상 고민 갈등하지 말고 하늘과 땅, 신으로부터 기운을 느껴서 선택받은 육신, 생령, 사령들은 지체 말고 소원을 이루어야 행복한 세상을 살아갈 수 있다.

역사와 전통을 자랑하며 거대하고 화려한 종교 건물은 여러분의 눈을 현혹시켜 속였고, 청산유수와 같은 달콤한 화술과 설교, 설법, 법어는 여러분의 귀를 현혹시켜 속였을 뿐 하늘과 땅의 진실은 하나도 없다는 점을 알아야 한다.

새 하나님의 진실과 진리에 목말라 하는 자, 영혼(생령)을 구원받아 천국가려는 자, 불쌍한 조상(사령)님을 구원하려는 자, 육신이 지닌 재물과 권력, 명예, 건강, 수명을 오래도록 지키고 싶은 자들이 찾아와야 할 곳이다.

재물과 감투, 건강과 목숨이 언제 어느 때 속절없이 사라져서 날아갈지 모르니 지키고 싶은 자들은 남들보다 빨리 도솔천 자미국으로 들어와야 하고, 종교세계를 빨리 떠나지 못하면 한 순간에 침몰하여 자신과 가정이 풍비박산 나고 몰락하여 멸망한다.

이 지구상에서 진짜 하늘과 땅의 진실을 전하는 곳은 종교가 아닌 도솔천 자미국 단 한 곳뿐이다. 하늘과 신의 존재가 태초 이후 처음으로 이렇게 자세히 밝혀진 사례는 없었다.

하늘과 땅, 천지신명님께서 전 세계 240여개 국가 중 대한민국의 도솔천 자미국을 선택하여 뽑아주심에 무한 감동이 밀려온다. 종교의 자유가 없고, 공산주의를 추구하는 거대 중국과 70년간 독재정치를 하고 있는 북한의 김씨 가문이 빨리 무너지기를 바라고 있을 것이다.

하지만 이들은 그리 쉽게 무너지지 않는다. 중국과 북한은 하늘과 땅, 천지신명님이 내리시는 천지대명을 이행하기 전까지는 위기 상황이 올 수는 있겠지만 건재할 것인데 그 이유는 이들 국가도 사명을 이행하고 있는 중이기 때문이다.

종교의 자유가 없으니 하늘과 땅, 천지신명님께 큰 죄를 짓지는 않았다. 온갖 외국 조상귀신들을 성인, 성자라 해서 수입 해다가 섬기고 받드는 죄는 짓지 않았으니까 말이다.

중국과 북한이 잘한 일은 종교를 믿지 못하게 국가 차원에서 적극적으로 막은 일이다.

가뭄 해갈을 위한 풍운조화

2015년 1월부터 7월 22일까지 서울과 경기, 강원북부지방에 43년 만에 최악의 가뭄사태가 발생하여 논바닥이 거북이 등처럼 쩍쩍 갈라져 벼가 크지 못했고, 밭에 심은 농작물들도 모두 말라 비틀어 죽어가자 농민들이 깊은 시름에 잠겼다.

수많은 종교인들이 기우제를 지내보았지만 아무 효과가 없었다. 소양강 댐(1973년 10월 15일 완공)은 건설한지 43년 만에 최저 저수율을 기록하며 바닥을 드러내고, 저수지마다 물이 말라버렸다고 연일 방송으로 보여주고 있었다. 국가적 차원에서 물 찾는 관정을 파는데 거액의 자금을 긴급 지원하는 법안을 국회에서 통과시켰다.

2004년 여름부터 한반도로 올라오는 태풍을 다른 곳으로 방향을 틀어서 5년 동안 막아주었는데 2009년 가을에 5년 연속 풍년이 들어 정부에서 벼 수매값을 낮게 책정하자 농민들이 항의하며 시위를 벌였다.

그러면서 논에 벼를 수확하지도 않은 채 트랙터로 논을 갈아엎고, 수십 가마의 벼를 쌓아 놓은 채 불을 지르며 수매가 인상하라는 시위 모습을 방송으로 보고, 나의 마음이 많이 아팠던 기억이 되살아났다.

태풍을 막아서 풍년들게 도와주어도 시위하고, 안 도와주면 태풍이 올라와서 흉년이라 난리치고 있다. 이번에는 43년 만에 최악의 가뭄이 들었어도 더 이상 관여치 않기로 마음먹고 모른 체하였다.

분명 내가 마음먹거나 말하면 6개월간의 가뭄을 즉시 해갈할 수 있는 능력이 있었지만 수수방관하며 그냥 지켜보고만 있었고 이것도 다 무슨 뜻이 있겠지 생각하였다. 혹여 정부차원에서 누군가 책을 읽어보고 찾아와서 도와 달라고 할 줄 알았는데 아무도 찾아오지 않았다.

그런데 예상 밖의 일이 생겼다.

주 1회 쉬는 날이면 청평 댐 밑 강에서 배를 타고 견지낚시를 하는 것이 취미였다. 그런데 너무 가물어서 댐의 문을 여는 것은 고사하고, 정기적인 발전도 못하고 있었다. 발전을 해야 물이 흘러서 낚시를 할 수 있다.

두 번씩이나 청평 댐 밑으로 낚시 갔다가 허탕을 치고 돌아와야 했고 왕복 80km를 헛수고 운행하였으니 시간낭비, 기름 값만 날아갔다. 그래서 이제는 안 되겠다 싶어서 낚시 할 수 있게끔 댐에 물이나 넉넉히 채워야겠다고 마음먹었다.

“100mm 이상 비가 내려야 한다”고만 말했다. 너무 많이 오면 홍수가 나므로 100mm 정도의 비만 내리면 충분하다고 생각하였다. 기도하면서 소원을 빌은 것이 아니라 집에서 컴퓨터 앞에 앉아 나 혼자 이 말만했다. 그날이 2015년 7월 21일이었다.

그리고 21일 날 말했는데 22일 하루가 지나고 신비하게 23일부터 비가 내리기 시작하였는데 4일 동안 매일같이 비가 내려서 총 163.0mm의 강수량을 기록하였다.

2015년 7월 달 날짜별 강수량 현황
23일 16.0mm
24일 26.5mm
25일 80.0mm
26일 40.5mm 합계 163.0mm

26일 현재까지 내린 비의 양은 화천 광덕산 374.5㎜, 철원 294㎜, 양구 해안면 271.5㎜, 화천 상서면 247.5㎜, 춘천 130.8㎜, 원주 118㎜ 등이다.

이로서 6개월 22일 동안의 가뭄이 완전히 해갈되어 농민과 나라 모두가 한시름 놓게 되었다.

7월 10일경부터 태풍 2개가 발생하였지만 중국을 거쳐 북한 지방으로 상륙하였고, 하나는 일본으로 상륙하여 서울, 경기, 강원 북부지방에는 비가 내리지 않았다.

너무 가물어도 내가 비를 내리는 풍운조화공사를 보지 않아서 강우공사를 보게 하시려고 두 번씩이나 낚시를 허탕 치게 만드신 것인지, 내가 말하지 않아서 비가 안 내리고 그동안 가물었던 것인지 나 역시 신비롭기만 하다.

내가 말한다고 6개월 22일 동안 가물었던 서울, 경기, 강원 북부지방에 비가 내렸으니 내 안에 계신 천지신명님의 존재가 대단하시다. 내가 원하면 이렇게 신비의 풍운조화가 현실로 내리니 정말 신기하고 자신감이 새롭게 든다.

워싱턴 미주방송과 7월 6일 인터뷰를 통해서 기독교 나라인 미국에서 발생하는 토네이도, 허리케인, 가뭄, 홍수를 막아줄 수 있다고 미국연방정부와 주정부에 제안하는 인터뷰를 하였는데 너무 오랫동안 풍운조화공사를 집행하지 않아서 사실 속으로는 조금 걱정이 되었는데 이번에 강우 풍운조화 공사가 현실로 다시 일어남으로서 자신감을 되찾았다.

정말 신기하고 대단한 강우 풍운조화 천지신명공사였다. 독자들이 믿던 안 믿던 나 홀로 행한 일이고, 이런 신기하고 신비한 일은 1999년 초부터 시작되었다. 내가 마음으로, 생각으로, 글로, 말로하면 현실로 이루어 주시는 대단하신 천지능력자이신 천지신명님께서 내 몸에 함께하고 계신다는 것을 수시로 보여주시고 나부터 인정하라는 메시지 같다.

지금 종교하고는 전혀 다른 차원의 세계인 도솔천 자미국을 인류 최초로 내 육신을 빌리시어 세우고 있는 것도 하늘과 땅, 천지신명님들이시다. 인류를 구원하는 모든 의식 역시나 인황과 신감의 육신을 이분들이 빌리시어 집행하시는 인류 재창조의 대 역사의 일환이다.

그랬다.

내가 원하고 말해야만 된다는 것을 다시 확인하였다.

국가적인 차원에서 속수무책이었고, 수많은 종교인들이 기우제를 지냈어도 7개월 동안 오지 않던 비가 인황의 말 한마디에 4일 동안 연속적으로 비가 내리니 나 역시 감동에 감탄을 하였다.

나에게 주신 어마어마한 신비의 능력은 태초의 하늘을 만세상에 널리 알리는데 쓰시라는 메시지 같다. 천지신명님의 무소불위함은 정말 신기함, 신비함, 대단함 그 자체였다.

아무도 알아주지 않는 나만의 천지 풍운조화공사 능력이 언제쯤이나 세상에서 인정하여 빛을 보게 될지 그것이 궁금할 뿐이다.

도솔천 자미국은 생명이요, 에너지요, 복이다

도솔천 자미국이란 이름을 책이나, 신문, 동영상을 통해서 들어본 사람도 있을 것이고, 이번에 처음으로 알게 되는 사람도 있을 것이라 본다. 남들이 비판하는 말을 듣고 인연을 맺지 못한 사람들과 들어와서 인연을 맺었다가 끊어진 사람들도 있다.

인연을 맺지 못한 사람들과 끊어진 사람들 모두가 거기까지가 인연이요, 그것이 그들에게 주어진 불행의 운명일 것이니 누구를 탓하랴? 죄가 커서 인연을 맺지 못하였거나 풀지 못한 큰 죄가 많이 남아서 인연을 맺고도 인연의 끈이 끊어진 것이니 각자들의 박복한 팔자이다.

도솔천 자미국은 여러분과 인류 모두에게 생명이요, 에너지요, 복인데도 눈이 멀어서 진짜를 알아보지 못한 채로 부정하며 무시해서 인연의 끈을 맺지 못하였으니 이것 또한 하늘과 땅이 내리시는 천지대명 일 것이다.

인류의 생사여탈권을 행사하는 곳이 지구상에 유일한 도솔천 자미국 하나뿐이다. 인간 육신과 여러분 영혼(생령), 조상님(사령)에 대한 생사를 좌우하고 복의 기운을 내려주어 잘 살게 해주는 전 세계 유일한 곳인데 부정하며 사이비라고 발로 차버렸으니 어디 가서 구원을 받고, 어디 가서 하늘의 좋은 기운을 받아 천복만복을 빌어서 타 올 것인가?

도솔천 자미국은 인류 즉, 인간 육신과 여러분 영혼(생령), 조상님(사령)을 살려내는 하늘과 땅의 좋은 천지기운이 내리는 지구상 유일한 통로이다. 수많은 사람들이 좋은 기운을 받으려고 산과 바다의 명산대천으로 다니고 있지만 자신들이 원하고 바라는 좋은 기운은 받지 못했다.

그래도 지성이면 감천이라 생각하며 무릎이 까지도록 절을 하고 일심으로 정성 발원을 한다. 그러나 이제 종교세계에도, 명산대천에도 여러분이 찾고 있는 좋은 기운은 그곳에 없고 도솔천 자미국을 통해서 받아야 한다.

종교세계나 기도터에는 수많은 사탄, 마귀, 악귀, 잡귀, 귀신들이 우글거리기에 그런 곳에서 기운 받으려고 기도하면 이들이 얼씨구나 좋다하며 들어오기에 여러분 인생이 알 수 없는 풍화 환란을 겪으며 더 뒤집어 진다.

기도하며 좋은 기운 받는다고 하는 자체가 온갖 귀신들을 불러들이는 엄청 무서운 행위라는 사실을 알고 있는 사람들은 거의 없다.

기운의 실체가 무엇인가? 인간의 눈으로 보이지 않고, 귀로 들리지 않는 영적 존재를 말한다. 이름하여 자신을 도와줄 선신과 선령정기 받기를 원하는 것인데 인간의 능력으로는 알아 볼 수가 없기에 위험한 것이다.

선신과 선령정기의 기운이 아닌 가짜 기운 즉, 인간의 삶이 불행하기를 원하고 바라는 뒤집는 나쁜 사탄, 마귀, 악귀, 잡귀, 귀신들을 받아온다는 무서운 사실을 알아야 한다. 그래서 도솔천 자미국에서는 절대 함부로 기도하지 말라고 가르친다. 기도하다가 인류가 망했다.

선신과 선령인지, 악신과 악령인지는 이곳에서만 판별해 낼 수가 있다. 선신을 받으려면 자미천황님의 윤허가 있은 뒤에 합체 의식을 행해야 하고, 선령을 받으려면 도솔천황님의 윤허를 받아서 조상님 입천제를 행하여야 한다.

명상수련, 마음수련, 우주수련, 정신수련 하는 사람들은 더 위험한 행동을 하는 것이다. 하늘과 땅에 있는 저급한 기운인 사탄, 마귀, 악귀, 잡귀, 귀신들을 불러들이는 수련이라는 것을 알아야 한다. 수련하다가 악귀, 잡귀들이 들어와서 죽은 사람들도 여럿 보았다.

인간은 선신과 선령인지 악신과 악령인지 판별할 능력 자체가 없다는 점을 귀신들이 이용하고 있다. 이미 인간으로 왔다가 육신을 버린 사탄, 마귀, 악귀, 잡귀, 귀신들이 가장 원하고 바라는 것이 산 인간 육신의 몸이라고 하시었다.

이들은 산 인간 육신의 몸을 얻고자하는 것이 가장 큰 소원인 것인데 인간들이 이런 진실을 몰라보고 기도하면 좋은 기운이 들어오는지 알고 있으나 정반대로 나쁜 귀신의 기운들이 들어온다.

인간의 몸으로 들어가려고 호시탐탐 기회만 엿보고 있는데 귀신 불러들이는 굿, 천도재, 치성, 정성, 미사, 예배, 기도, 수련을 하고 있으니 얼씨구나 좋다그 여러분 몸으로 들어오기에 좋은 기운을 받아서 소원을 이루기는커녕 몸이 시름시름 아프며 천근만근 무겁고, 우울증, 불면증, 자살충동, 각종 암, 병명없는 질병으로 고생한다.

2015년 7월 25일, 팽목항에서 승용차가 바다로 빠져서 여자 셋이 죽었다. 동영상 화면을 보니 정말 이해할 수 없는 어처구니없는 사고였다. 서행하며 유턴을 해야 하는데 바다로 직진하였다. 이 화면을 보고 세월호 침몰 사고로 죽은 원혼들의 한풀이라고 생각하였다.

이렇듯 사람은 죽어서 도솔천 자미국을 통하여 도솔천황님 하늘을 만나지 못하면 원과 한이 많은 슬픈 귀신 신세로 허공중천을 떠돌며 종교세계의 신도들 몸과 가족의 몸 안으로 소리없이 들어오게 된다.

악신과 악령들은 인간이 부르지 않아도 들어오려 하는데 종교에서 명산대천의 기도터에서 좋은 기운 받으려고, 소원 빌려고 지극정성으로 아주 열심히 기도를 하고 있으니 귀신들이 얼마나 좋아할까?

도솔천 자미국은 여러분과 인류를 살려내는 생명이요, 에너지요, 복의 기운이다. 이 지구상에서 가장 신비한 곳이 도솔천 자미국이니 이 책을 읽는 수많은 독자들은 하늘과 땅으로부터 선택받아 하늘의 천인과 백성으로 재창조되는 영광과 행운이 있기를 바란다.

도솔천 자미국은 여러분과 인류를 살려내는 생명이요, 에너지요, 복의 기운을 내려주지만 종교는 여러분과 인류에게 악신과 악령, 사탄, 마귀, 악귀, 잡귀, 귀신들을 여러분 몸으로 들여보내 주는 곳이다.

진짜 하늘과 땅, 신들은 절대 종교세계로는 구원하러 가시지 않는다고 수없이 밝혀 오셨기 때문에 이 지구상의 모든 종교세계에는 가짜 하늘과 가짜 신들이 판치며 자신들이 진짜 하늘과 신이라고 여러분을 회유하며 현혹하고 있다는 엄청난 진실을 알아야 한다.

여러분이 살길은 자미국과 함께하는 길이 가장 보람되고 바람직한 일이다. 이 세상 천지에 수많은 종교가 난무하고 있어도 진짜 하늘과 신이 강림하시는 곳은 전 세계 유일한 도솔천 자미국 한 곳뿐이다.

종교처럼 전국 각지에 지부를 두지 못하게 하셨다. 기존의 종교처럼 교리나 이론으로 구원하시는 것이 아니라 인황과 신감 육신을 빌려서만 구원하시기 때문에 교구, 지부 같은 곳을 일체 두지 못하게 하신다.

종교처럼 교리와 이론 공부하는 곳도 아니고 기도와 수련하는 곳도 아닌 입천제 의식, 신인(천인, 도인)합체 의식, 감사제 의식, 생령입천 의식, 사죄 의식, 명부입적 정성, 천금제 정성을 올려서 하늘과 땅이 내리시는 위대한 천지대명을 받는 아주 신성한 곳이다.

인류가 그토록 종교세계 안에서 애타게 기다리던 지상천국 세계가 바로 도솔천 자미국(道率天 紫微國)이었다.

하나님과 예수, 마리아를 믿어도 구원의 문이 안 열리고, 석가모니를 믿어도 안 열리고, 도교의 증산상제를 믿어도 도통의 문이 안 열리고, 무속세계의 신들을 믿어도 구원이 안 되었다.

그런데 수천 년의 역사와 전통을 자랑하는 종교세계에서도 해내지 못하는 구원이 도솔천 자미국에서 이루어지고 있다. 진짜 하늘과 신이 강림하시어 인류 최초로 구원의 천상지상 공무를 집행하시니 여러분 모두 이제는 종교를 미련없이 과감하게 포기하고 하루라도 빨리 도솔천 자미국으로 들어와야 새로운 살길이 열린다.

여러분 인간 육신만 살길이 열리는 것이 아니라, 여러분의 조상님과 여러분의 영혼들도 살길이 열린다. 인류를 구원할 수 있는 곳은 지구상에 도솔천 자미국 한 곳뿐이니 더 이상 종교세상 방황하지 말고 최종적으로 결심해야 한다.

천지대명을 받아서 천인과 백성으로 재창조된 모두는 도솔천 자미국의 인황, 신감과 멀어지면 당연히 하늘과 멀어지게 되어 좋은 기운을 받지 못하고 살아가니 인생살이가 고달파질 것이다. 도솔천 자미국을 통해서 하늘을 알았다고 기도하며 살아가면 될 것이라 생각하는 사람들이 있겠지만 그것은 커다란 착각이자 오산이다.

하늘과 땅이 이 세상으로 내려주시는 좋은 기운은 도솔천 자미국의 인황과 신감을 통해서만 내려주신다고 하셨기 때문에 각자들이 집안에서 아무리 기도해 봐야 오히려 안 좋은 일들만 일어나고 인생이 불행해지는 재앙만이 내린다.

인류에게 진짜 하늘과 땅이 계심을 각종 의식을 통해서 만 세상에 전하는 곳이 도솔천 자미국이다. 우리 인간 육신은 항상 나약하고 부족한 존재이기에 능력자이신 하늘과 땅의 지킴과 보호를 받으며 신비한 능력받기를 갈망하고 있지만 받고 싶다고 해서 받을 수 있는 것이 아니라, 능력자 분들께서 직접 해주셔야 한다는 새로운 진실을 알았다.

기독교, 천주교에서의 구원과 영생도 물 건너갔고, 불교의 천도재와 무속의 굿도 무용지물이다. 대순진리회, 증산도에서 도통주문 외운다고 천상의 신들이 하강하는 것이 아니라 도솔천 자미국에서 신인(천인, 도인)합체의 명을 받아야만 천상에서 신들이 하강하신다.

천상의 맑고 깨끗한 신들은 하늘의 절대자 허락없이는 독단적으로 인간 육신의 몸으로 하강하지 못한다. 천상법도에 위배되기 때문에 설혹 몰래 내려왔다 할지라도 감찰어사 신명님에게 잡혀서 천상으로 압송되어 천옥에 갇힌다.

그러니 배우자와 이혼하고 가족까지 버리고 도통주문 외우는 도인들은 그만들 정신 차리고 도고에서 애타게 기다리던 진짜 도통군자 을미생이 나타났으니 도솔천 자미국으로 속히 들어와서 살길을 찾아야 한다.

을미생인 나 인황이 도통군자가 아니라 내 몸 안에 계신 천지신명님이 도통신명님이시라는 뜻이다. 나 인간 육신이 무슨 재주로 여러분을 도통시켜 주고 구원해 준단 말인가? 나는 여러분과 같은 인간으로서 그럴 능력이 전혀 없고, 천상에서 내 몸 안으로 하강강림하신 천지신명님의 고유권한이자 고유영역이다.

대순진리회와 증산도에서 찾아 헤매던 도통신명님은 내 육신을 빌리시어 천지신명공사를 집행하시는 자미천황님, 도솔천황님, 천지신명님이시다. 불교, 기독교, 천주교에서 찾고자하는 구원자 분들도 모두 이분들이시다. 대순진리회에서 도인들에게 말했듯이 을미생을 통해서 하늘과 땅, 천지신명님들이 천상지상 공무를 집행하고 계신다.

인간 육신들은 하늘이 내리시는 천지대명을 받을 금전이 남아있을 때 도솔천 자미국으로 들어와야 한다. 구원받는다고, 도통군자가 된다고 종교에 금전과 재산 몽땅 다 바치고 빈털터리 몸으로 들어오면 천지대명을 받들 수 없기 때문에 도솔천 자미국은 여러분에게 그림의 떡이다.

여러분은 종교에 바치는 헌금, 시주, 성금이 아주 잘하는 일이라 생각하고 기쁜 마음으로 올리고 있겠지만 정말 큰일날 일이라는 것을 알아야 한다. 하늘과 땅의 원 뜻이 아닌 역천하는 종교에 올렸으니 여러분 인생들이 거꾸로 뒤집어지고 엎어지는 것이다.

여러분은 결국 금전과 재산, 육신과 정신, 가족을 종교에 바쳐서 망했고, 이제 의지할 곳조차 없어지게 되었다. 하늘에 역천하는 종교를 믿고 따르니 버림받은 인생으로 살아갈 수밖에 없다.

그리고 종교 다니는 모든 사람들이 알아두어야 할 아주 중요한 내용은 살아서 구원받지 못하고, 행복하지 못하면 죽어서는 구원 자체가 없다고 말씀하셨다. 종교 안에서 구원해주겠다는 종교 지도자들이나 구원받겠다는 신도들 모두가 하늘에 역천하는 죄를 짓는 일이다.

구원과 영생, 도통은 인간이 할 수 있는 영역이 아니라 하늘과 땅, 신의 영역이기에 여러분 모두가 죄만 더 쌓을 뿐이다. 여러분이 하늘과 땅에게 얼마나 많은 죄를 지었는지 알려면 지금 다니고 있는 종교의 역사와 건물 크기와 신도 수를 헤아려 보면 빨리 알 수 있다.

종교의 역사가 길면 길수록 그만큼 죄를 오랫동안 지은 곳이기에 거기에 들어가는 사람들은 그 모든 죄를 나누어야하므로 인생이 어려워지는 것이다. 하늘과 땅으로부터 벌을 받고 있는데 인생이 풀리고 편할 수가 없다.

여러분 눈에 보이는 종교 건물 면적과 건물 높이만큼 죄가 쌓였고, 신도 숫자만큼 죄를 지었다. 종교 지도자와 여러분 신도 모두가 공동으로 하늘과 땅, 신과 영, 조상님들에게 죄를 지은 공범자라고 눈에 보이는 표적으로 알려주셨는데 인정이 될지는 모르겠다.

종교를 통해서는 구원 자체를 안 하신다고 말씀하시었으니 하늘과 땅, 신을 사칭하여 능멸한 죄이고, 수많은 불쌍한 영혼(생령)들과 조상(사령)님들을 구원해 준다고 기만하였으니 그 죄를 종교인들이 어찌 다 받으려하는가?

또한 하늘과 신을 사칭하였는데도 그들의 말을 믿고 인정하며 조상님을 사탄과 마귀라고 박대하는 목사들의 말에 맞는다고 아멘하며 동조한 죄와 이들의 회유와 현혹에 속아 넘어가서 동조한 공범자 죄는 어찌 받을 것인가?

오죽하면 하늘께서 여러분이 천상에서 이 땅으로 내려올 때 가장 더럽고 무서운 곳이 종교세계라 가르치시며 다른 짓은 다해도 용서해 줄 테니 종교세계에는 절대로 가지 말라고 신신당부하시었을까? 여러분에게 생명과 에너지와 복을 주며 하늘과 땅의 진실을 전해 주는 곳은 지구상에서 도솔천자미국 뿐임을 명심해야 한다.

자신과 가정, 기업의 몰락을 자초하는 길

과거에 종교를 다녔던 사람들과 현재 어떤 종교를 다니는 사람들은 바람(간음, 불륜)을 피운 것이라고 천상에서 오신 분이 알려주시었다. 여러분은 종교를 믿었거나 현재 종교를 믿으며 다니고 있는 것이 무슨 바람을 피운 것이고, 하늘에 죄가 되느냐며 항변하고 대수롭게 여기지 않을 사람들이 대다수이고 부지기수로 많을 것이다.

여러분이 죄를 짓고 천상에서 지구로 쫓겨나 죄를 용서 빌어 천상으로 다시 돌아오라고 기회를 주신 분은 태초의 새하나님이신 태상천존 자미천황님과 여러분 영혼의 부모님이 되시는 신명님이신 천상감찰신명님, 하나님이신 천상천감님, 미륵님이신 천상도감님, 도솔천황님, 천지신명님, 열두대신님이라 하신다.

여러분은 이분들 중에 어느 한 분의 자손이기에 종교의 숭배자를 믿는 것은 부모를 바꾸는 환부역조하는 죄이고, 배우자를 놔두고 다른 상대와 바람을 피우는 것이라 말씀하셨다. 바람피우면 상대로부터 간음, 간통으로 고소고발당하여 구속 또는 이혼 당한다.

여러분은 천상의 대능력자 분들의 자손들인데 피 한 방울 섞이지 않은 석가, 예수, 마리아, 마호메트, 상제, 공자, 노자를 섬기며 받들고 있으니 이분들로부터 버림받아 인생이 뒤집어지고, 온갖 풍화 환란을 겪는 것이라 한다. 환부역조하고 바람을 피운 죄를 빌지 않으면 구원과 영생을 할 수 없다고 말씀하시었다.

태초의 새 하나님과 여러분 영혼의 부모님이 아닌 다른 숭배자를 마음으로 생각하거나 말로 찬양하는 것은 여러분 스스로가 현생과 죽음 이후 내생의 사후세계 삶을 지옥세계로 인도하는 무서운 일이라 하셨다.

진실이 이러하니 어서 종교세계를 탈출해서 죄를 용서 빌어서 구원받아야 한다. 이런 진실을 알려주는 인류의 영적지도자가 없어서 모르고 종교를 다녀 죄를 지었어도 빌어야한다. 종교 다니면 여러분과 가정, 기업, 가문이 문 닫는 날이 어느 날인지만 모를 뿐 반드시 몰락하여 멸망하게 된다.

종교에 들어가서 가짜 하늘과 가짜 신을 숭배하고 믿는 사람들은 자신의 죄가 얼마나 무서운지 심각성을 잘 모르는 것 같다. 괜히 남의 종교를 비난한다고 오히려 못되었다며 욕할 수도 있다.

인류가 오랜 세월 찾아 헤매던 진짜 하늘과 진짜 신은 인황과 신감의 육신을 빌리시어 하늘과 땅의 진실을 전하시고 천상으로 돌아갈 인류를 구원하시는 천상지상 공무를 집행하고 계신다.

그렇기 때문에 도솔천 자미국이 아닌 기존의 종교세계에서 믿는 하나님, 하느님, 하늘님, 한얼님, 하날님, 상제님, 부처님은 물론 이 땅에 왔다가 죽은 성인 성자들을 받들고 섬기면 진짜 하늘과 신을 만나지 못한다.

그래서 여러분은 운과 기가 막혀서 여러분과 가정, 가문, 기업이 아픔과 슬픔, 고통과 불행으로 온갖 풍화 환란을 겪고, 매사 되는 일도 없고 재수가 없어서 산 지옥세계를 사는 것처럼 아주 고통스럽게 살아간다.

종교를 믿으면 여러분 당대에서 고통의 형벌이 끝나는 것이 아니라 죽고 난 뒤에도 핏줄로 세세생생 후손의 대를 이어서 환부역조한 죄와 바람을 피운 죄에 대한 무서운 벌이 자자손손 내려가게 된다.

그러니까 천상에서 이 땅으로 내려올 때 무슨 짓이든 다해도 좋은데 종교만은 절대로 믿지 말라고 신신당부를 하셨을까? 여러분은 수천수만 년의 세월이 흘러서 이런 기억이 나지 않을 것이지만 천상에서 밝혀주셨다.

수천 년 동안 인류가 종교를 믿어서 숭배하였던 가짜 하늘과 가짜 신을 받들면 여러분을 이 땅으로 내려 보내신 진짜 하늘과 신으로부터 멀어져서 좋은 기운을 받지 못하기 때문에 기쁨과 행복한 세상을 살아갈 수 없다고 가르쳐 주시었다.

육신을 가진 우리 인간들은 이 땅에 태어나기 전에 천상 자미천궁과 도솔천궁에서 무슨 죄를 짓고 쫓겨났는지 알 수가 없었는데 수많은 의식을 통해서 영들의 전생에 얽힌 내용에 대해 자세히 알려주셨다.

사람들은 죽으면 그만이라고 하는데 맞는 말이다. 육신은 죽으면 아무런 감각을 느끼지 못하기에 화장해서 불에 태우든, 해부용으로 병원에 기증해서 칼로 온 몸을 난도질해도 아무런 고통을 느끼지 못한다.

육신은 100년도 살지 못하기 때문에 죽으면 그것으로 모든 것이 끝난다. 그런데 정작 여러분 몸 안에 있는 신과 영들은 인간 육신이 죽으면 패닉 상태에 빠진다. 이들은 육신과 함께 죽는 것이 아니기 때문이다 .

자신들이 살았던 천상 자미천궁과 도솔천궁으로 돌아가야 하는데 유일한 입구가 도솔천 자미국이다. 신인합체, 천인합체, 도인합체 의식을 행해야만 천상으로 돌아갈 수 있는데 이런 진실을 모르는 수많은 영들이 종교세계에 들어가서 뜻을 이루려고 혈안이 되어 있지만 아무도 소원을 이루지 못하고 허송세월만 덧없이 보내고 있다. 이들의 소원을 이루어 주는 곳이 전 세계 유일한 도솔천 자미국이다.

조상영혼 영가 입천제 등급

입천제라는 용어가 생소할 것이다.

난생 처음 들어보는 용어이고 무속의 굿이나 절에서 하는 천도재, 교회의 추모예배, 성당의 추도미사 같은 것일까 생각할 사람들과 조상님들이 참으로 많을 것이다.

기존의 종교와는 전혀 다른 종류의 조상영혼 영가님 구원 의식으로 지옥세계나 연옥세계를 거치지 않고 입천제 당일 도솔천궁으로 직행하는 아주 귀하디 귀한 의식이다.

조상영혼 영가님들이 살아있는 자손과 함께 천상궁전 도솔천궁의 주인이신 도솔천황님의 명을 받는 의식이 입천제인데 전 세계에서 유일하게 도솔천 자미국에서만 가능한 의식으로 전 세계 어느 종교에서도 흉내 낼 수 없는 자미국 인황이 창시한 고유영역의 입천제이다.

흔히들 기존의 종교세계에서 행하는 굿이나 천도재, 추모예배, 추도미사로는 도솔천황님의 명을 받을 수 없기 때문에 조상영혼 영가님들이 하늘세계로 오르지 못한다. 도솔천 자미국의 인황을 통해서 도솔천황님의 하명을 받아야만 천상궁전 도솔천궁으로 오를 수 있다.

도솔천궁은 도가나 불가에서 널리 알려진 세계와 이름은 같지만 전혀 다른 세계로서 도솔천 자미국의 인황이 독자적으로 찾아내어 창시한 영가들의 꽃 피고 새 우는 근심 걱정이 하나도 없는 무릉도원 세계이다.

저자 인황은 도솔천궁을 태초로 찾아내었기에 도솔천궁의 주인이신 도솔천황님의 화신이 되었다. 조상영혼 영가님들의 구원은 도솔천궁의 주인이신 도솔천황님의 화신을 통해야만 천상궁전 도솔천궁으로 입천 할 수 있다.

이미 돌아가신 수많은 조상영혼 영가님들이 꿈에도 그리워하고 애타게 기다리던 천상낙원 세계인데 이곳에 오르고자 수많은 종교세계를 돌아다니고 있었던 것이다.

조상영혼 영가님들이 도솔천궁으로 입천하려면 살아있는 자손이나 후손의 육신을 데리고 도솔천 자미국에 들어와서 상담을 행한 후에 입천제를 행하여야 한다. 절손되어 대가 끊어진 영가들은 입천제를 행하여 줄 자손이나 후손이 없기에 도솔천궁으로 입천이 어렵다.

도솔천궁으로의 조상영혼 영가님들의 입천제는 신분과 서열이 정해지는 등급제로 봉행한다.

입천제의 종류로는

일반 입천제, 하단 입천제, 중단 입천제, 상단 입천제, 특단 입천제로 5가지 단계가 있다. 도솔천궁에도 일반세계, 하단세계, 중단세계, 상단세계, 특단세계로 층층이 분류가 되어 있기에 입천제를 어떻게 하느냐에 따라서 여러분의 조상 영혼 영가님들의 신분과 서열이 정해진다.

입천제를 행하여 도솔천궁으로 조상영혼 영가님들이 입천되면 도솔천황님의 보호와 사랑을 받는 천손의 신분이 되고, 입천제를 행한 사람(자손)은 도솔천 자미국에서 백성이란 신분을 얻는다.

조상님과 여러분의 신분과 서열의 등급을 군대의 계급과 비유하면 아래와 같다. 입천제를 행하면 조상님은 천손의 신분이 되고 여러분은 백성의 신분이 부여된다.

일반 입천제를 행하면 일반 천손, 백성의 신분이 되고
하단 입천제를 행하면 하단 천손, 백성의 신분이 되고
중단 입천제를 행하면 중단 천손, 백성의 신분이 되고
상단 입천제를 행하면 상단 천손, 백성의 신분이 되고
특단 입천제를 행하면 특단 천손, 백성의 신분이 된다.
특단 입천제는 벼슬 입천제라고도 한다.

일반 천손과 백성은 훈련병 신분이고
하단 천손과 백성은 이등병 신분이고

중단 천손과 백성은 일등병 신분이고
상단 천손과 백성은 상등병 신분이고
특단 천손과 백성은 병　장 신분이다.

여러 가지 사연으로 낮은 등급으로 입천제를 행하면 도솔천궁에서도 자신들보다 높은 수많은 상전들을 받들어 섬겨야 한다. 인간세계의 계급사회와 똑같다고 생각하면 되고 등급에 따라서 입천제 조공(의식비용)이 다르다.

일반 천손에서 하단 천손이 되려면 수백만 년이 걸리고
하단 천손에서 중단 천손이 되려면 수천만 년이 걸리고
중단 천손에서 상단 천손이 되려면 수억만 년이 걸리고
상단 천손에서 특단 천손이 되려면 수조억 년이 걸린다.

그러므로 여러분이 조상님 입천제를 어느 등급으로 행하느냐가 조상님의 사후세계 신분과 서열이 정해지므로 심사숙고해서 행해야 한다. 입천제는 여러분을 낳아주신 부모 조상님에게 진 빚(죗값)을 갚는 의식이고 여러분의 가문을 살리는 가장 빠른 지름길이다.

도솔천궁은 영가들이 살아가기에 자유롭고 아주 편안한 무릉도원 세계이지만 신분과 상하 서열이 엄격하게 구분되어 지켜진다. 폭력배처럼 힘이 세다고 상명하복의 질서를 무너뜨리고 자신보다 등급이 높은 천손에게 항명하며 폭력을 행사하면 허공중천 구천세계로 쫓겨나거나 천옥에 갇혀서 죄의 대가를 치러야 한다.

입천제는 일평생 한 번만 행하는 아주 귀한 의식이기에 다섯 가지 입천제 중에서 한 가지만 선택해서 행할 수 있다. 그러므로 입천제를 어느 등급으로 행하는가에 따라서 여러분과 도솔천궁으로 입천할 조상님들의 신분과 서열이 자동으로 정해지게 된다.

1단계 승진하는데 인간세계 시간으로 무지하게 장구한 세월이 걸리므로 입천제를 행할 때 최선을 다해서 높은 등급으로 올리는 것을 조상님들이 좋아한다. 하지만 조상님들이 공덕을 높이 쌓았어야 높은 등급으로 입천제를 올릴 수 있는 것이지 마음만 갖고 되는 것이 아니다.

여러분이나 조상님들 모두가 가장 높은 벼슬(특단)입천제를 올리고 싶어 하지만 쌓은 공덕이 없으면 그림의 떡이다. 자손이든 후손이든 조상님을 구해드렸다는 이름만 지으려고, 돈아 아깝다는 이유로, 돈이 없다는 이유로, 조상님들에게 무슨 신분과 서열이 필요하냐고 부정하고 무시하며 가장 낮은 일반 입천제를 행하는 사람도 있다.

이런 부류의 사람들이 많다. 조상님들의 아픔과 슬픔, 사후세계의 삶은 안중에도 없고, 조상님들을 풍파나 주는 귀찮은 존재로 생각하며 마지못해 입천제를 행하는 사람들과 조상님을 구한다는 명목으로 복이나 받으려는 사람들이 거의 대다수였다.

사후세계에서 힘들어 아파하고 슬퍼하며 자손에게 구원의 손길을 애타게 기다리는 조상님들을 아무 조건 없이 구해드려서 진 빚을 갚아야 한다. 조상님을 이용해서 복이나 받으려 하지 말고 천상공부가 끝나야 조상님들이 복을 타 올 수 있으니 느긋하게 기다려야 한다.

입천제를 행하는 것은 만물의 영장으로 태어난 근본 도리를 행하는 것이자 여러분이 이 땅에 하늘이 내리시는 명을 받고 축생이 아닌 인간으로 태어난 첫 번째 사명을 완수하는 중차대한 일이기에 짐승이 아니라면 근본 도리 차원에서 하루라도 빨리 즉시 입천제를 행해야 한다.

사후세계에서 힘들어 아파하고 슬피 울고 있는 조상님들을 구하지 않고 살아가면 풍화 환란으로 인생사가 막히고 매사 되는 일도 없고, 질병과 사건사고에 휘말려 살아서 지옥세계가 어떤 것인지 절실히 체험하며 살아가게 된다.

나라조상님들이 가출한 후손들을 찾는다

이 나라 대한민국을 목숨 바쳐 피땀 흘려 세우고 지켜낸 나라조상님들이신 12환국의 7위 환인천제님, 배달국의 18위 환웅천황님, 고조선의 47위의 단군천황님 등 72위 조상님들과 이 나라에 살고 있는 400여개 본관의 각 성씨 시조 조상님과 고구려시대부터 대한민국 현 정부까지의 역대제왕님들.

그리고 나라를 위해 목숨 바친 호국장군님, 호국영령님, 애국지사님, 충의열사님 등 순국선열들의 폭발하는 분노의 메시지를 받아서 대한민국 국적을 갖고 이 땅에서 천손민족의 신분을 망각하고 살아가고 있는 대통령님과 국무위원님, 국회의원님, 시도지사님, 시군구청장님, 시도 및 시군구의원님, 정관 재계, 신문방송 언론계, 법조인, 나라를 지키는 국군장병, 기업인들과 각계각층 지도자급들, 일반 국민 여러분 모두에게 이 글을 대신 전한다.

국민 여러분 모두는 국가적인 혼란과 재난이 끊이지 않고 일어나는 "대한민국 이대로는 안 된다"는 것을 잘 아실 것이다. 나라의 국정을 총괄 지휘하는 통치자가 나라경제를 살리려고 다방면으로 무진 애를 쓰고 있지만 계속되는 국무총리

낙마사태, 작년에 세월호 침몰 참사로 경기 전체가 얼어붙어 침체에 빠졌다.

금년에는 5월 19일부터 사상 초유의 메르스 전염병 사태로 국민 모두가 공포와 두려움에 떨면서 사람 많이 모이는 곳에 가지 않으려고 외출을 하지 않아 유동인구가 대폭 줄어 전 업종에서 매출이 급감하고 장사가 안 되어 어려움을 겪는 업체가 속출하고 있는 국가적 재난사태에 돌입하였었다.

대통령이 나라경제와 국민을 살리려고 아무리 열정을 갖고 열심히 국정업무를 수행하여도 대형 사건사고가 줄줄이 터지고, 메르스 질병에 이어 서울, 경기, 강원지방에 43년 만에 최악의 극심한 가뭄까지 겹쳐서 국가 운영이 걷잡을 수 없는 혼란 속으로 빠져 들어갔었다.

머리 좋은 수재와 천재들의 수많은 고급 두뇌들이 대통령을 보필하며 나라의 국정을 함께 운영하고 있지만 인간의 힘만으로는 국가적인 난국을 타개하는데 불가항력이라는 것을 뼈저리게 체험하였을 것이다.

대한민국에서 상상을 초월하는 국가적인 재난사태가 왜 몇 년째 계속해서 발생하는지 아무도 알지 못한다. 나라경제가 회복 안 되고, 대형 사건사고, 인사 참사, 광우병, 사스, 조류독감, 구제역, 메르스 질병이 줄지어 발생하는 것은 이 나라의 국민 여러분 모두가 아주 오래전부터 자초한 일인데 여러분 각자의 나라조상님들께서 참았던 분노가 국민 여러분을 향하여 폭발한 것이다.

국가적 재난사태를 촉발한 그 원인을 밝힌다. 대한민국 국적을 갖고 이 땅에 태어나서 살아가는 5천만 국민 여러분은 정녕 어느 나라 국민들인가? 이 땅에서 대한민국 국적을 갖고 살아가고 있다고 대한민국 국민이라 생각하고 살아가는 것인가?

국민 여러분 대다수는 육신만 이 땅에서 대한민국 국적을 갖고 살아가고 있을 뿐 국민 여러분의 정신은 예수와 마리아가 태어난 이스라엘 국적과 석가모니가 탄생한 인도 국적을 취득한 이중 국적자이다. 육신만 대한민국 국민이고 정신은 예수와 마리아, 석가모니의 국민들이다.

육신을 대한민국 땅에서 낳아주고 길러주신 여러분의 부모님과 나라를 세우고 피와 땀으로 대한민국을 지켜낸 여러분의 부모, 형제, 선대조상님들이 단호히 말씀하신다.

나라조상님들이 목숨 바치고 피땀으로 지켜낸 대한민국 국적을 반납하고 이 땅을 떠나 예수와 마리아가 태어난 이스라엘과 석가모니가 태어난 인도로 당장 돌아가라고 절규하며 통곡하고 계신다.

피 한 방울 섞이지 않은 예수, 마리아, 석가에게 정신을 빼앗겨 자신을 낳아준 부모님과 나라조상님들을 버리고 박대하여 울린 대가를 지금 국민 여러분 모두가 혹독하게 치르고 있는 중이라 전해 주셨다.

자신의 육신을 낳아주신 여러분의 시조, 중시조 위의 태시조 조상님들은 나이가 최하 9천 살 이상인데 예수와 마리아는 2015살, 석가모니는 3042살 정도 된다. 9천 살 이상인 여러분의 조상님들을 한참 나이 어린 예수, 마리아, 석가에게 머리 조아리며 굴복하게 만든 가장 큰 불효를 저지른 죄인들이 바로 이들을 받들어 섬기는 국민 여러분이다.

여러분을 탄생시킨 조상님들은 예수, 마리아, 석가모니보다 더 뛰어난 대능력을 갖고 계신다. 지금은 러시아 영토가 되어버린 바이칼 호수 부근에서 9214년 전에 12환국의 나라를 세우신 초대 안파견 환인천제님은 471년을 재위하는 기간 동안 12개 국가(연방국가)를 신비로운 천지조화로 피 한 방울 흘리지 않고 통합하시어 통치하신 능력자였다.

나라의 영역은 남북이 5만 리(20,000km)요, 동서가 2만 리(8,000km)였다고 한다.

대한민국 국민 여러분!
이 나라를 세우시고 지켜낸 여러분을 낳아주고 길러준 훌륭한 여러분의 부모, 형제, 조상님과 나라조상님들이 태초의 진실을 말씀하신다.

종교에 들어가서 수입한 외국 조상들인 예수, 마리아, 석가를 숭배하고 받들면서 기도하는 것은 여러분의 인생을 몰락시키는 가장 무서운 행위라고 하셨다. 구원이나 복을 받기 위해서 종교 숭배자를 믿는 것은 자신의 뿌리인 여러분의 조상님들을 내몰고 외국 조상들을 자신의 조상님으로 받드는 환부역조하는 불효자의 죄를 짓는 일이라고 하신다.

예수, 마리아, 석가를 숭배하고 받들며 기도하는 자체가 이들을 하늘로 섬기는 꼴이 되어서 진짜 하늘에 역천하는 죄를 짓게 되는 것이고, 하늘께 기도하면서 여러 가지 소원을 비는 것은 하늘을 자기 소원을 이루기 위해 조종하고 이용하는 죄가 된다고 가르쳐 주셨다.

그래서 종교를 믿는 자체만으로도 죄가 되어 여러분의 인생이 힘들어지기에 하루라도 빨리 종교세계를 탈출하고 도솔천 자미국으로 입국하여 여러분의 나라조상님을 만나 천손민족의 신분을 찾으라고 하신다.

인생이 아무리 힘들어도 종교세계에 들어가지 말 것이며, 가정에서나 종교에서 기도하는 행위 자체를 일절 삼가하라고 하신다. 기도해서 잘 된 자 없고, 비경횡사자 대다수가 종교를 믿고 있는 자라 하시며 망한 자 모두가 기도해서 망했다고 말씀하셨다.

여러분이 기도한다고 힘든 인생살이가 풀어지지도 않고,

기도하면 할수록 인생이 더 힘들어지고, 기도해서 인생이 편하고 잘 풀리면 무슨 근심걱정이냐고 하시면서 기도하고 싶으면 도솔천 자미국에 입국해서 여러분의 직계 나라조상님들과 함께 정식으로 진짜 하늘께 천제를 올려야 한다고 하셨다.

대형 사건사고, 천재지변, 질병, 심장마비, 자살로 단명하여 일찍 세상을 떠난 사람들이 하늘이나 종교 숭배자들에게 기도 안 해서 죽었냐고 하신다. 하늘을 농락하고 자신의 조상님을 박대하는 종교세상은 이제 저물어가고 떠오르는 도솔천 자미국 세상이 전 세계적으로 널리 알려지게 된다.

불교의 석가, 기독교의 예수, 천주교의 마리아에게 빼앗긴 훌륭한 나라조상님들의 자손이자 후손인 하늘의 피가 흐르는 천손민족의 신분을 다시 찾아줄 도솔천 자미국으로 국민 여러분의 조상님들이 부르시고 계신다.

국민 여러분은 석가모니가 태어난 인도 민족도 아니고, 예수와 마리아가 태어난 이스라엘 민족도 아닌 대한민국에서 태어난 천손민족이다.

몽고의 침략, 당나라의 침략, 중국의 속국, 일본의 침략, 6.25 남침전쟁에서 여러분 부모, 형제의 나라조상님들은 목숨을 던져서 이 나라를 피땀 흘려 지켜내어 대한민국 국적을 갖고 살아가게 해주신 훌륭한 공로자들이시다.

나라를 지켜내기 위해서 자신의 생명을 초개처럼 버린 호국장군, 호국영령, 순국열사, 애국지사, 충의열사로 인해서 대한민국이 그나마 존재하여 국민 여러분이 대한민국 국적을 갖고 이 땅에서 살아가는 것이다.

이 나라가 외침을 받아 유린당하며 비참하게 식민 지배를 당하여 남자들은 강제 징용되어 전쟁터로 내몰리고, 꽃다운 나이의 여자들을 공물로 바치거나 전쟁터의 위안부로 끌고 갔을 때 석가, 예수, 마리아가 나라 잃은 불쌍한 이 나라 국민들을 위해서 무엇을 했고, 나라의 운명이 풍전등화일 때 어떤 도움을 주었는가?

하늘의 피가 흐르는 천손민족이고, 대한민국에서 태어난 국민이라면 자신을 낳아주고 길러주며 외침으로부터 목숨을 던져서 나라를 지켜낸 여러분 부모, 형제, 조상님의 공로와 자신들의 혈통을 바꾸고 부정하며 석가, 예수, 마리아의 사상과 교리를 믿는 못난 행위는 이제 그만 끝내야 한다.

목숨 바쳐 나라를 지켜낸 호국장군, 호국영령, 순국열사, 애국지사, 충의열사들이 지하에서 통곡하며 피눈물 흘리고 원통해 하며 분노를 폭발하고 있다. 석가, 예수, 마리아에게 이 나라를 넘겨주려고 전쟁터에서 피 흘리고 목숨 바쳐 싸운 것이 아니라 내 나라, 내 자손 지켜내려고 목숨 바쳤단다.

목숨 바쳐 나라를 지켜낸 훌륭한 여러분의 나라조상님들!

이분들은 여러분 각자의 당대 및 선대의 직계 조상님들이시지 결코 남이 아니다. 각자 자신의 선조 조상님들이 피와 땀으로 지켜낸 대한민국인데 성자라 해서 외국 조상들인 석가, 예수, 마리아를 수입해서 받들고 섬기는 것이 정녕 말이나 되는 것인가?

여러분 각자의 모든 조상님들은 사탄, 마귀라고 박대하고 길거리로 내동댕이쳐 슬피 울게 만들고, 외국 조상귀신들인 석가, 예수, 마리아를 경쟁하듯이 수입해서 비굴하게 굴복해가며 구원해 달라, 복 달라며 받들고 섬겨야 하겠는가?

국민 여러분이 어떤 종교를 믿고 있는 행위 자체가 여러분 직계 조상님들을 분노케 한다는 것을 왜 모르는가? 이러고도 국민 여러분은 나라조상님들이 내리는 저주와 벌을 피해갈 수 있을 거라고 생각하는가?

자신의 조상님들은 버리고 수입한 남의 나라 조상귀신들을 받들고 섬기는 여러분의 못난 모습을 지켜보고 있을 여러분의 직계 나라조상님들의 분노가 각자들에게 내리지 않는다면 오히려 그것이 더 이상할 것이다.

여러분 자신의 선대 조상님들을 부정하고 박대하는 자들이 정녕 사람의 탈을 쓴 인간인가? 동방예의지국으로 예의범절을 잘 지키는 배달민족, 백의민족인데 목숨 바쳐서 나라를 지켜낸 훌륭한 여러분 자신들의 부모, 형제, 조상님들을 종교에 내다버리고 남의 나라 조상귀신들을 수입해서 섬긴다고 복 받아 잘 살줄 알았는가?

남의 나라 조상귀신들인 석가, 예수, 마리아를 지극정성으로 받들고 섬겼는데 이 나라에는 왜 국가적인 재난이 끊이지 않고 일어나고 있는 것인가? 이들을 믿고 받드는 수많은 종교인들은 대형 사건사고, 국정혼란, 경제회복, 가뭄해갈, 메르스 소멸을 위해서 기도하였지만 소용없지 않았던가?

이 나라 국민 90%는 종교를 믿고 있는데 종교 지도자와 신도들은 기도해도 기도 효력이 왜 없는 건가? 이것은 무엇을 보여주는 것인가? 석가, 예수, 마리아는 아무런 능력과 원력도 없다는 것을 생생히 보여주고 있는 것이니 더 이상 미련 갖지 말라는 메시지이다.

구원이란 육신이 살아서 받는 것이지 죽어서 받는 것이 아니므로 종교 사상과 교리에 절대로 세뇌를 당하면 안 된다고 나라조상님들이 분노의 울분을 터뜨리면서 말씀하신다. 하루라도 빨리 종교를 탈출하여 분노하는 여러분 자신의 조상님과 나라조상님들을 만나보라고 하신다.

자신의 직계 혈통인 조상님과 나라조상님들을 버리고 석가, 예수, 마리아를 숭배하는 것은 근본 도리를 망각한 불효자라고 하시며 이 나라를 세우고 목숨 바쳐 지켜낸 나라조상님들이 지하에서 통곡하며 울부짖고 있는데 이 나라 국민들이 과연 무탈하게 살아갈 수 있느냐고 하셨다.

정녕 대한민국 땅에서 태어난 천손민족이라면 묻지도 말고 따지지도 말고 하루속히 종교세계를 탈출하여 분노에 차 있는 여러분의 선대조상님들을 만나 뵙고 이제라도 눈물로 위로해 드리며 그동안 남의 나라 조상귀신들을 받들고 섬긴 죄를 빌어야 한다. 이런 불효가 어디 있는가?

여러분의 부모, 형제, 조상님들이 전쟁터에서 목숨 바쳐 나라를 지켜냈기에 분단의 아픔은 있지만 세계경제 10위권의 대한민국이 존재하고 있는 것이다. 여러분 각자의 부모, 형제, 조상님들이 목숨과 바꾸며 이 나라를 지켜냈는데 국민 여러분은 지금 누구를 섬기고 있는 것인가?

국민 여러분의 정신은 지금 어디로 출장 중인가? 인생살이가 힘들어서, 구원받으려고 종교를 다니는가? 석가, 예수, 마리아가 이 나라를 세우고 지켜냈는가? 여러분을 구원하여 잘살게 해주었는가? 이들은 국민 여러분을 구원할 능력도 없고, 잘살게 해줄 수도 없다.

국민 여러분은 귀 막고, 눈 막고 사는가?

작년에 세월호가 침몰하여 어린 자녀들이 희생 당해 바다 속에 수장되었을 때 석가, 예수, 마리아는 구원하지 않고 도대체 무엇을 했는가? 이런 대형 참사도 막아내지 못하는 능력도 없는 석가, 예수, 마리아를 왜 받들고 숭배하며 그들의 종과 노예가 되어서 살아가고 있는 것인가?

세월호 침몰사고를 통해서 석가, 예수, 마리아는 아무런 능력도 없고, 구원해 줄 마음도 없다는 것을 눈앞에서 생생히 보여주었는데 이들을 받들어 숭배하고 있는 신앙인 국민 여러분은 도대체 어느 나라 국민이고 뭣들 하고 있는 건가?

나라조상님들이 말씀하신다.
이 글을 읽고도 종교세계를 탈출하지 못하는 자들은 나라조상님의 피를 이어받은 자손이나 후손일지라도 가차없이 쳐버리겠다고 선포하시었다. 석가모니는 자기 나라 인도로 돌아가고, 예수와 마리아는 이스라엘로 당장 돌아가라고 여러분 각자의 나라조상님들이 칼을 빼들었다.

대한민국은 석가, 예수, 마리아가 판치는 종교 귀신의 나라가 아니라 흰옷을 좋아하고 즐겨 입는 전 세계 유일한 백의민족으로서 하늘에 천제(天祭)를 올리는 자랑스러운 천손민족의 나라이다.

도솔천 자미국이란 수천 년의 세월 동안 석가, 예수, 마리아를 숭배하며 종교세계에 빠져있는 국민 여러분을 해방시켜서 여러분의 직계 나라조상님들과 천지인 세계를 통합하여 다스릴 인류의 영도자 국가이다.

대한민국을 전 세계 최고의 부자 나라로 만들 미래의 세계

통치 국가 국호이니 신흥종교로 착각하지 말고, 도솔천 자미국 뜻에 공감하여 동참할 국민은 천손민족으로 신분을 속히 회복하기 바란다.

환국시대부터 대한민국 현 정부까지의 역대 제왕님들, 애국지사님, 순국열사님, 나라를 위해 목숨 바쳐 싸우다 전사하여 서울과 대전의 현충원에 안치된 모든 호국장군, 호국영령들의 위패를 제작하여 봉안하고, 국민 여러분 모두가 참배하도록 나라신전(국조전 또는 나라궁전)을 건립하여야 한다.

이 나라에 전 · 현직 대통령들과 사회적으로 이름 난 저명한 사회지도층 인사들은 많이 있으나 나라의 어른으로 존경하고 추앙할 인물은 찾기가 어려운 실정이다. 이 나라 민족과 인류의 정신적 지도자 역할을 해줄 강력한 영도자가 절실히 필요한 시점이다.

요즘 같아서는 대통령 못해 먹겠다는 말이 저절로 나올 정도로 국가적 난세이다. 나라가 하루도 조용하고 편할 날이 없으니 인내심 많은 대통령인들 국정업무를 제대로 수행할 수 없는 상황이다.

현 상황에서는 그 어떤 능력을 가진 대통령이 새로 선출된다하여도 난국을 해결할 수는 없을 것이고 국민들로부터 무지막지한 욕만 먹을 것이다. 그래서 이 나라의 정치제도가 바뀌어야한다.

영국이나 일본처럼 입헌군주제를 도입하여 의원 내각제를 실시해야 할 것이다. 나라의 정신적 지주를 입헌군주로 세워놓고, 국회에서 2년 임기제의 내각총리를 선출해서 국정을 운영하도록 해야 한다.

55년 동안 대통령직선제를 실시해 보았지만 많은 실정이 있었고 국민 여러분 모두가 실망하여 정치라면 신뢰가 땅에 떨어져 고개를 절레절레 흔들 정도가 되었다.

이런 문제들을 해결하려면 지금의 청와대 터에 나라신전을 건립하여 국민들 모두가 자발적으로 종교를 탈출해서 자신의 선조 조상님과 나라조상님 전에 참배하게 하는 민족의 정신적 구심점이 절대적으로 필요하다.

육체적으로는 분명 대한민국 땅에 태어났으니 천손민족이 분명하지만 정신적으로는 국민 대부분이 석가, 예수, 마리아를 숭배하고 받드는 외래 민족이다. 참으로 슬픈 현실인데 여러분의 선조 조상님과 나라조상님들이 지하에서 통곡하고 있다는 진실을 잊지 말아야 한다.

석가, 예수, 마리아를 숭배해서 사탄, 마귀로 매도당하여 버려진 여러분의 선조 조상님과 슬픈 나라조상님들을 누가 받들고 섬길 것인가? 우리나라의 민족혼을 바로 세우는 도솔천 자미국과 함께해서 슬피 울고 계신 여러분의 조상님들을 만나 하루빨리 위로하고 구원해 드려야 한다.

이런 국가적 난세를 해결할 숨은 영웅은 어디에 있는지, 왜 출현하지 않고 있는지 많은 사람들이 애타게 기다리고 있을 것이다. 난세가 영웅을 부른다고 했다. 국민 여러분이 찾고 있는 숨은 영웅은 과연 어떤 인물이고 누구일까?

대한민국을 4대 열강(미국, 일본, 중국, 러시아)들의 눈치를 보고 살아가야 하는 약소 국가가 아닌 전 세계를 정복하여 지배통치하는 거대한 제국으로 다시 세우는 천지대업에 동참할 국민 여러분의 지지와 후원이 필요하다.

나라 전체가 혼란스럽고 여러분의 인생이 아프고 힘든 것은 첫째는 외국 조상들인 석가, 예수, 마리아를 수입하여 숭배하고 받들었기 때문이고, 둘째는 여러분을 낳아준 뿌리이신 9천 년 전의 꼭대기 태조 조상님을 무시하고 찾지 않은 대가이다.

여러분의 아픔과 슬픔, 고통과 불행은 석가, 예수, 마리아를 일평생 동안 숭배하고 받들면 받들수록 여러분 인생은 절대로 풀어지지 않는다. 이들은 여러분을 구원해 주거나 살려줄 능력도 없고 정신적, 육체적 찬탈과 물질적 금전 갈취만 이어질 뿐이다.

여러분을 구하고 살려줄 수 있는 유일한 존재는 이 땅으로 여러분 육신을 낳아 준 여러분의 뿌리이신 직계 태조 조상님이시다. 이제 더 이상 종교세계에서 방황하지 말고 탈출해야 한다. 늦으면 여러분의 조상님과 나라조상님들로부터 살 처분으로 생매장되는 참혹한 불행의 주인공이 될 수 있다.

더 이상 여러분의 선조 조상님과 나라조상님들을 분노케 하여 울리지 말고 무조건 종교를 탈출하여 여러분의 선조 조상님과 나라조상님들을 위로해 드리고 죄를 빌어야 분노의 저주가 풀어진다. 수입한 외국 조상들인 석가, 예수, 마리아를 이 나라에서 쫓아내는데 국민 여러분 모두가 솔선수범하여 앞장서 주어야 한다.

과거에 못살던 시절에는 외제라면 사족을 못 쓸 정도로 선호하고 자랑하며 구매하였으나 이제는 시대가 바뀌어서 국산제품을 찾고 있다. 우리 몸에는 우리나라에서 생산된 농산물과 수산물이 좋다며 토속적인 것만 찾고 있다.

이와 마찬가지로 우리나라 국민들에게는 석가, 예수, 마리아의 사상과 교리를 숭배하고 받드는 것이 아니라 여러분 각자의 훌륭하신 선조 조상님과 나라 조상님들과 태조 조상님들을 찾아서 받들고 섬겨야 한다.

외국 조상들인 석가, 예수, 마리아가 여러분 잘 되는 꼴을 지켜보고만 있을 줄 아는가? 이들은 여러분이 아픔과 슬픔, 고통과 불행 속에 허덕이며 가난하게 못사는 것을 좋아한다는 사실을 알아야 한다. 그래야 더 매달리고 굴복하며 충성할 것이기 때문이다.

이 나라와 여러분이 잘사는 것을 진정으로 원하고 바라는 분은 팔은 안으로 굽는다고 여러분 육신을 낳아주시고 길러주신 여러분의 선조 조상님들과 태조 조상님들이지 불교의 석가, 기독교의 예수, 천주교의 마리아가 아니므로 국민 여러분 모두는 하루빨리 정신 차리고 종교세계에서 탈출해서 도솔천 자미국에서 천손민족으로 다시 태어나야 한다.

글을 읽고 공감하면 도솔천 자미국으로 입국해서 여러분의 직계 선조 조상님과 나라조상님들의 폭발하는 분노를 위로하여 풀어드리고, 천지인 세계를 통합하여 세계를 정복하고 통치할 자미국 연방국가를 청와대 터에 세우는 인류의 천지대업에 동참하기 바란다.

도솔천 자미국의 천지대업에 동참하는 길이 여러분 자신과 가정, 기업이 무탈하고 잘되는 지름길이며 여러분의 선조 조상님과 나라조상님의 오랜 숙원인 원과 한을 풀어드리는 가장 빠른 길이다. 나라 경제와 국정을 운영하는 기업인, 정치인, 공직자들이 다함께 대거 참여하여야 한다.

생사령(生死靈)들이 태초부터 기다린 세상

생사령이란 살아있는 사람의 몸 안에 있는 영혼(정신, 마음, 자아)을 생령(生靈)이라 하고, 죽은 사람의 영혼(귀신, 넋, 혼백)을 사령(死靈)이라고 한다. 그런데 생령과 사령이 살아야 할 세계가 따로 정해져있는데 사람들의 몸 안에서 동고동락하며 함께 살아가고 있다.

이로 인해서 각자들의 인생사에 알 수 없는 질병, 우울증, 개인 및 기업 파산, 사건사고, 사기 배신, 고소고발, 가정불화, 자살충동, 폭력적인 성격으로 돌변하여 묻지 마 살인, 묻지 마 분노 폭발, 유명 인사와 고위 공직자들의 끊이지 않는 성추행, 성폭행, 살인사건으로 세상을 정신 못 차리도록 어지럽게 만들고 있다.

생사령들의 분노가 드디어 폭발한 것이다.

사람이 죽어서 장례 치르고 가족 중에 폭력적인 성격변화가 일어난 사람들이 부지기수로 많다. 전혀 술을 먹지 못하던 사람이 폭음을 거의 매일 하고, 욕설을 하면서 딴 사람으로 변한 경우도 있고, 망자가 앓던 질병에 갑자기 걸려서 고생하는 사람들도 예상외로 많이 있지만 해결 방법을 몰라서 무당이나 병원을 찾는다.

그래봐야 잠시 잠깐만 조용하고 또 다시 폭군으로 돌변하여 한 가정이 풍비박산으로 정신을 못 차린다. 그렇게 폭군으로 난폭하게 돌변하였다가 제정신이 돌아오면 아무런 기억도 못하는 경우가 대부분이다. 정신병원 의사들이 다룰 일도 아니고 무당들이나 종교인들이 해결할 일도 아니다.

생사령들이 분노하게 된 직접적인 원인을 찾아서 위로하고 길을 안내해 주어야 한다. 이렇게 폭력적으로 사람들이 돌변하는 것은 사실 어제 오늘의 일이 아니라 인류의 시원부터 시작된 것인데 도솔천 자미국이 개국한 이후 아주 심해졌다.

생사령들의 분노와 소원을 알아주고 들어 줄 전 세계 유일한 도솔천 자미국이 탄생했기 때문이다. 이런 사건을 일으켜서 자신의 가족들 중에서 한 명을 도솔천 자미국으로 인도하기 위한 최후의 방법이었던 것이다.

생사령의 소원은 무엇일까?

천도, 구원, 영생, 도통을 이루어서 극락세계, 천국세계, 천당세계, 선경세계로 승천하여 죽지 않고 영생을 누리는 꿈을 이루고자 하는 것이다. 생사령의 소원을 이루어 주겠다고 이 땅에 생겨난 것이 종교인데 어느 곳에서도 생사령의 뜻이 이루어지지 않고 있다.

불교에서는 죽은 자의 사령(조상 영혼 영가)을 사십구재, 천도재를 올려서 극락세계로 보낸다고 수없이 의식을 하지만 이루어지지 않고 있다.

무속에서는 지노귀굿을 하여 사령들을 좋은 세계로 보낸다고 끝도 없이 굿을 하지만 천상으로 오르지 못하고 법당에 머물거나 부정을 쳐주어도 자손들의 몸으로 따라 들어온다.

기독교와 천주교에서는 구원과 영생을 2천 년 동안 줄기차게 외치며 믿어왔지만 지금까지 지상천국을 이루지 못해서 생사령들의 분노가 극에 달했고 결국 불특정 다수를 향한 묻지 마 살인과 폭군(정신이상자)으로 변해가고 있다. 2천년을 믿어서 안 되면 그만 포기해야 하는 것 아닌가?

기독교의 분파인 신천지 교회라는 곳에서는 144,000명의 신인(神人)들을 낸다고 사람들을 끌어 모으느라 야단들인데 신인, 천인, 도인을 배출하는 것은 인간들의 고유영역이 아니라 태초의 하늘이신 태상천존 자미 천황님의 황명이 있어야만 가능한 일이기에 절대로 이루어질 수 없다.

이루어진다면 그것은 전부 가짜일 수밖에 없다. 왜냐하면 도솔천 자미국에서는 천지대명을 받들어서 합체 의식을 행하여 신인, 천인, 도인을 배출하려면 하루에 단 1명만 할 수 있기 때문이다. 불가능이 없는 위대하신 태초의 하늘 태상천존 자미천황님께서 능력이 없으시어 하루에 한 명에게만 황명을 내려주시겠는가?

1명의 신인, 천인, 도인을 배출하는 의식을 하려면 하루 종일 걸리는데 144,000명이면 1년 365일 하루도 쉬지 않고 395년 동안 꼬박해야 하는 일이다. 종교 지도자들이 하고 싶다고 해서 하늘이 황명을 내려주시는 것이 아니라 하늘이 선택해 주셔야 하는 일이다.

신천지 교회에서 믿는 하늘은 태상천존 자미천황님이 아닌 다른 하늘이니까 한꺼번에 144,000명을 신인으로 탄생시켜 줄 수도 있나 보다. 그러나 이로 인한 하늘과 신의 분노가 얼마나 대단하게 폭발할지는 아직 아무도 모르고 있을 것이다.

대순진리회, 증산도, 태극도, 청우일심회, 기타 등등에서 태을주 수행으로 신인합일 도통군자를 배출한다고 수백만 도인들을 끌어 모았으나 끝내 이루지 못해서 도인들의 분노가 전국적으로 폭발하고 있다.

도를 닦으려면 가족이 있고 부부생활을 하면서 합궁하면 탁기가 들어와서 방해 된다고 가족과 떨어져서 살거나 각 방을 쓰라고 한다. 배우자와 이혼하는 것이 도를 닦는데 몰입할 수 있다고 해서 이혼을 부추기는 경우도 많다고 한다.

명상수련원, 마음수련원, 정신수련원, 우주수련원, 단월드, 기체조 등에서 하늘의 기운을 받는 수련을 하고 있는데 진짜 하늘의 기운이 아닌 가짜 하늘의 기운을 받아들여서 모두가 정신이 미쳐버려서 가정이 파탄 나고 있다.

불교의 사십구재, 조상 영혼 영가 천도, 무속의 지노귀굿은 자미국에서 도솔천의 도솔천황님 전으로 조상님을 승천시키는 조상 영가 입천제를 평생 단 한 번만 행하면 더 이상 올리지 않아도 된다.

기독교, 천주교에서 원하고 바라는 구원과 영생, 대순진리회, 증산도의 신인합일 도통군자, 신천지 교회의 144,000명의 신인 배출, 무속의 신 내림, 명상수련 단체들의 천인합발에 해당하는 것이 도솔천 자미국에서 인류 최초로 행해지고 있는 신인(천인, 도인)합체 의식이다.

생사령의 소원. 사령들의 소원은 무릉도원 도솔천궁으로 올라 갈 수 있는 입천제를 속히 행하는 것이 가장 큰 소원이고, 생령들은 신인(천인, 도인)합체 의식을 가장 빨리 행하는 것이 제일 큰 소원이다.

이들 생사령의 소원을 인간 육신들이 살아있을 때 즉시 행해주어야 하는데 입천제와 합체 의식을 행하지 않아서 분노가 무차별적으로 폭발하고 있는 것이다. 인간 육신이 죽으면 생사령들은 아무 것도 이룰 수 없고, 사후세계를 보장받지 못하고 아비규환의 지옥도로 입문하든가 허공중천 구천세계를 추위와 배고픔으로 힘들게 떠돌아다녀야 한다.

생사령(生死靈)과 도솔천 자미국!
천지령(天地靈)과 도솔천 자미국!
천지대명(天地大命)과 도솔천 자미국!
하늘과 땅, 신이 내린 도솔천 자미국!

대우주 천지인이 모두 함께하고 생사령과 천지령들이 태초부터 오매불망 애타게 기다리던 곳이 도솔천 자미국이다. 생사령들이 천지대명을 받아 입천제와 신인(천인, 도인)합체 의식을 행하면 인간 육신들이 겪고 있는 근심과 걱정들이 모두 사라지는 신비한 이변이 일어난다.

인간의 능력으로, 첨단과학의 힘으로, 현대의학의 힘으로도 해결할 수 없는 어려운 근심과 걱정들이 많을 것이다. 인력으로 안 되는 부분은 하늘의 천력과 천지신명님의 신력에 의뢰하면 반드시 좋은 해답을 찾을 수 있다.

정신적으로 남의 사상을 받아들여서 인생사가 엎어지고 뒤집어지는 경우가 거의 대부분이다. 하늘과 땅, 천지신명님께서 아무리 대단하더라도 인류 모두를 구원할 수는 없다.

도솔천 자미국에서 구원받을 대상자들은 천지신명님의 맑고 깨끗한 피가 흐르고 있어야 하는데 기존의 숭배자들인 석가, 예수, 마리아, 증산상제, 마호메트, 공자, 노자 등의 사상과 교리들을 아주 오랜 세월 동안 열심히 믿고 따른 자들은 너무나 오염되었기에 심판해서 선별적으로 구원해 주신다.

하늘을 찾으면 인생이 뒤집어지는 사람들이 있지만 이런 진실 자체도 모르고 자랑하며 하늘을 찬양한다. 하늘을 찾아야할 사람들이 있고, 하늘을 찾으면 절대로 안 되는 사람들이 있다고 의식 때 가르쳐 주시었다.

하늘을 모르도록 찾지 못하게 해 놓은 줄도 모르고 하늘을 찾으며 찬양한 자들은 인생이 부정비리, 사건사고, 고소고발, 질병, 불치병, 심장마비, 돌연사, 사기배신, 파산, 해임, 파면, 이혼으로 몰락하였다.

하늘을 찾으면 절대로 안 되는 자들이 하늘을 찾으면 매사 되는 일도 없고, 정신이 완전히 미쳐버린다고 하신다. 진짜 하늘은 아무나 찾는 것이 아니라 허락한 자들만 정중하게 찾아야 한다는 진실을 가르쳐 주시었다.

지금까지 도솔천 자미국이 아닌 곳에서 알려진 하늘님, 여호와 하나님, 하느님, 한울님, 한얼님, 하날님, 증산상제님은 진짜 하늘이 아닌 가짜 하늘이었다고 천상에서 가르쳐 주시었으니 인류 모두에게 충격 그 자체일 것이다.

도솔천 자미국에서 태상천존 자미천황님을 태초의 하늘이라 표현한다고 세상에서 부르는 하늘과 같다고 생각하면 절대로 안 된다. 하늘이라는 이름은 같을지언정 도솔천 자미국에서 말하는 하늘은 전혀 다른 하늘이시다.

홍길동이라는 이름을 가진 사람은 하나가 아닌 수십 수백 명이듯 이름만 같을 뿐 얼굴 모습, 체격, 나이와 생일, 사는 곳, 직업 등이 모두 다르다. 이처럼 도솔천 자미국에서 전하는 하늘만이 진짜 하늘이신 태상천존 자미천황님이시다.

하늘을 찾아야할 사람들이라면 도솔천 자미국에 입국하여 진짜 하늘 태상천존 자미천황님을 찾아야지 종교세계 또는 세상에서 전한 아무 하늘(하나님, 하느님)이나 찾으면 자신과 가정, 가문, 기업이 쑥대밭이 되어 몰락한다. 하늘을 찾아야할 사람인지 아닌지 알려 줄 수 있다.

멋모르고 천주교, 기독교를 믿으면서 하나님, 하느님을 열렬히 찬양하고, 도통한다며 구천상제, 증산상제를 찾는 사람들은 하루라도 빨리 검증을 받아보아야 한다. 도솔천 자미국에 입국할 때 그들로부터 벌받을까 봐 머뭇거리다가는 모든 것이 사라지기에 되돌릴 수 없게 된다.

하늘을 찾지 말아야할 자들이 하늘을 찾은 자들은 모두가 정신이상자가 되었고 금전, 질병, 가정, 직장, 기업 문제로 태산같은 근심과 걱정을 떠안고 살아가면서 매사 되는 일들이 없어서 삶의 의욕을 잃어버렸다.

지금까지 하늘(하나님, 하느님)을 찾으며 찬양하고 있는 자들은 인생이 몰락하여 더 어려워지기 전에 모두 도솔천 자미국으로 입국해서 해법을 찾아야 한다.

이런 무섭고도 엄청난 진실을 몰라보고 지금까지 어떤 성당, 어떤 교회, 어떤 절, 어떤 도장에 다닌다고 자랑하며 하늘님, 여호와 하나님, 하느님, 상제님, 부처님을 믿었던 사람들에게는 청천벽력같은 말이 될 것이다.

하늘(여호와 하나님, 하느님, 하늘님, 상제님)이 무너져 내린다는 표현은 이때 쓰는 것이다. 이제부터 종교 지도자와 신도들에게 공황 상태가 급속히 일어날 것이고 전 세계의 모든 종교가 무너져 내리게 된다. 이미 기운 자체로는 종교가 막을 내렸으나 이런 진실을 아직 알지 못해서 신도들이 멋모르고 종교에 다니고 있다.

말세에 종교 교주, 종교 지도자, 신도들부터 가장 먼저 심판받는 다는 말은 한번쯤은 들어보았을 것인데 바로 지금이 심판의 그때에 이르렀다. 이 책이 출간되어 서점에 배포되는 시점부터 국내와 전 세계 각지에서 종교세계가 무너지는 이변이 속출할 것인데 너무나 충격적인 재난 수준의 방송을 보게 될 것이다.

사회적으로 명성이 널리 알려진 건강한 사람들(고위공직자, 국회의원, 시도지사, 정치인, 기업인, 연예인, 프로 선수, 판검사, 변호사 등등)이 갑자기 쓰러져 숨을 거두는 괴이한 현상들이 국내외에서 꼬리를 물고 발생한다.

의학적으로는 돌연사 심장마비인데 어떤 기운에 의해서 일어나는 현상이다. 국내외의 유명한 인물들이 하루에 한 국가에서만 수십 명씩 돌연사 심장마비로 세상을 떠나니 말 그대로 공포 그 자체이고 아수라장이 될 것이다.

인류에 대한 말세의 심판은 하늘과 땅의 무서운 재난의 기운으로 집행되기에 도솔천 자미국으로 입국하여 살려달라고 빌지 않는 이상 심판을 피할 길은 없다. 수천 년 동안 기고만장하며 하늘과 땅을 무시하고 능멸한 죄의 대가를 이제야 받는 것인데 각자들이 뿌린 만큼 내리는 벌이다.

심판은 이것으로 끝나는 것이 아니고 국가의 존망이 기로에 놓일 정도의 더 큰 심판이 기다리고 있다. 바로 천재지변의 대재앙 그것이다.

돌연사 심장마비를 비롯해서 괴질병, AI(조류인플루엔자), 돼지와 소 구제역 및 광우병, 에볼라바이러스, 변종플루, 가뭄, 홍수, 태풍, 토네이도, 폭설, 혹한, 혹서, 지진, 쓰나미, 화산폭발, 원전폭발이 바로 대재앙이다.

30만 명이 죽은 인도네시아의 쓰나미, 일본의 후쿠시마 대지진, 중국 쓰찬성의 대지진 발생은 하늘과 땅의 벌이 내린 것이다. 인류가 수천 년 동안 종교세계를 믿으면서 하늘과 땅을 능멸한 대가를 국가 별로 차례대로 받게 된다.

이런 무서운 재난을 피할 수 있는 유일한 길은 인류가 도솔천 자미국에 입국해서 천지대명을 받는 것뿐이 없다. 천지대명을 받는 사람(하늘의 백성)들은 그 어떤 무시무시한 재난이 발생하여도 재난의 중심에 서 있지 않게 보호받는다.

이런 엄청난 글을 쓰는 것이 미래에 다가올 대재앙을 미리 알고 예언하는 것인지, 아니면 내가 이런 글을 써서 그런 일들이 일어나는 것인지는 나 자신도 모른다. 전자가 되었든 후자가 되었든 현실로 인류를 심판하는 거대한 재난이 발생하게 된다.

도솔천 자미국이 전 세계 유일한 십승지지인데 인류가 이런 진실을 잘 모르고 있다가 하루아침에 무서운 재난을 당하여 세상을 떠나는 자들이 속출하게 된다. 인류와 세계 240여 개 국가들이 살아남을 길은 오로지 도솔천 자미국 연방국가로 귀속해서 심판을 피해가는 길뿐이 없다.

세상이 지금처럼 평온하면 근심과 걱정이 없기에 도솔천 자미국으로 입국할 필요성을 느끼지 못할 것이지만 대재앙이 현실로 닥치기 시작하면 살려달라고 인산인해를 이룰 것인데 그때는 이미 너무 늦어서 보호받기가 어렵다.

의식을 행해서 천지대명을 받아 공식적으로 하늘의 백성신분이 되어야 대재앙으로부터 보호받는다. 하늘의 백성으로 재창조되는 의식을 행하려면 1인당 하루가 소요되는데 재난이 발생한 뒤에는 1,000:1, 10,000:1의 경쟁률을 통과해야만 천지대명을 받을 수 있기에 미리미리 서둘러서 준비해 놓고 세상을 살아가야 한다.

유비무환, 각자의 인생으로 돌발적인 재난은 언제 일어날지 모르기에 항상 준비하고 살아가야 한다. 인생의 재난을 준비하라니까 십승지지로 이사하거나, 땅굴, 지하대피소를 만들려고 하는 사람들이 많겠지만 소용없는 일이다.

인생의 재난은 육신만이 있는 것이 아니고, 여러분 몸 안에서 함께 동고동락하며 살아가고 있는 자기의 신과 영혼, 조상님들에게도 있다.

인간 육신, 신과 영혼, 조상님들에게 돌발적인 재난을 막아주실 수 있는 능력을 갖고 있는 분들은 하늘과 땅, 천지신명님이시다. 그래서 이분들이 내리시는 천지대명을 받아야만 현생과 내생의 재난이 막아진다.

인간 육신, 신과 영혼, 조상님들의 현생과 내생의 생사여탈권을 행사하시는 하늘과 땅, 천지신명님께서 내리는 천지대명을 즉시 받들어 봉행해야 무탈하게 살아갈 수 있다.

인간 육신, 신과 영혼, 조상님들을 살려내는 유일한 길이 하늘과 땅이 내리는 천지대명이니 육신을 가진 여러분이 정갈한 마음으로 순수하게 행해야 한다.

살려달라고 절규하며 몸부림치고 있다

만물의 영장으로 태어난 인간이 살아가는 동안 고통과 불행, 근심 걱정 없고, 살아서는 성공하고 출세하여 자신과 가문, 기업을 번창시켜 기쁨과 행복을 마음껏 누리며 죽어서는 구원받아 상상세계로만 여겨지던 꽃 피고 새 우는 무릉도원의 천상세계인 천국, 천당, 극락, 선경으로 올라가서 신이 되어 영생을 누리는 것이 인류의 꿈이다.

저마다 이런 소원을 이루고자 열심히 기도하며 종교 안에 들어가서 천상으로 올라가는 길을 찾느라고 수천 년의 세월 동안 성인, 성자들을 받들고 숭배하고 있지만 인류의 희망일 뿐 소원을 이룬 자는 없다.

인류가 소원을 이루지 못한 것은 세 하늘인 도솔천, 자미천, 자미국을 만나지 못했기 때문이고, 세 하늘로부터 명을 받는 방법을 몰랐기에 이루지 못하였던 것이다.

일반인들은 물론 종교 지도자들 역시 어디가야 세 하늘을 만나서 명을 받아 구원받을 수 있는지 알고 있는 지도자가 없었던 것이다. 세 하늘로부터 명을 받지 못하고 종교의 교리와 이론상으로만 구원과 영생, 도통을 가르치고 있었기 때문에 안 되었던 것이다.

종교는 하나의 하늘만 받들고 섬기기 때문에 구원받을 수 없었고, 그나마 진짜 하늘이 아닌 가짜 하늘 앞에 구원과 영생, 도통을 외치고 있었기 때문에 인류의 소원을 이룰 수 없었던 것이다.

세 하늘도 구원의 역할이 각기 다르다는 것을 이 세상 사람들은 알지 못한다. 인간이라 함은 눈에 보이지 않고 형체가 없는 영과 눈에 형상이 보이는 육의 결합체이다. 그런데 가장 중요한 것은 인간 육신이 영들의 집이라는 점이다.

영이라 함은 현실로 존재하고는 있지만 사람의 눈에 보이지 않는 존재 모두를 말한다. 영적인 존재는 각자 자기 자신의 신, 영혼(생령), 조상님(사령), 사탄, 마귀, 악귀, 잡귀, 귀신, 악신, 악령들이 포함된다.

사람 몸에는 이렇게 여러 종류의 영적 존재들이 무수히 살아가지만 사람의 눈에 보이지 않기 때문에 반신반의하거나 부정하고 살아간다. 비과학적인 영적 존재는 인정하지 않고 과학적인 존재만 인정하려는 무지함 때문이다.

여러분의 마음과 생각, 정신도 눈에 보이지 않듯 신, 영혼(생령), 조상님(사령), 사탄, 마귀, 악귀, 잡귀, 귀신, 악신,

악령들도 안 보이기는 마찬가지이다. 인간사에 일어나는 모든 고통과 불행은 눈에 보이지 않는 이런 영적인 존재들로 인해서 발생하고 있다.

사람 몸에는 하늘이 보내주신 신과 영혼이 있는 사람과 없는 사람이 있다. 신과 영혼이 도망가서 없거나 가짜 하늘에게 잡혀가서 없는 사람들은 온갖 풍파를 겪으며 생지옥 같은 고통스러운 인생길을 살아간다.

신과 영혼이 도망가거나 잡혀간 경우는 하늘이 싫어하는 종교세계를 맹신하며 믿고 있는 사람들이다. 세 하늘과 대적하고 있는 반대파가 수천 년 동안 이 땅에 뿌리 내리며 인류로부터 추앙받으며 하늘 역할을 하는 종교세계의 모든 성인성자의 숭배자들이다.

인류를 구원해 주실 세 하늘께서는 종교세계로는 절대로 가시지 않는다고 누차 말씀하시었다. 그래서 결국 이 세상의 모든 종교는 세 하늘을 능멸하는 가짜 하늘이 지배통치하고 있기 때문에 종교를 믿는 자체가 세 하늘께 역천하는 공범자가 되는 길임을 알아야 한다.

세 하늘이 내리시는 명을 인류에게 전할 대행자와 수행자 인간 육신이 필요하시어 신비의 나라 도솔천 자미국을 세우게 하시었고, 하늘의 명 대행자로 인황을, 하늘의 명 수행자로 신감을 이 땅으로 내려 보내시었다고 한다.

신비의 나라 도솔천 자미국에서 하늘의 명 대행자 인황과 하늘의 명 수행자 신감의 육신을 빌리시어 인류가 원하고 바라던 구원과 영생, 도통을 현실로 이루어 주시려고 인류 최초로 존재를 밝히시었다.

구원받을 존재는 1차적으로 여러분 몸 안에서, 종교세계에서, 지옥세계에서, 허공중천에서 수많은 세월 동안 아비규환의 아수라장에서 몸부림치며 살려달라고 절규하며 슬피 울고 있는 여러분의 조상님들이다.

이미 돌아가신 부모, 형제, 가족, 조상님들이 좋은 세계로 올라가시었을 거라고 믿고 있는 사람들이 대다수이지만 정반대로 고통의 세계에서 살려달라며 몸부림치고 있다는 진실을 전해 주시었다.

눈뜨고 바라볼 수 없을 정도의 참혹한 세계가 죽음의 세계라고 하시었다. 물에 빠져서 살려달라고 하는 모습, 지진으로 건물이 무너져서 매몰되어 살려달라고 하는 모습, 구조선을 못 타서 울부짖는 모습, 세월호처럼 침몰하는 배에서 살려달라고 절규하는 모습들이 이 세상을 살다가 죽어서 사후세계로 돌아가 있는 여러분 조상님들의 모습이라 하시었다.

조상님은 아비규환의 아수라장에서 살려달라고 절규하며 몸부림치고 있는데 사람들은 제사, 성묘, 굿, 천도재, 기도를 통해서 복을 달라고 빌고 있으니 저승에 있는 여러분의 조상님들이 슬퍼하고 통탄할 노릇이다.

그런데 사람이 죽으면 편하고 좋은 세계로 올라가는 줄 알고 있으니 이 모두가 종교에서 잘못 전한 이론 때문이다. 그래서 조상님 구원하는 일에 등한시하고 죽으면 그만이라고 생각하고 있다.

여러분의 조상님들이 사후세계에서 당하고 있는 고통과 불행을 살아있는 자손들에게 1/1000, 1/10000이라도 전하고 있기 때문에 여러분의 삶이 아픈 것이라 하셨다.

세 하늘이 보실 때 만물의 영장인 인간으로 태어나서 가장 잘한 일은 사후세계에서 고통과 불행으로 몸부림치며 살려달라고 울부짖으며 절규하고 있는 여러분의 조상님을 구하는 것이라 말씀하셨다.

조상님이라 함은 여러분과 배우자의 부모, 형제, 자녀, 당대부터 시조까지 직계 할아버지와 할머니 모두를 포함한다. 양쪽 외가는 당대 외조부모가 포함 된다.

하늘이 주신 선물이 조상님 구원이다.
만물의 영장으로 태어나서 가장 착하고 선한 일을 행하는 것이 조상님 구원이고, 조상님을 구원하는 자들에게 천복만복을 내려주신다고 하셨다.

종교처럼 한 번 좋은 세계로 보내드리면 끝이 아니라 일정 기간 동안 천상법도 공부가 끝나면 도솔천궁으로 입천해드린 수많은 조상님들이 차례대로 도솔천황님이 내려주시는 천복만복을 받아다가 입천제를 올려준 자손들에게 전해 주신다고 하셨다.

한 조상님만이 복을 받아다가 주시는 것이 아니라 도솔천궁으로 입천된 친가와 배우자의 당대부터 시조까지 수많은 할아버지와 할머니들이 줄줄이 복을 타다가 자손에게 전해 주시니 이것이 바로 천복만복을 받는 비결이라 하신다.

여러분이 그동안 바라고 원하던 금시발복의 천상명당이 바로 도솔천궁이니 어서 빨리 여러분의 조상님들을 입천시켜드려야 한다. 입천제 등급에 따라 도솔천황님께서 조상님들에게 내려주시는 복의 종류와 크기도 다르다 하신다.

도솔천궁에는 인간세계에서 원하고 바라는 모든 보물들이 태산처럼 쌓여있고, 근심과 걱정이 없는 기쁨과 행복만이 가득한 세계라고 말씀하시었다. 그래서 살아생전 좋은 세상을 못 살고 고생만 하시다가 돌아가신 여러분의 불쌍한 부모님과 조상님들을 하루라도 빨리 도솔천궁으로 입천시켜 드려서 편안히 쉬게 해드리고 천상공부를 빨리 끝마치도록 높은 등급으로 입천제를 행하는 것이 효도하는 지름길이다.

인간들은 모두가 착한 척, 선한 척, 도덕군자, 대인군자,

성인군자의 모습을 하고 있기에 착한 자를 가려내는 하늘의 잣대가 조상님을 구원하는 입천제를 행하는 것이라 가르쳐주시었다.

하늘이 착한 자라 함은 종교를 다니면서 불우 이웃 돕기, 희생, 봉사가 아니라 자신을 이 땅에 낳아준 육신의 뿌리이신 조상님을 구원하는 일이라 하셨다. 가장 불쌍한 자는 눈에 보이는 불우 이웃이 아니라 돌아가시어 사후세계에서 참혹한 고통으로 몸부림치며 살려달라고 통곡하며 울부짖고 있는 여러분의 모든 부모 조상님들이라 하셨다.

구원이란 것이 종교세계에서 종교 지도자가 전한 이론처럼 그리 쉬운 것이 아니었다. 믿는다고 구원받는 것이 아니라 세 하늘의 명을 받아야 하는 것이었기 때문에 지금까지 구원이 이루어지지 않았던 것이다.

하나님, 예수, 마리아, 부처님, 석가, 상제를 수십 년 또는 모태 신앙으로 열심히 믿고 있으니까 죽어서 구원받을 것이라고 철석같이 믿고 있는 사람들이 있다면 하루빨리 꿈 깨는 것이 현명할 것이다.

죽어서 구원받는 것이 아니라 살아서 구원받아야 한다는 사실을 아는가? 살아서도 구원 못 받았는데 죽어서 어찌 구원을 받는가? 일평생을 종교 다니다가 죽은 조상님을 청배해서 대화를 나누어보았더니 천벌 받는 가장 못된 자들이 종교 지도자들이라 하였다.

죽어서는 영생을 누리며 편안하게 살 수 있다고 해서 모든 재산 다 바치고 인간 육신의 삶이 아무리 고통스러워도 숭배자만 열심히 믿었는데 모두가 거짓말이었다며 원통하고 분통해서 땅을 치며 대성통곡하였다.

종교를 믿고 있는 모든 사람들은 종교 지도자들이 전한 교리와 사상을 몽땅 버리고 새로운 하늘과 땅의 진실을 공부해야 한다. 이 나라의 종교뿐만이 아니라 세계의 모든 종교 이론이 다 허구라고 하셨다.

조상님들을 고통의 지옥세계에서 구원해 주실 수 있는 유일한 하늘이 도솔천궁의 주인이신 도솔천황님이시고, 조상님 입천제를 행해야만이 고통의 지옥세계에서 조상님들을 꺼내주시어 근심과 걱정 없이 꽃 피고 새 우는 무릉도원 세계에서 영생하며 기쁨과 행복을 누리는 도솔천궁으로 데려가 주신다.

각자의 영(생령)들은 신인(천인, 도인)합체 의식을 행해서 하늘 중에 최고 높으신 태상천존 자미천황님의 명을 받아야 구원받고, 각자의 조상님들은 입천제를 행해서 도솔천황님의 명을 받아야 구원받고, 각자의 인간 육신들은 명부입적 정성을 올려서 천지신명님의 명을 받아야 구원받고, 기업발전은 재물천신님께 천금제를 올려야한다는 사실을 아는 사람은 자미국의 두 저자 이외에는 없다.

즉 세 하늘로부터 명을 받아야 인간 육신, 영혼, 조상님들이 전생, 현생, 내생을 모두 구원받을 수 있다. 하지만 종교 지도자들은 이런 진실이 있다는 것조차 모르고 전통적으로 전해 내려오는 의식 절차에 따라서 형식적으로 보여주기 위주의 구원의식에만 집중하고 있는데 다 소용없는 일이다.

그동안 수천 년의 세월을 통해서도 종교 숭배자와 종교 지도자들도 풀어내지 못한 인류 구원의 비밀을 도솔천 자미국을 창시하여 개국한 하늘의 명 대행자 인황과 하늘의 명 수행자 신감이 풀어내었으니 이 나라 이 땅에서 태어나 이 책을 읽고 있는 여러분은 행운아 중에 가장 큰 행운아에 속한다.

결국 종교세계에 들어가서 구원받기를 외치는 신앙인들의 육신, 영혼, 조상님 모두는 도솔천 자미국을 창시하여 개국한 하늘의 명 대행자 인황과 하늘의 명 수행자 신감을 알아보고 만나기 위한 식견을 넓히는 준비과정의 공부를 한 것이다.

도솔천 자미국은 기존의 종교세계처럼 교리와 이론을 전파하는 것이 아니라 라이브로 하늘과 신이신 태상천존 자미천황님, 신명님이신 천상감찰신명님, 하나님이신 천상천감님, 미륵님이신 천상도감님, 도솔천황님, 천지신명님, 열두대신님이 내리시는 명과 여러분의 생령(영혼), 조상님(사령)의 말씀을 실시간으로 전해 주고 이분들과 인류 최초로 대화를 나누게 해주는 전 세계 유일한 곳이다.

그동안 육신, 영혼, 조상님들이 구원받으려고 종교 숭배자, 종교 지도자들을 열심히 받들고 섬기며 믿고 있는 사람들이 진짜를 만나기 위한 예행연습의 공부과정을 마치고 찾아와야할 곳이 자미국이다.

진짜 하늘과 땅은 여러분에게 현실로 편안함과 기쁨과 행복의 문을 열어주시는 분들이시다. 그런데 종교를 열심히 믿어도 인생에 아픔과 슬픔, 고통과 불행이 멈추지 않는 것은 여러분이 믿고 있는 종교세계가 가짜라는 것을 현실로 알려주는 하늘과 땅의 메시지이다.

가족이 사건사고, 자살, 질병으로 갑자기 죽어도 그것이 하나님의 부르심이라고, 더 큰 복을 주기 위한 연단이라는 목사들의 말을 믿지 마라. 자신들이 받들어 섬기는 숭배자들의 능력없음을 감추기 위한 한낱 변명에 불과할 뿐이라는 진실을 알아야 한다.

애지중지 사랑하는 가족이 죽었는데 무슨 하나님의 부르심이고, 연단이라고 변명하는가? 눈물 흘리며 아파하고 함께 슬퍼해야 할 일이지 않는가? 세 하늘로부터 보호받지 못해서 일찍 죽은 것이니 당장 다니던 종교를 떠나서 도솔천 자미국으로 들어와서 왜 가족이 갑자기 죽었는지 그 원인을 밝혀달라고 해야 한다.

갑작스런 죽음에는 반드시 그 원인이 있다. 죽음의 원인을 아시고 밝혀주시는 분은 세 하늘뿐이시다. 억울하게 죽었던 사고로 죽었던 질병으로 죽었던 거기에는 우리 인간들이 모르는 죽음의 비밀이 숨어있다. 죽음의 비밀을 풀지 못하고 예방하지 못한다면 제2, 제3의 죽음이 찾아온다.

원인 없는 결과 없다.

죽음의 비밀은 대부분이 하늘과 땅이 내리시는 천지대명을 받들지 않아서 보호막이 없어졌기 때문이다. 세 하늘이 싫어하시는 종교세계를 다니면 하늘과 땅의 보호막이 자동적으로 해제되어 거두어진다.

신이 떠나버린 남자

부처 공부를 하면서 불경을 영어로 번역하고 영어 포교사 자격증까지 취득한 74세의 남자, 불교 이론에 심취하여 자부심을 갖고 석가 사상을 전 세계로 알리려고 했었다.

사람들은 대부분 불교, 기독교, 천주교, 도교, 무속, 수련원을 다니면서 현생을 풍요롭게 하고 어느 날 갑자기 다가올 내생의 삶을 준비하며 살아가고 있다. 그런데 오늘 명부입적 정성을 통해 천지신명님께서 가르쳐 준 진실은 우리 인간의 생각을 초월하는 말씀이었다.

종교를 다녀도 될 사람이 있고, 다니면 절대로 안 되는 사람이 있다고 하시었다. 맑고 깨끗한 신이 몸에 함께하고 있는 사람들이 종교를 다니면 지옥세계 인생으로 돌변하여 만사가 불성이고, 가족들에게 온갖 풍파가 몰아친다고 하셨다.

신이 떠나버린 74세의 남자!

불경을 영어로 번역할 때부터 신이 떠나서 42세의 큰 아들 몸으로 20년 동안 피신하였다고 하신다. 이때부터 아들이 방안에 쳐박혀서 두문불출하고 컴퓨터만 하고 있었고, 아버지라 부르지도 않았다고 한다.

아버지가 아들을 바라보면 무서움을 느껴서 왜 방 안에만 있느냐고 호통 칠 분위기가 아니었다. 자신의 반쪽인 신이 들어가 있으니 아들이라 할지라도 함부로 야단을 칠 수가 없었던 것이다.

신이 떠나 큰 아들 몸으로 들어간 이때부터 자신과 가족들에게 엄청난 풍파가 일어나기 시작했다. 사업하다 부도가 나서 옥고를 치르고 대변도 볼 수 없는 큰 병에 걸려서 인공항문을 부착하고 지금까지 살아왔다고 한다.

아들 둘, 딸 둘인데 세 명이 결혼을 못하고 있고, 자신의 누나가 시집도 안 가고 함께 살고 있단다. 신이 떠나버린 남자가 불교에 심취해서 불경을 영어로 번역을 하자, 그 몸에 함께 있으면 신의 부모님이신 천지신명님을 배신하는 죄를 짓기 때문에 떠나갈 수밖에 없었다고 한다.

천지신명님의 자손이 신인데 불교에 심취해서 석가 사상을 전하는 영어 번역본을 만들고 있으니 자신 인생과 가족들 모두가 뒤집어질 수밖에 없었다고 하신다. 몸 안에 신이 없는 사람들은 불교, 기독교, 천주교, 도교, 무속에 다녀도 상관없지만 신이 있는 사람들은 종교에 다니는 순간부터 신이 떠나버리기 때문에 인생이 몰락한다고 한다.

오늘 명부입적 정성을 통하여 천지신명님 전에 불경 영어 번역한 죄를 눈물로 빌고 빌어서 천지신명님께서 20년 동안 떠나버렸던 신을 다시 찾아주어 몸으로 좌정시켜 주었다. 파란만장하고 험난한 인생길을 살아온 신이 떠나버린 남자에게 신을 다시 찾아주자 얼굴에 웃음꽃이 활짝 피었다.

신이 있는 사람은 무속에 다녀도 괜찮을 것이라고 생각할 사람들이 많을 것인데 정반대이다. 진짜 천지신명님은 도솔천 자미국을 통해서만 존재를 밝히시기 때문에 가짜 신을 섬기는 무속에 다녀도 인생이 뒤집어 진다. 신이 있는 사람들은 천지신명님을 만나야 한다.

신이라고 다 같은 신이 아니라 도솔천 자미국으로 함께 해주시는 천지신명님의 자손들만이 신이라고 하신다. 종교를 믿어도 다른 사람들은 잘 풀리는데 자신은 왜 안 풀리고 힘든 것인지 그 정답이 이곳에 있다.

만물의 영장으로 태어나서 살아가는 인간들 몸속에는 각기 다른 영적인 피가 흐르고 있다. 천지신명님의 자손, 하나님이신 천상천감님의 자손, 미륵님이신 천상도감님의 자손이 있다고 밝히시었다.

영적인 핏줄이 다른 종교를 믿으면 인생의 풍화 환란이 끊이지 않는다. 종교 안에서 찾아 헤매던 하나님보다 더 높은 최고의 하늘은 태상천존 자미천황님이시고, 조상님 영가들을 구원하시는 하늘은 도솔천황님이시다.

도솔천 자미국으로는 대단하신 천상과 지상의 모든 신비의 능력자 분들께서 함께 해주시고 계시기 때문에 종교세계는 빈집이므로 현명한 자들은 자신의 영적 부모님을 하루빨리 찾는 것이 인생의 성공과 출세 길이 열린다.

고급신명이 몸 안에 있는 사람들은 필히 부모님이신 천지신명님을 찾아야 인생이 무탈하고 성공과 출세를 오래도록 지킬 수 있다.

신이 떠나면 관재가 발생하여 구속되고, 큰 질병에 걸려서 시한부 인생을 살고, 망신살이 뻗쳐서 관직이 박탈되고 사회생활을 할 수 없을 정도로 매장된다. 언론방송에 자주 등장하는 유명 인사들의 몰락이 바로 신이 떠나버려서 없다는 것을 보여 준 것이다.

신이 떠나버리면 몰락하여 멸망하는 것은 순식간에 일어난다. 비명횡사로 인한 단명, 급살, 심장마비, 뇌경색, 중풍, 자살충동, 우울증, 불면증, 사업부도, 대형 사건사고, 화재, 해임, 파면, 이혼, 별거 같은 불행이 일어나는 자체가 신이 떠나서 없다는 것을 알려주는 표시이다.

천지신명님의 자손인 신이 머물고 있으면 항상 실시간으로 지켜주시기에 인생으로 태풍이 휘몰아쳐도 끄떡없다. 무속세계에서 신의 존재를 무당들의 심부름꾼으로 저급하게 취급하여 사회로부터 천대, 박대, 냉대를 받다보니 하찮은 존재로 여겨서 신의 위상이 추락하였다.

그래서 진짜 천지신명님의 자손들인 신들은 도솔천 자미국에 찾아와야 신의 부모님을 만나 진정한 위상을 회복할 수 있다. 신 받을 사람들은 부모님이신 천지신명님 전에 여쭈어 보고 신 내림 여부를 판단해야 한다.

멋모르고 무당세계에 들어가서 신 내림을 받으면 살아서도 죽어서도 저급한 신으로 대우도 못 받고 살아가게 되고 자손들에게 대물림 된다. 도솔천 자미국에서는 신 내림이 아니라 신인합체, 천인합체, 도인합체 의식을 행해서 각자에 맞게끔 신인, 천인, 도인으로 명을 내려준다.

천지신명님 핏줄이면 신인합체를 행해서 신인으로 다시 태어나고, 하나님이신 천상천감님 핏줄이면 천인합체 의식을 행해서 천인으로 다시 태어나고, 미륵님이신 천상도감님의 핏줄이면 도인합체 의식을 행하여 도인으로 다시 태어나게 해주는 어마어마한 의식을 해주고 있다.

인류 최초로 공식적인 하늘과 땅의 천지대명을 받아
신인(神人)이 되는 길 = 신인합체 의식 = 천상선감님
천인(天人)이 되는 길 = 천인합체 의식 = 천상천감님
도인(道人)이 되는 길 = 도인합체 의식 = 천상도감님

인류가 원하고 바라던 신인, 천인, 도인이 되는 길이 도솔천 자미국에 있으니 더 이상 종교세계 안에서 허송세월 보내지 말고 가장 바람직한 빠른 길을 찾아야 한다.

144,000명의 도통군자, 영생자, 구원자, 사명자, 인 맞은 자는 기존의 도교나 종교세계 안에서 이루어지는 것이 아니라 종교 판 밖의 하늘과 땅이 공식적으로 강림하신 도솔천 자미국에서만 가능하다.

기도나 주문수행, 생명책에 이름이 등재된다고 144,000명 속에 들어가는 것이 아니라 도솔천 자미국에서 천지대명을 받아 신인합체, 천인합체, 도인합체 의식을 행해야만 신인, 천인, 도인으로 재탄생 할 수 있다.

열 두 방향에서 각 방향마다 12,000명씩 신인, 천인, 도인이 배출되어 144,000명이 되는 것인데 이 뜻을 이루고자 수많은 종교세계에서 자신들만이 할 수 있다고 신도들을 현혹시키고 있다.

하지만 그 어떤 종교도 도통군자, 영생자, 구원자, 사명자, 인 맞은 자를 배출해 내지 못하고 있다. 신인합일을 외치고 있는 대순진리회, 증산도, 신천지 교회에서도 이론상으로만 전하고 있을 뿐 실제로는 아무도 이루어내지 못하고 있다.

그러다보니 불신감만 팽배해서 속속 종교를 떠나서 도솔천 자미국으로 들어오고 있다. 도통군자, 영생자, 구원자, 사명자, 인 맞은 자가 되면 하늘의 능력, 신의 능력을 가진다고 잘못 이해하고 있다.

천상의 고급 신명들은 신명세계 총사령관이신 태상천존 자미천황님의 하명이 있어야만 신인합체, 천인합체, 도인합체 의식을 행해서 인간의 몸으로 하강할 수 있는 것인데, 주문 수행하면 자연적으로 천상의 신명들이 하강하는 줄 알고 있으니 이는 하늘의 고유영역을 침범하고 하늘을 능멸하는 역천자의 행위이다.

이런 잘못된 행위를 하면 죄가 되어 인생 몰락의 길로 이어진다. 천년만년이 흘러가도 기존의 종교세계에서는 144,000명의 도통군자, 영생자, 구원자, 사명자, 인 맞은 자가 배출될 수 없음을 알아야 한다.

천상세계 법도가 얼마나 지엄한지 알지도 못하면서 신들이 하늘의 윤허 없이 마음대로 천상과 지상을 오고갈 수 있다고 생각하는가? 종교인들이 하늘의 법도를 몰라도 너무나도 모른다. 선무당이 사람 잡는 꼴이고, 무식하면 용감하다고 했는데 그들이 바로 종교 지도자들이다.

하늘의 명이 없는 자를 멋모르고 천인합체 의식을 해주었다가 몇 년간 벌을 받아 죽다가 살아났다. 잘못했다고 몇 년간 빌고 빌어서 겨우 용서 받았던 경험이 있다. 수백억을 가져와도 하늘의 명이 없는 자들은 신인합체, 천인합체, 도인합체 의식을 행해 줄 수가 없다.

신인합체, 천인합체, 도인합체 의식은 태초의 하늘이신 태상천존 자미천황님의 고유영역이라 반드시 명이 있어야만 의식을 행할 수 있고 신인, 천인, 도인으로 재탄생시켜 주시면 어느 날 갑자기 죽어도 사후세계 걱정을 하지 않아도 된다.

육신이 죽는 순간 지옥세계 명부전의 10대왕들 앞에서 심판을 받지 아니하고 천상궁전 자미천궁과 천상궁전 도솔천궁으로 올라가기 때문에 심판과 죽음이 전혀 두렵지 않다. 이것이 신앙인들이 원하고 바랐던 구원받아 도통하고 영생하는 지구상 유일한 길이다.

여러분은 언제 어느 날 갑자기 세상을 떠날지 아무도 모르기에 사후세계를 천상궁전 자미천궁과 천상궁전 도솔천궁으로 올라가고 싶으면 살아있을 때 신인합체, 천인합체, 도인합체 의식을 행해서 신인, 천인, 도인으로 재탄생하고 나서 남은 여생을 살아가야 한다.

여러분이 피땀 흘려 벌어 놓은 재산을 천상으로 가져갈 수 있는 유일한 의식이다. 육신이 죽으면 재물, 기업, 가족, 주택, 땅, 외제 승용차, 권력, 명예를 모두 그대로 남겨두고 떠나가야 하지만 높은 등급으로 신인합체, 천인합체, 도인합체 의식을 행해서 신인, 천인, 도인으로 재탄생하면 높은 등급의 기운을 받아 천상궁전으로 가져간다.

높은 등급의 신인, 천인, 도인으로 재탄생하면 천상궁전 자미천궁과 천상궁전 도솔천궁 천상세계정부에서 신인합체, 천인합체, 도인합체 의식 등급에 따라서 요직에 임명되는 특혜를 누리며 살아가게 된다.

육신이 죽으면 모두가 다 똑같은 영들의 신분이기에 공덕을 쌓을 길도 없고, 살아서처럼 의식을 행할 수 없기 때문에 등급이 올라갈 수 없다. 한 단계의 등급이 올라가려면 수억 년에서 수조 년의 장구한 세월이 흘러가야 한다.

그래서 신인합체, 천인합체, 도인합체 의식을 행할 때는 자신의 재산 범위 내에서 최고의 높은 등급으로 의식을 행해야 천상에 올라가서 후회하지 않는다. 육신이 죽어서 영원히 살아가야할 사후세상이기에 금전에 미련을 가지고 아까워하면 절대로 안 된다.

어차피 본인들이 죽으면 자녀들이 유산을 물려받아서 아주 좋아하겠지만 여러분의 사후세상을 자녀들이 책임질 수는 없다. 여러분이 죽은 뒤에 장례식 치르고 나면 상속받을 자녀들 사이에 피 터지는 더러운 유산 상속 싸움이 시작된다.

재산이 많을수록 유산분쟁은 극을 달린다. 피보다 진한 것이 돈이라는 진실을 현실로 잘 보여주고 있다. 아버지가 사망하지도 않았는데 롯데그룹의 두 아들 간에 재산 싸움이 시작되어 법적 소송까지 벌일 태세이다.

부친이 살아있는데도 자식들 간에 재산 싸움이 벌어졌으니 아버지의 입장이 비참하다. 차라리 살아서 지켜보는 것이 원과 한이 덜 쌓일 것이다.

만일 죽어서 자식들의 재산 싸움을 지켜보았더라면 그 분노가 저주로 내려갔을 것이다. 거대 재벌 그룹일수록 유산분쟁이 더 많은데 역시 피보다 진한 것이 돈이었다.

자녀들의 이런 추악한 꼴을 보지 않으려면 미리 재산을 처분해서 가장 높은 등급으로 신인합체, 천인합체, 도인합체 의식을 행하는 것이 현명한 자라 할 것이다.

자녀들에게는 최소한의 유산만 물려주고 여러분이 벌은 재산은 처분해서 신인합체, 천인합체, 도인합체 의식을 행해서 천상궁전으로 가져가는 것이 가장 현명하다. 그리고 자녀들에게도 많은 유산을 물려주기보다는 최소한의 유산만 물려주고 신인합체, 천인합체, 도인합체 의식을 해주어서 살아서나 죽어서나 하늘과 땅의 보호와 사랑을 받고 살아가게 하는 것이 더 좋다.

특히 재산을 물려줄 자녀가 없는 사람들은 대학병원, 학교재단, 종교단체, 복지재단에 기부하는 것보다 자신의 사후세계가 천상궁전 자미천궁과 천상궁전 도솔천궁으로 보장되는 신인합체, 천인합체, 도인합체 의식을 행할 때 모두 올리는 것이 가장 좋다.

신인합체, 천인합체, 도인합체 의식은 한 사람이 모두 차례대로 행하는 것이 아니라 세 가지 중에서 한 가지만 딱 한 번 행할 수 있고 신인, 천인, 도인 중에서 어떤 신분으로 관명을 내려주실지 여부도 인간이 선택하는 것이 아니라 하늘 자미천황님의 고유권한이시다.

신인합체, 천인합체, 도인합체 의식은 인간 세상의 재물로는 환산이 안 되는 어마어마한 값어치를 갖고 있기 때문에 재산을 몽땅 바쳐서 의식을 행해도 항상 부족할 정도의 엄청난 의식이라서 하늘께서도 의식비용의 한계를 정하지 말라고 하시었다. 큰 부자들은 크게 의식을 행해서 전생의 빚과 죗값을 갚는 천공을 크게 올려야 한다고 하셨다.

각자가 타고난 신명의 그릇대로 하늘과 땅, 신이 커다란 재산을 벌게 해주신 것인데 사람들은 이런 진실을 전혀 모르고 있다. 왜 남다르게 많은 돈을 벌게 해주시었을까 많이들 궁금해 할 것이다.

천상세계의 전생 비밀이다.

여러분 모두는 천상궁전 자미천궁과 천상궁전 도솔천궁에서 죄를 짓고 쫓겨난 자와 항명하며 반란을 일으켜서 지구로 도망쳐 나온 역천자 죄인들의 신분이다.

큰 부자일수록 천상궁전 자미천궁과 도솔천궁에서 아주 높은 왕이나 총리, 수상, 부총리, 장관, 차관급의 높은 직책과 직급의 고위직에 있었던 큰 신들이었다. 각자들이 살아가고 있는 현재의 모습이 전생의 천상에서 살았던 모습들이다.

천상에서 지은 죄를 진정으로 뉘우치고 도솔천 자미국을 통해 신인합체, 천인합체, 도인합체 의식을 행해서 천상궁전 자미천궁과 천상궁전 도솔천궁으로 올라갈 때 큰돈으로 하늘에 죗값을 치러 천상의 고위직 신분을 다시 회복할 수 있는 기회를 주시려고 큰돈을 벌게 해주셨다고 한다.

큰돈을 벌은 자는 크게, 작은 돈을 벌은 자는 작게 신인합체, 천인합체, 도인합체 의식을 행하면 된다. 이것이 각자들의 신명 그릇의 크기이다.

천상세계에서 각자들이 누렸던 신명 직급의 높낮음에 따라서 인간세상에서도 똑같이 재산을 축적하며 살아가고 있는 것이다. 각자들이 벌어들인 재산의 크기가 신명 그릇의 크기와 똑같다.

부자로 살고 있는 사람들은 어느 날 갑자기 부자가 된 것이 아니라 천상에서 큰 그릇의 신명이었기 때문에 이 땅에서도 큰 부자가 되었다. 천상에서의 고위직 신분을 회복하려면 그에 상응하는 죗값을 의식을 통해서 올려야 한다.

이것이 여러분을 이 땅에 보내시어 성공하고 출세시켜 주신 하늘과 땅, 신에게 환원하는 유일한 길이고 천상궁전 자미천궁과 천상궁전 도솔천궁에 올라가서 죗값을 치르고 천상의 신분을 회복하는 유일한 길이다.

자미천궁에서 제일 높으신 분은 자미천황님이시고, 도솔천궁에서 제일 높으신 분은 도솔천황님이신데 자미천궁과 도솔천궁의 조직도 역시 인간 세계와는 다르지만 거의 같은 피라미드식 계급과 신분이 존재한다.

도솔천 자미국에서 인류가 수천 년의 세월 동안 종교세계 안에서 애타게 기다리던 모든 천지개벽 의식이 행해지고 있으니 더 이상 종교세계에 머물지 말고 도솔천 자미국을 통해서 여러분의 소원을 이루기 바란다.

신이 떠나버린 남자처럼 여러분도 신이나 영이 떠나 가족들 몸으로 들어가 있는 사람들이 거의 대부분일 것인데 모르고 살아가고 있을 뿐이다. 신만 떠나는 것이 아니라 영들도 여러분이 종교에 다니면 떠나간다.

가정불화, 심한 부부싸움, 자녀 가출, 근친상간, 존속폭행, 존속살인, 이별, 별거, 우환, 질병, 사고, 고소고발, 자살, 우울증, 불면증, 사업부도, 해임, 파면, 실직, 사기배신, 심근경색, 뇌출혈, 술주정 같은 경우가 신이나 영이 떠나버린 것을 알려주는 표시이다.

영적인 문제, 신적인 문제, 인간적인 문제, 사업적인 문제, 사후세계 문제 모두에 대해서 도솔천 자미국이 명쾌한 해답을 내려주고 해결해 줄 것이다. 여러분에게 살길을 찾아주는 곳은 지구상에 이곳 뿐이다.

세월 낭비, 금전 낭비, 마음고생 그만하고 도솔천 자미국에 들어와야 여러분 육신과 여러분의 신과 영, 조상님, 가정, 기업으로 살길이 열린다.

기업의 안정과 발전을 위한 천금제(天金祭)

나라 경제를 살리는 대한민국의 기업들!

경영을 잘해서 재계 서열 랭킹에 오른 기업들이 있는데 지키지 못하고 공중 분해되어 타사에 넘어간 기업들이 부지기수로 많이 있다. 기업을 일으키기는 것도 힘들지만 무너지지 않게 지키는 것이 더 중요하다.

또한 기업을 탄탄하게 유지하는 것도 중요하지만 기업총수들의 구속수감이나 질병으로 인한 우환이 없어야 기업이 승승장구하며 크게 발전할 수 있다. 어느 기업인이나 무탈하게 기업이 크게 발전하기를 원하고 바라지만 마음과 뜻대로 안 되는 것이 기업 경영이다.

사람을 잘못 써서 기업이 세무조사를 받고, 부정비리 제보로 검찰조사를 받는 일들이 비일비재하다. 아무리 조심하고 기업관리, 인사관리, 경영관리를 잘하더라도 사람의 속마음이나 앞으로의 경제 예측을 아무도 모르기에 공든 탑이 하루아침에 무너진다.

우리 인간들은 한 치 앞도 알 수 없는 나약하고 부족한 존재이기에 누군가의 도움을 받으며 살아가야 한다. 인간은 아무도 믿을 자가 없다. 돈 앞에서는 부자간이든, 부부간이든, 형제간이든 핏줄끼리도 피 튀기는 재산 싸움, 경영권 싸움하는 것이 보편화 되어 있다.

피보다 더 귀하고 진한 것이 돈이다.

돈을 버는 것도 인간이 벌려고 하면 고생만 하고 많이 벌지 못한다. 또한 태산 같은 돈을 벌었어도 지키는데 인간의 능력으로는 한계에 부닥친다.

무속세계로 인해서 천대, 박대, 무시당했던 신들이 아니라 하늘이 보내주신 진짜 신과 함께 기업을 경영하면 실패라는 것은 없다. 세상에 알려진 점치고 굿하는 저급한 신이 아니라 도솔천 자미국에서 찾아낸 진짜 고차원적인 최고의 신이 계시는데 신들 중에 최고 높으신 신이시다.

도솔천 자미국으로만 함께 해주시는 진짜 천지신명님이시고 열두대신님이시다. 천지신명님은 모든 신들을 지휘통솔하시고 명령을 내리시는 왕의 신분이시고, 열두대신님은 왕의 명령을 하달 받는 각 부처의 장관급에 해당하는 분으로서 인간사의 실무적인 일을 맡아서 처리하신다고 한다.

최고 높고 높으신 영들의 하늘이신 태상천존 자미천황님은 신명님이신 천상감찰신명님, 하나님이신 천상천감님, 미륵님이신 천상도감님, 조상님들의 하늘이신 도솔천황님, 인간사의 하늘이신 천지신명님과 열두대신님, 재물천신님도 모두 거느리시는 지고 지존하신 분이시다.

기업경영을 잘하고, 기업을 지키고, 승승장구하며 발전하려면 기업과 재물을 주관하시는 재물천신님의 절대적인 도움을 받아야 기업이 더 크게 발전할 수 있다. 그래서 대기업일수록 크고 작은 사건사고들이 많이 발생하기 때문에 정기적으로 천금제를 올려서 보호받아야 한다.

인간의 두뇌로만 기업을 발전시키는 것은 하책이다. 미래세계를 모두 내다보시는 대단한 신비의 능력자이신 재물천신님의 도움을 받아서 기업을 경영하여야 사기배신, 관재발생, 질병으로 고생하지 않는다.

인간들의 마음과 행동에 대해서 일거수일투족을 실시간으로 지켜보며 알고 계시는 대단하신 능력자 분들이신데 인간들이 몰라보았다. 신의 도움을 받지 않고 인간의 노력으로 기업을 발전시키려거든 차라리 포기하는 것이 좋을 것이다.

남 좋은 일만 시키기 때문이다. 여러분의 기업이 잘 되는 것을 주변 기업은 아무도 원하고 바라지 않는다. 방해하고 음해하기 십상이고, 더욱이 원과 한이 많은 사탄, 마귀, 악귀, 잡귀, 귀신들이 수시로 사람 육신의 몸 안에 들어가서 기업이 망가지도록 훼방 놓고, 사기배신을 때린다는 무서운 사실을 알고서 사업을 해야 한다.

신의 절대적인 도움을 받지 않고 기업을 경영하면 망하는 것은 시간문제일 뿐이고, 마음의 상처와 커다란 금전 손실로 충격에 빠져 자살충동이 일어나므로 기업인들은 도솔천 자미국과 함께 해야 망하는 일 없이 기업이 승승장구하며 크게 발전할 수 있다.

인간세계에도 공짜가 없지만 신들의 세계에도 절대로 공짜가 없다. 각자들이 정성들인 크기만큼 한 치의 오차도 없이 몇 배 또는 몇 십 배 늘려서 보답해 주시고 이치에 매우 밝으시다.

큰돈(재물) 벌어 주시고 기업을 발전시키는 천신!

기업의 안정과 발전을 위한 "천금제(天金祭)"

기업을 초고속으로 성장 발전시킬 수 있는 天神의 경영기법을 기업인들이 도입해야 나라 경제가 살아난다.

피보다 더 진한 것이 돈이란 사실이 현실로 증명되고 있다(대기업 경영권 및 형제간 재산 분쟁). 돈을 부르는 신이 어느 신인지 궁금할 것이다.

말로는 표현조차하기 힘든 혹독한 고난의 길을 걸으며 오랜 기도수행 중 최근에 전 세계의 돈(재물)과 기업의 안정과 발전, 흥망성쇠를 실질적으로 주관하시고, 큰돈을 벌어 주시는 재물천신님이 따로 계신다는 진실을 인류 역사상 전 세계 최초로 찾아내었다.

1차적으로 기업 중에서 300개 업체를 선정해서 세계적인 거대 기업으로 발전시킬 계획이니 참가를 희망하는 업체 대표자가 예약 후 직접 방문하고, 천금제(天金祭)는 기업의 크고 작은 불행을 지켜주고 여러분과 기업을 발전시키는 최상의 의식이다.

사람들 몸 안에는 신이 살고 있지만 모르고 살아간다. 인간 몸 안에 신들도 부모(천신)가 계시는데 부모(천신) 만나기를 애타게 기다리고 있다. 천신의 자손이 여러분 몸 안에 있는 신인데 종교를 믿으면 신이 떠나서 인생이 뒤집어진다.

신이 인간을 잘못 만났다고 도망갔거나, 여러분이 종교를 믿어서 신이 떠나간 사람들은 해임, 파면, 실직, 사업부도, 고소고발, 사기배신, 구속, 망신살, 암, 심장마비, 중풍, 불면증, 우울증, 가정불화, 가출, 이혼, 별거, 자살충동, 무기력증, 의욕상실, 매사불성, 원인 모를 질병, 자신과 가정, 기업의 몰락으로 이어졌다.

신이 떠나가면 기업은 망하고, 사람은 생사를 넘나드는 중병에 걸리고, 사건사고가 발생하여 목숨을 잃는다. 신이 몸 안에 함께하고 있어야 천신의 기운을 받아 안정적으로 기업이 발전한다. 신이 떠나갔으면 하루빨리 찾아야 더 큰 손해와 불행을 막아 여러분의 건강과 생명, 재물, 가정, 기업 모두를 오래도록 지킬 수 있다.

돈을 버는 것도 인간이 벌려고 하면 고생만 하고 큰돈을 벌지 못한다. 설혹 태산 같은 돈을 벌었어도 인간은 지켜낼 수 없다. 기업을 초고속으로 성장시킬 수 있는 天神의 경영기법을 기업인들이 하루속히 도입해야 기업발전을 도모한다.

대기업일수록 크고 작은 사건사고들이 많이 발생하기 때문에 정기적으로 천금제를 올려서 천신의 보호를 받아야 한다. 인간의 두뇌와 노력으로 기업을 경영하고 발전시키려는 생각은 빨리 버리는 것이 좋다.

신이 앞장서지 않으면 기업경영이 어렵고 사업마다 실패한다. 기업과 돈을 주관하는 재물천신님이 보살펴주시지 않으면 거대한 그룹이라도 찰나의 순간에 무너져서 몰락한다. 다른 기업의 실패 사례를 여러분이 생생히 보아왔다.

불황으로 기업 경영이 어려우면 재물천신님의 대단한 신비의 기운을 받아 운영하면 풀린다. 천금제는 기존에 종교세계에서 행하던 것과는 차원 자체가 전혀 다른 인류 최초의 고차원적인 정성이다.

천금제는 각 기업의 사정에 따라서 다르지만 년 1회, 년 2회, 년 3회, 년 4회 정기적으로 정성들이는 것이 좋다. 천금제는 큰돈을 불러들일 뿐만이 아니라 기업의 안정과 발전, 기업인의 질병, 관재발생, 크고 작은 사건사고가 예방 된다.

지금까지 몰락하여 사라진 기업들은 종교를 열심히 믿어 신이 떠나갔기 때문이다. 천신의 자손인 신이 떠나 몸 안에 없으면 재물을 주관하는 천신의 기운이 끊어져 도움을 받지 못하기에 거대한 그룹도 해체된다.

종교의 숭배자들인 하나님, 하느님, 하늘님, 석가, 예수, 마리아, 마호메트, 상제, 공자, 노자는 큰돈(재물)을 주관하는 천신이 아니었다. 그래서 종교를 열심히 믿는 기업인들과 정치인들이 감옥에 들어가서 몰락했고 중병과 자살, 사건사고로 세상을 일찍 하직했다.

기업의 안정과 발전을 위한 천금제(天金祭)

기업체 수 : 300개 기업 한정

천금제는 300개 업체 이상은 일정상 수용이 불가하기 때문에 300개 기업체로 한정해서 선착순으로 마감한다.

재물을 주관하는 재물천신님의 원력으로 크게 발전시켜 세계적인 거대 기업으로 만들어 침체된 기업 경제를 살려주려고 한다. 기업 규모가 클수록 효과가 크게 나타나고 신규 사업 진출, 공개 입찰 수주, 해외 건설 수주, 선박 수주, 기업 활성화에 획기적인 발전이 있다.

천금제를 올리는 300개 기업체가 전 세계 경제를 제패하는 거대 기업으로 발전하도록 변신시켜 줄 것이다. 여러분 기업의 안정과 발전이 곧 국가의 안정과 발전으로 이어지는 원동력이고 애국하는 길이니 많은 기업인들이 천금제를 올려 초고속으로 성장해서 거대 기업으로 발전하기를 염원한다.

돈을 불러들이고 재물을 주관하는 천신이란 여러분이 세상에서 들어서 알고 있는 일반적인 천신이 아니라 도솔천 자미국에서 밝혀낸 재물천신님을 말한다. 천신의 숫자는 헤아리기 어려울 만큼 많지만 돈을 부르고 재물을 관리하는 재물천신님은 아직 세상 사람들에게 알려지지 않아서 모른다.

재물천신님의 수하에는 명령을 받는 수많은 신들이 있는데 직급과 직책에 따라서 권한이 모두 다르다. 인간세계 계급사회에서와 마찬가지로 벼슬의 높낮이에 따라서 권력 행사가 정해져 있다.

사람들도 각자가 벌어들인 금전의 크기가 다르다. 어떤 사람은 수십 조를 벌어들이며 그룹을 운영하는가하면 어떤 사람은 몇 억도 못 벌어서 어렵게 살아간다. 이것이 각자가 타고난 신의 밥그릇 크기인 것이다. 선천적으로 타고난 신의 밥그릇을 바꾸는 것은 인간의 힘으로는 불가능하지만 재물천신님의 기운을 지속적으로 받으면 그릇을 키울 수가 있다.

각자의 몸 안에 있는 신의 그릇이 작으면 돈을 벌어도 넘쳐나서 재산이 불어나지 못하기에 천금제를 올려서 단계적으로 신의 그릇을 키워야 큰 재물을 담을 수 있다. 단 한 번의 천금제로 그릇을 키울 수가 없고 지속적으로 해야 커진다.

사람들도 매일같이 음식을 먹어야 생명을 유지하고 성장할 수 있듯이 기업인 여러분 몸 안의 신들도 재물천신님의 기운을 정기적으로 받아야 큰 그릇으로 바뀌어 진다. 사람들 모두가 더 많은 금전을 벌어들이기를 원하고 바라지만 뜻대로 되지 않는 것은 인간의 영역이 아닌 재물천신님의 영역이기 때문에 안 되는 것이다.

여러분의 기업이 성공하여 크게 발전하려면 사기꾼, 횡령, 내부 고발자, 화재발생, 천재지변으로 인한 지진, 풍수해 피해, 사건사고가 없어야 기업이 탄탄하게 발전하지만 인간의 능력으로는 막아낼 수가 없고, 눈으로는 이들 모두를 감시하는데 한계가 있다.

기업의 대량 수출, 거액의 공사 수주, 해외 건설 수주, 납품 발주가 될 듯 될 듯하면서도 안 되는 것은 여러분의 신이 재물천신님의 기운을 못 받았기 때문에 힘이 없어서이다. 천금제를 올려서 재물천신님의 기운을 받으면 해코지하는 적군이 떠나거나 도움을 주는 아군으로 변한다. 악인들은 떠나고 귀인들만 주변에 모이고 세상 사람들이 우호적으로 바라본다.

수많은 수출제품의 리콜과 국제소송 분쟁, 수출부진, 사업부진, 고소고발로 인한 민사 및 형사소송 문제 등 어려움이 미리 예방되거나 해결되는 신비로움이 있다. 인간의 능력으로는 불가능한 일들이 재물천신님의 도움으로 해결된다.

이 글을 읽고 도솔천 자미국에서 300개 업체로 선정되는 기업들은 가장 큰 행운을 잡은 기업들이다. 세계 재계 순위에 국내 기업들이 대거 오를 것이며 국내 재계 순위도 판도가 크게 요동치고 변화될 것이다. 재물천신님의 기운을 받지 못하는 기업들은 제자리걸음을 하여 기업발전이 정체되거나 재계 순위에서 밀려난다.

천금제를 올리는 등급도 각자 기업의 규모와 신의 그릇에 따라서 다르다. 천금제의 종류는 하단 천금제, 중단 천금제, 상단 천금제, 특단 천금제가 있고 특, 상, 중, 하의 등급마다 15개씩 총 60개 등급이 있다.

신들도 인간처럼 돈을 벌어들이고 관리할 수 있는 고유 영역이 정해져 있다. 신들이 하루 한 번 또는 한 달, 1년, 평생에 벌어들일 수 있는 금전의 액수이다.

01) 01만 원에서 30만 원 미만의 돈을 벌어들이는 신
02) 30만 원에서 50만 원 미만의 돈을 벌어들이는 신
03) 50만 원에서 70만 원 미만의 돈을 벌어들이는 신
04) 70만 원에서 100만 원 미만의 돈을 벌어들이는 신
05) 100만 원에서 300만 원 미만의 돈을 벌어들이는 신
06) 300만 원에서 500만 원 미만의 돈을 벌어들이는 신
07) 500만 원에서 700만 원 미만의 돈을 벌어들이는 신
08) 700만 원에서 1000만 원 미만의 돈을 벌어들이는 신
09) 1000만 원에서 3000만 원 미만의 돈을 벌어들이는 신

10) 3000만 원에서 5000만 원 미만의 돈을 벌어들이는 신
11) 5000만 원에서 7000만 원 미만의 돈을 벌어들이는 신
12) 7000만 원에서 10000만 원 미만의 돈을 벌어들이는 신
13) 1억에서 3억 미만의 돈을 벌어들이는 신
14) 3억에서 5억 미만의 돈을 벌어들이는 신
15) 5억에서 7억 미만의 돈을 벌어들이는 신
16) 7억에서 10억 미만의 돈을 벌어들이는 신
17) 10억에서 30억 미만의 돈을 벌어들이는 신
18) 30억에서 50억 미만의 돈을 벌어들이는 신
19) 50억에서 70억 미만의 돈을 벌어들이는 신
20) 70억에서 100억 미만의 돈을 벌어들이는 신
21) 100억에서 300억 미만의 돈을 벌어들이는 신
22) 300억에서 500억 미만의 돈을 벌어들이는 신
23) 500억에서 700억 미만의 돈을 벌어들이는 신
24) 700억에서 1000억 미만의 돈을 벌어들이는 신
25) 1000억에서 3000억 미만의 돈을 벌어들이는 신
26) 3000억에서 5000억 미만의 돈을 벌어들이는 신
27) 5000억에서 7000억 미만의 돈을 벌어들이는 신
28) 7000억에서 10000억 미만의 돈을 벌어들이는 신
29) 1조에서 3조 미만의 돈을 벌어들이는 신
30) 3조에서 5조 미만의 돈을 벌어들이는 신
31) 5조에서 7조 미만의 돈을 벌어들이는 신
32) 7조에서 10조 미만의 돈을 벌어들이는 신
33) 10조에서 30조 미만의 돈을 벌어들이는 신
34) 30조에서 50조 미만의 돈을 벌어들이는 신
35) 50조에서 70조 미만의 돈을 벌어들이는 신

36) 70조에서 100조 미만의 돈을 벌어들이는 신
37) 100조에서 300조 미만의 돈을 벌어들이는 신
38) 300조에서 500조 미만의 돈을 벌어들이는 신
39) 500조에서 700조 미만의 돈을 벌어들이는 신
40) 700조에서 1000조 미만의 돈을 벌어들이는 신
41) 1000조에서 3000조 미만의 돈을 벌어들이는 신
42) 3000조에서 5000조 미만의 돈을 벌어들이는 신
43) 5000조에서 7000조 미만의 돈을 벌어들이는 신
44) 7000조에서 10000조 미만의 돈을 벌어들이는 신
45) 1경에서 3경 미만의 돈을 벌어들이는 신
46) 3경에서 5경 미만의 돈을 벌어들이는 신
47) 5경에서 7경 미만의 돈을 벌어들이는 신
48) 7경에서 10경 미만의 돈을 벌어들이는 신
49) 10경에서 30경 미만의 돈을 벌어들이는 신
50) 30경에서 50경 미만의 돈을 벌어들이는 신
51) 50경에서 70경 미만의 돈을 벌어들이는 신
52) 70경에서 100경 미만의 돈을 벌어들이는 신
53) 100경에서 300경 미만의 돈을 벌어들이는 신
54) 300경에서 500경 미만의 돈을 벌어들이는 신
55) 500경에서 700경 미만의 돈을 벌어들이는 신
56) 700경에서 1000경 미만의 돈을 벌어들이는 신
57) 1000경에서 3000경 미만의 돈을 벌어들이는 신
58) 3000경에서 5000경 미만의 돈을 벌어들이는 신
59) 5000경에서 7000경 미만의 돈을 벌어들이는 신
60) 7000경에서 10000경 미만의 돈을 벌어들이는 신

돈을 벌어들이는 신의 등급 60단계 중에서 여러분 신의 그릇 크기는 어디에 해당되는가? 여러분이 천금제를 올릴 때마다 한 단계씩 등급이 올라간다. 60개 등급을 미리 정해 놓은 것이 아니라 등급 별로 나열하고 세어보니까 우연하게 60개 등급이 맞추어졌으니 참으로 신기하고 신비스럽다.

인간과 신의 욕망은 한도 끝도 없는 무한대이다. 목표는 도전하라고 있는 것이니 기업인과 투자자 여러분도 천금제를 올려서 한 단계씩 등급을 높여가기 바란다. 세계 최고의 갑부 미국의 빌게이츠 재산이 93조 가량 되니 36등급에 해당된다. 아직도 60등급에 이르려면 갈 길이 멀다.

국내 기업인과 투자자들도 현재의 재물에 만족하지 말고 천금제를 올려서 최고 높은 등급까지 도전해 보기 바란다. 불가능이란 신의 세계에서는 없다. 인간들이 만들어낸 것이 불가능인 것이다. 도전해 보지도 않고 포기하는 것은 신이 내려주시는 사랑을 거부하는 것이고 신의 능력을 과소평가하고 무시하는 행위이다.

기업인이 아닌 일반인도 자기 신의 그릇을 키우려거든 천금제를 올려보는 것도 괜찮다. 아무리 벌어도 모이지 않고 맨날 제자리에서 재산이 불어나지 않는 사람들은 한번쯤은 천금제를 올려서 재물천신님의 도움을 받아보기 바란다.

대권 출마, 광역시장, 도지사, 시군구청장, 국회의원, 교육감, 시도시군구의원에 도전했다 떨어지는 사람들도 천금제를 올리면 천지심명님과 재물천신님의 기운을 받아서 민심을 얻어 선거에서 당선될 수 있다.

모그룹의 재벌 총수가 심근경색으로 쓰러져서 15개월 이상 병석에서 일어나지 못하고 누워있는데 이는 신이 떠나갔기 때문에 불상사가 일어난 것이다. 이미 몇 년 전부터 수차례 메시지를 전해 주었지만 무시하고 거부했기 때문이다.

외형상으로는 도솔천 자미국의 인황과 신감이 전하는 메시지이지만 내면적으로는 자미인황님과 영의 신감님께서 살려주시려고 전달하시는 것이었는데 이를 알아보지 못하고 인간사로 생각하였으니 신이 떠나갈 수밖에 없었다.

여러분은 사람이 떠나서 살지 않는 빈집이 어떤 모습인지 잘 보았을 것이다. 사람이 떠나면 잡초가 무성하고 집이 무너지듯이 여러분 인간 육신이 종교를 믿으면 신이 자연적으로 여러분 몸에서 떠나간다.

죄를 지으면 영원히 하늘로부터 구원받지 못하기 때문에 떠나는 것인데 주로 가족들 몸으로 숨어들어가 있다. 신이 떠난 인간 육신은 이때부터 말할 수 없는 상상초월의 지옥세상이 열린다.

신이 들어간 가족의 육신도 시름시름 앓거나 우울증, 불면증, 의욕상실, 대인기피증, 두문불출, 무기력증, 자살충동이 일어나 폐인이 되고 부부싸움, 폭언, 폭행으로 시비가 붙어서 가족 간에 조용할 날이 없다.

지켜보다가 도저히 견디지 못해서 정신병원에 보내는데 결국 자기의 육신을 떠난 신을 감옥에 보내는 것이고, 이런 진실을 세상 사람들이 알지 못해서 가족들 모두가 고통 속에 살아가고 있다.

인간 육신을 떠나간 신들이 부지기수로 많고, 떠나갔는지, 몸 안에 있는지 알아 볼 수가 없다. 삶을 통해서 우환이 끊이지 않고 위에 내용처럼 상황이 발생하면 자기의 신이 떠나간 것으로 알면 되고, 떠나간 신을 다시 여러분 육신으로 들어오게 하려면 도솔천 자미국에서 천지신명님이 내리시는 명을 받아야 한다.

신이 떠나면 인간 육신이든 기업이든 무너지고 결국 사망하거나 기업이 몰락하여 제 3자에게 넘어간다. 아직까지 건재하다고 자부하는 기업들도 자기 몸 안에 신의 기운이 소진되면 여러분 육신과 가정, 기업이 동시에 갑자기 몰락한다.

사람들이 매일같이 밥을 먹어서 곡기로 세상을 살아가듯이 신들에게도 자신의 부모님이신 천신의 기운을 지속적으로 받게 해주어야 여러분 육신과 가정, 기업이 동시에 건강하고 건재하며 승승장구 발전해 간다. 천신의 기운을 받을 수 있는 곳은 지구상에서 도솔천 자미국뿐이다.

천금제를 정기적으로 올려야 여러분의 육신이 비명횡사당하지 않고, 기업이 초고속으로 성장 발전할 수 있다. 쓰러진 재벌 총수의 사례를 타산지석으로 삼아야 한다. 돈이 아무리 많아도 육신이 건강하지 못하고 식물인간이 되어 병석에 누워있으면 수십 조의 재산이 다 무슨 소용인가?

아직 젊다고 경거망동하며 이 내용을 귀담아 듣지 않는 사람들이 있다면 후회할 일이 조만간에 발생한다. 태산같은 돈과 권력으로도 여러분의 건강과 생명, 기업체를 아무도 보장해 줄 수는 없다.

일단은 육신이 건강해야 하고, 그 다음이 돈을 벌고 재산을 지키는 일인데 재산 역시 인간의 능력으로는 지켜지지 않고 자기 몸 안에 있는 신이 지켜주어야 한다. 각자의 신들은 천금제를 통해서 정기적으로 기운을 충전하지 못하면 힘이 없어서 만사가 제대로 이루어지지 않는다.

아무리 열심히 일해도 기업이 발전하지 못하는 이유가 신의 기운이 소진되었거나 신이 떠나갔다는 것을 알려주는 것이니 천신으로부터 신의 기운을 충전하던가, 신이 떠나갔다면 천신의 명으로 다시 육신으로 들아오게 해주어야 여러분과 기업이 잘 돌아 간다.

기업 규모가 클수록 3개월마다 한 번씩 년 4회 천금제를 반드시 올려주어야 한다. 기업 규모가 클수록 신의 기운이 그만큼 많이 소진되기 때문에 지속적인 천금제가 필요하다.

신이 몸에 함께하고 있으면 육신의 노화가 다른 사람에 비해서 더디고, 신이 떠나가면 육신의 노화가 급속도로 진행되어 건강이 나빠지고 잔병치레가 많아진다. 신이 함께하고 있으면 10년 이상은 젊어 보인다.

신이라고 해서 다 같은 신이 아니고 도솔천 자미국에서 천금제를 올려서 천신의 명을 받은 신이 진짜 신이다. 일반적인 잡신을 말하는 것이 아니다. 이 땅에 태어날 때 하늘의 명을 받고 여러분의 몸으로 태어난 진짜 신이 있는데 아직도 여러분 몸 안에 함께하고 있는지 이미 떠나갔는지 스스로는 알 길이 없으니 천금제를 올려서 천신으로부터 검증을 받아보아야 확실히 알 수 있다.

우리 인간 육신들이 죽는 날까지 건강하게 사업 소원 성취하며 거대 기업으로 발전시키려면 하루라도 빨리 천신 앞에 굴복해야 더 이상의 불행한 일이 일어나지 않을 것이다. 여러분 육신의 생명과 기업의 안정과 발전, 재물의 기운을 좌우하시는 분이 재물천신님이시다.

그래서 여러분 기업과 신들은 도솔천 자미국이 생명 줄인데 인간들은 알아보지 못하고 종교의 연장선상으로 보거나 신흥종교, 사이비 종교로 생각하고 있는 것 같다.

천금제를 정기적으로 년 4회 올리는 기업들은 승승장구하며 파죽지세로 초고속 성장 발전하여 세계적인 거대 기업으로 재탄생한다.

여러분이 반드시 알아 두어야할 사항은 여러분이 믿고 있는 종교의 모든 숭배자들은 인간의 목숨과 재물, 기업의 안정과 발전을 주관하는 천신이 아니므로 더 이상 종교의 굴레에 갇혀 있으면 안 된다.

세월호 대참사의 주인공인 구원파 유병언 회장의 사례를 타산지석으로 삼으면 된다. 유병언 회장은 하나님과 예수님을 열심히 섬겨서 10만 성도를 자랑하는 구원파의 교주가 되었지만 그의 죽음을 하나님과 예수님도 막아주지 못하였다.

유병언 교주 역시 하늘이 가장 싫어하시는 종교를 세워서 날벼락 맞아 몰락한 것이니 아직도 종교를 믿는 기업인들이 있다면 냉정하게 생각해 보고 판단을 내리면 된다. 하늘은 계시는데 상상 속의 하늘이 아니시다 현실 속의 하늘이 계시니 그분이 태상천존 자미천황님이시다.

종교에서 전한 하늘은 진짜가 아닌 가짜 하늘이었기에 유병언 교주 역시 보호받지 못하였고 육신의 목숨을 좌우하시는 천신을 도솔천 자미국에서 만나지 못했기에 불행을 당한 것이니 종교를 믿는 기업인 여러분도 정신 차려야 한다.

대물림되는 불운의 실체

이맹희 CJ그룹 명예회장이 2015년 8월 14일 84세로 중국에서 별세하면서 고인의 불우한 가족사가 새삼 주목을 받고 있는데 살아생전 고인이 '비운의 황태자'로 불린 것처럼 자녀들 또한 갖가지 불운에 시달리고 있다.

삼성 창업주 이병철 회장의 장남으로 태어난 고 이맹희 명예회장은 아버지 대신 잠시 총수 역할도 했지만 동생 이건희 회장에게 후계자 자리를 넘겨주면서 평생 '비운의 황태자'란 꼬리표가 따라다녔다.

지방과 해외를 떠도는 세월을 보내다 중국에 정착했지만, 말년에는 폐암과 싸워야 했는데 고인의 불운이 자녀들에게도 대물림되고 있다.

장남 이재현 회장은 손과 발의 근육이 위축되는 유전병에 시달리고 있으며 만성 신부전증과 고혈압 등이 겹치면서 신장 이식 수술까지 받았지만 건강은 여전히 좋지 않다.

횡령과 배임 등의 혐의로 2013년 구속된 뒤 대법원에서 형이 확정되지 않아 이번 특별 사면 대상에서도 제외됐는데 이재현 회장을 대신해 그룹을 챙겼던 큰딸 이미경 CJ부회장도 병마와 싸우고 있다.

근육 위축 유전병이 악화돼 지난해 가을부터는 미국에 머물며 치료에 전념하고 있어 전문 경영인들이 그룹 경영을 맡고는 있지만 이처럼 총수 일가의 부재가 길어지면서 CJ그룹의 위기감도 커지고 있다.

이처럼 삼성가 '비운의 황태자'로 불리던 이맹희 CJ그룹 명예회장이 세상을 떠나면서 비운의 재벌가 장남들이 세간에 오르내리고 있다.

국내에서는 장자 상속이라는 유교적 전통에 따라 장남이 가업을 이어받는 것이 일반적인 인식으로 여겨지지만 야심찬 동생에 의해 밀려나거나 심지어는 안타까운 죽음을 맞은 경우도 있었다.

이맹희 명예회장은 고 호암 이병철 삼성그룹 창업주의 장남으로, 한때 삼성그룹의 후계자로 떠올랐던 인물이다. 1966년 '한비 사건(한국비료 사카린 밀수 사건)'을 계기로 호암이 2선으로 물러나면서 이 명예회장은 삼성물산과 삼성전자의 부사장 등 주요 직위에 오르며 단기간에 삼성그룹의 총수 역할을 맡기도 했다.

그러나 이후 부진한 경영 실적과 삼성 비리 관련 청와대 투서 의혹 등에 휘말리면서 곧 경영 일선에서 물러나게 됐는데 고 이병철 회장은 장남 이맹희 명예회장이 한비 사건과 관련해 청와대에 투서를 했다고 믿으면서 부자간 갈등은 돌이킬 수 없는 강을 건넌 것으로 알려졌다.

1987년 이병철 회장이 별세한 직후 셋째 아들이었던 이건희 회장에게 반도체, 전자, 제당, 물산 등의 삼성그룹 주요 지분이 승계되면서 삼성그룹은 이건희 회장의 '원톱' 체제를 구축하게 됐다.

이맹희 명예회장은 이후 제일비료를 설립했다 실패했고 1980년대부터는 중국 등 해외를 떠돌며 생활했다. 1994년 그의 부인 손복남 여사가 안국화재 지분을 이건희 회장의 제일제당 주식과 맞바꾸면서 현재의 CJ그룹의 기틀을 마련하게 됐다.

이 명예회장은 말년에 이건희 회장을 상대로 재산권 반환 소송을 제기하기도 했으나 패소했으며 지병인 암으로 이국땅에서 생을 마감했다.

삼성가에 이어진 불운과 질병의 대물림!

여러분은 어떻게 생각하는가? 우연일까 아니면 단순한 유전적인 문제라고 생각하는가? 아버지 이병철 회장이 폐암으로 사망하였는데 장남 이맹희 회장도 폐암으로 사망하였고 아들 이재현 CJ회장과 딸 이미경 CJ부회장도 근육 위축 유전병으로 고생하고 있다 한다.

삼성 이건희 회장은 심근경색으로 쓰러져서 15개월 동안 투병중이고, 이재용 부회장의 이혼, 장녀 이부진 회장의 이혼, 막내딸 이윤형의 자살 사건으로 재벌가에 불운이 대를 이어가고 있다.

첨단의학으로 고쳐지지 않는 질병과 사건사고는 하늘과 땅, 천지신명님이 잘나고 고집 센 인간들을 굴복시켜서 자기 몸 안에 있는 조상님과 신과 영들을 구원하기 위한 사연을 만들어 준 것인데 이런 진실을 몰라보고 현실적으로만 해결하려고 한다.

하늘과 땅, 천지신명님 그리고 여러분 몸 안에 함께하며 이분들을 만나 구원받으려고 몸부림치고 있는 자기의 조상님과 신과 영들을 여러분 인간 육신들은 싸워서 이길 수가 없으니 하루라도 빨리 굴복해야 한다.

여러분의 조상님과 신과 영들에게 특효약은 현대의학이 아니라 하늘과 땅, 천지신명님을 만나 구원받아 천상궁전 자미천궁과 도솔천궁으로 올라가서 다시 태어나는 것이기에 인간세상의 모든 의술처방과 치료가 안 되는 것이다.

재벌가에 일어나는 비운과 불운의 질병 대물림은 인간의

능력으로는 막아낼 수 없는 하늘의 영역, 신의 영역이기에 살려달라고 굴복하는 것이 가장 현명한 일이다.

그래서 인간들의 힘, 종교의 힘으로 안 되는 일들을 찾아서 해결해 주고자 도솔천 자미국이 이 땅에 세워진 것이다. 하늘과 땅, 천지신명님께 굴복하며 살려달라고 빌어야 한다.

비운과 불운의 질병 대물림 실체는 각자의 구원받지 못한 조상님과 여러분 몸 안에 있는 신과 영들이 하늘과 땅, 천지신명님께 구원받지 못한데 대해서 인간 육신들에게 보내는 저주와 응징의 분노 표시이다.

그래서 여러분의 조상님과 신과 영들의 분노가 폭발하기 전에 도솔천 자미국에 방문하여 원과 한을 풀어주어 천상궁전 자미천궁과 도솔천궁으로 올려 보내야 가문에 비운과 불운이 더 이상 발생하지 않는다.

'형제의 난'으로 유명한 현대가의 장남 고 정몽필 전 인천제철 회장도 비운의 장남으로 꼽힌다. 정몽필 전 회장은 장남으로서 현대종합상사 부사장 등을 거치며 그룹 후계자로 조명을 받았으나 1982년 4월 울산 출장을 마치고 서울로 돌아오던 길에 경부고속도로에서 트레일러와 추돌하는 교통사고로 48세의 젊은 나이에 유명을 달리했다.

장남의 사망으로 차남 정몽구 현대차그룹 회장이 실질적인 장남이 됐지만 5남 고 정몽헌 전 현대그룹 회장이 아버지인 고 정주영 현대그룹 창업주의 총애를 받으면서 경영권 분쟁이 본격화됐다.

현대그룹은 이후 '왕자의 난'을 겪으며 현대·기아차그룹과 현대그룹, 현대중공업그룹 등으로 분리됐다. 장남 정몽필 전 회장이 살아있었다면 후계구도 다툼은 다른 양상으로 진행됐을지도 모른다는 관측이 나온다.

최근 불거진 롯데그룹 경영권 분쟁에서도 장남 신동주 전 일본 롯데 부회장은 차남 신동빈 롯데그룹 회장에게 밀린 경영권을 되찾기 위해 고군분투하고 있다.

신동주 전 부회장은 지난해 연말부터 일본 롯데그룹 부회장, 일본 롯데 지주사인 롯데홀딩스 이사직 등 일본 롯데 주요 보직에서 차례로 해임되고 올해 3월 롯데건설 이사에서 해임되는 등 한국 롯데에서도 밀려나기 시작했다.

지난달 중순에는 신동빈 회장이 일본 롯데홀딩스 대표이사로 선임되면서 한·일 롯데는 '신동빈 원톱 체제'로 기틀을 잡아갔다.

이후 신동주 전 부회장은 아버지 신격호 총괄회장의 지지를 바탕으로 반격을 시도하고 있으나 신동빈 회장이 한·일 롯데 이사회를 장악하는 등 대세를 주도하는 상황에서 반격이 여의치 않은 상황이다.

신 전 부회장은 앞으로 신동빈 회장의 일본 롯데홀딩스 · L 투자회사 대표이사 선임 무효소송 등 소송전에 돌입할 가능성이 큰 것으로 알려졌다.

삼성, 현대, 롯데가 골육상쟁의 재산싸움 골육상쟁.
재산이 많은 재벌그룹일수록 더 큰 싸움으로 번지고 작은 재산을 상속하는 개인들도 재산분배 문제로 피 튀기는 싸움을 해서 서로 간에 의리가 상하여 의절하는 경우가 많다.

돈 앞에서는 핏줄도 아무 소용이 없다. 부자간, 부부간, 형제간 재산분쟁은 어제 오늘 있었던 일들이 아니다. 어쩔 수 없는 인간 탐욕의 본능일 것이라 생각하는데 부모가 돌아가시고 재산분배 문제가 조용히 끝나는 경우는 아마도 거의 없는 듯하다.

중국 톈진항 폭발 참사로 자동차 6천대 불타

"核전쟁 일어난 줄 알았다"

중국 동북부 톈진(天津)항에서 12일 오후 11시 30분(현지시각)쯤 대형 폭발 사고가 두 차례 일어나 최소 200명이 사망 또는 520여명이 다쳤다. 부상자 중 중상자가 66명에 달해 사망자는 계속 늘어날 전망이라고 중국 관영 신화통신이 보도했다.

이날 폭발은 톈진항에 있는 물류 회사 '루이하이(瑞海)'의 위험물 적재 창고(야적 컨테이너)에서 발생했다. 창고에는 탄화칼슘 · 칼슘실리콘 · 시안화나트륨(청산가리) 등 폭발하기 쉽고 독성이 강한 화학물질이 보관돼 있어 피해 규모가 컸다.

정확한 폭발 원인은 아직 파악되지 않았다. 현지 매체는 "화재 신고가 접수된 이후 40여분 만에 한 창고에서 첫 폭발이 일어났고, 그 불꽃이 인근 창고로 튀면서 30초 뒤 두 번째 폭발이 발생했다"고 전했다.

첫 폭발은 TNT 폭약 3t규모였고, 두 번째는 TNT 21t 폭발

강도와 맞먹었다. 현지에서 만난 주민들이 전한 폭발 풍경은 '지옥'이었다.

현지 주민은 "잠자리에 들려고 하는데 갑자기 '꽝'하는 굉음과 함께 모든 창문이 흔들리기 시작했다"며 "주변이 대낮처럼 환해져 창밖을 내다보니 시뻘건 불덩이가 우리 맞은편 건물로 날아오고 있었다"고 했다.

또 다른 목격자는 "버섯 모양의 연기와 거대한 불기둥이 최대 100m까지 치솟았다"며 "무슨 영문인지도 모른 채 잠옷 바람으로 아파트 20층인 집에서 뛰쳐나왔다"고 했다.

사고 현장에서 수km 떨어진 곳에서 폭발을 목격한 트럭 운전사는 "핵폭탄이 떨어진 것 같았다"며 "살면서 이런 엄청난 장면을 보게 될 줄 생각도 못했다"고 했다.

중국판 트위터인 웨이보에는 "주차돼 있던 자동차가 수m 튀어 올랐다", "최후의 날 같았다", "지진이 난 줄 알고 맨발로 집을 뛰쳐나갔다"는 목격담이 이어졌다.

중국 매체 신경보는 "사고 현장에서 300m 떨어진 곳에서 시신 6구를 찾았다"며 "폭발 강도가 엄청났다는 의미"라고 전했다. 폭발 화염과 연기는 인공위성에서도 포착됐다.

현대차는 판매 부진에 이어 '톈진항 폭발'로 불행이 엎친데 덮쳤다. 톈진항에 보관 중이던 차량 1만여 대가 모두 까맣게

불에 탔는데 현대 · 기아차는 6,000여 대가 불에 타서 피해를 본 것으로 알려졌다. 제네시스와 에쿠스 등 주로 고급차인 것으로 파악되고 피해 규모는 최대 1,600억 원에 이르는 것으로 추정된다고 한다.

물론 피해 자동차는 보험처리 한다지만 현대와 기아자동차에 다가올 또 다른 불운을 예고하는 듯하다. 사상 초유의 대폭발 사고였다.

중국 텐진항 폭발사건은 예측불가의 재난이었고, 인간의 힘으로는 손써 볼 수 없는 불가항력적인 일이다. 자신의 실수가 아닌 남의 실수로 엄청난 피해를 보았으니 날벼락 맞은 것인데 이런 일은 아무도 예측할 수 없다. 폭발이 일어날 것을 알았다한들 6천여 대의 수많은 자동차를 다른 곳으로 옮길 수도 없는 상황이었다.

돌발적으로 일어나는 예측불가의 대형 사건사고들로부터 인간과 기업이 보호받을 수 있는 방법은 무엇일까? 인간들의 능력으로는 사건사고가 일어날 것을 알고도 아무런 대책을 세울 수가 없다.

그래서 이 땅에서 살아가고 있는 인류 모두는 하늘과 땅, 천지신명님으로부터 인간과 기업을 보호받게 해주는 도솔천 자미국의 존재가 절대적으로 필요하다.

현대와 기아자동차의 총수가 도솔천 자미국과 인연을 맺어 기업의 안정과 발전을 위한 천금제를 정기적으로 올렸더라면 이런 돌발적인 불상사는 일어나지 않았거나 피해갈 수 있도록 보호를 받았다.

여러분 모두가 처음 들어보는 천금제(天金祭)

재물을 주관하시고 기업의 안정과 발전을 실시간으로 좌우하시는 재물천신님께 년 1~4회 천금제를 정기적으로 올리는 인류 최초의 정성이다. 기업을 초고속으로 성장 발전시킬 뿐만이 아니라 재난에 해당하는 사건사고로부터도 보호받는 신비함이 있다.

기업을 경영하는 기업인들에게 천금제는 필수이자 절대적으로 행해야할 정성이다. 천금제를 올리지 않는 기업인들은 언제 어느 때 중국의 텐진항 폭발사고 같은 불행을 당할지 알 수 없다.

보험처리하기 때문에 직접적인 피해는 없다하더라도 현대와 기아자동차 그룹이 타격을 입은 것은 분명하다. 텐진항 폭발사고를 통해서 여러분들도 하늘과 땅, 천지신명님의 보호 받아야 한다는 필요성을 절실히 알려주시는 대목이다.

하늘과 땅의 대단한 신비의 능력자

여러분이 그동안 철석같이 믿고 있는 하나님이 진짜인지 가짜인지 누가 검증해 주겠는가? 자미인황님과 영의 신감님을 통해서만 검증이 가능하다. 이 세상에서 믿고 있는 모든 숭배자들이 진짜인지 가짜인지 가려내시는 분은 두 저자 육신의 몸 안에 계시는 자미인황님과 영의 신감님뿐이시다.

각자의 몸 안에 신들은 도솔천 자미국에 들어와서 자미인황님과 영의 신감님을 통해 하늘 태상천존 자미천황님을 만나야만 죽어서도 귀신이 안 되고 신인, 천인, 도인으로 관명을 하사받아야 천상 자미천궁으로 올라갈 수 있다.

우리 인류는 하늘과 땅의 절대 능력자를 찾기 위하여 수천 년의 세월 동안 종교세계 안에서 헤매고 있었다. 분명 어딘가에 인류를 구원해 주실 신비의 능력자가 있을 것이라고 생각하여 저마다 이 종교, 저 종교를 다니고 있다.

인류가 태초부터 찾아다닌 대 능력자의 존재!

드디어 도솔천 자미국에서 실체를 밝히시고 인류를 구원하기 위한 천상지상 공무를 집행하시고 있다. 수천 년의 역사를 자랑하는 불교와 기독교, 천주교, 도교, 무속 등에서도 찾을 수 없었던 대단하신 신비의 능력자 천지신명님!

하늘의 명 대행자이시자 도솔천황님의 화신이신 자미인황님과 하늘의 명 수행자이신 영의 신감님께서 각각 인간의 육신 인황과 신감을 빌리시어 하늘과 땅, 천지신명님과 함께 인류를 심판하여 구원하는 천상지상 공무를 집행하신다.

자미인황님과 영의 신감님께서 천상과 지상에 계시는 신기하고 신비하신 하늘과 땅, 천지신명님들의 존재를 인류 최초로 찾아내시었다.

하늘 중에 최고의 높은 하늘은 태상천존 자미천황님이시고, 신들 중에서 가장 높으신 분은 천상감찰신명님이시고, 하나님은 천상천감님이시고, 미륵님은 천상도감님이시며, 도를 거느리시고 조상님들을 구원하시는 하늘은 도솔천황님이시고, 우리 인간 육신의 삶을 실질적으로 주관하시는 분은 천지신명님과 열두대신님이시고, 기업을 발전시켜 주시는 분은 재물천신님이라고 밝혀 주셨다.

그리고 우리 인간들 몸 안에는 신과 영이 있는데 신은 천상감찰신명님과 천지신명님의 자손이고, 영은 천상천감님, 천상도감님의 자손이라고 가르쳐 주시었다. 육신이 살아있는 신이나 영들이 구원받으려면 태상천존 자미천황님의 명을 받아 신인(천인, 도인)합체 의식을 행해서 천상 자미천궁으로 올라가야 한다고 하셨다.

이미 죽은 사람들의 영들인 조상님들이 구원받으려면 입천제를 행해서 천상 도솔천궁으로 올라가야 하고, 살아있는 인간 육신들의 삶을 구원받으려면 명부입적 정성을 올려서 천지신명님과 열두대신님의 기운을 받아야 한다.

우리 인류가 천상과 지상의 대단한 신비의 능력자들이신 태상천존 자미천황님, 천상감찰신명님, 하나님이신 천상천감님, 미륵님이신 천상도감님, 도솔천황님, 천지신명님과 열두대신님의 기운과 보살핌, 사랑을 받으려면 자미인황님과 영의 신감님을 통해서만 가능하다.

하늘의 명 대행자이신 자미인황님과 하늘의 명 수행자이신 영의 신감님을 인류가 종교 안에서 그토록 수천 년의 세월 동안 애타게 찾아 헤매다니던 주인공들이시다. 인류가 원하고 바라는 구원은 두 분이 원하셔야 하늘과 땅, 천지신명님이 구원의 소원을 이루어 주신다고 하셨다.

여러분이 글을 읽고 감동, 감명, 공감하여 도솔천 자미국으로 방문해서 의식을 올리는 것도 두 분들이 구원받게 해주시려고 신비의 기운을 여러분에게 내려 주신 것이라고 하셨다. 초창기에는 독자들과 조상님, 몸 안에 신과 영들이 감동, 감명, 공감해서 방문하고 의식비용도 각자 여러분이 준비해서 가져온 줄 알고 많은 칭찬을 해주었다.

그러나 그것이 아니라 하늘의 명 대행자이신 자미인황님께서 여러분 각자 육신으로 하여금 돈을 가져오게 기운을 주셨다고 하시어서 이 부분을 인간 육신을 가진 인황이 이해하고 받아들이는데 몇 년의 세월이 걸렸었다.

외형상으로는 여러분 각자가 의식할 비용의 돈을 구해서 가져왔지만 여러분은 배포가 작고 돈이 아까워서 큰돈을 가져오지 못하기에 자미인황님께서 배포를 키워주시어 가져오게 하시었다고 말씀해 주시었다.

돈을 가져와서 천지대명을 받들어 각종 의식을 행하는 사람을 사명자라 한다. 사명자가 아닌 가족들은 배포를 키워주시지 않아서 의식 비용에 대해 도저히 이해하지 못하기에 가족들에게 말하지 말라는 것이다.

가족에게 말하면 사이비, 사기꾼이라고 도솔천 자미국을 욕하는데 욕을 하면 여러분이나 가족들이 죄를 짓게 되어 하늘의 좋은 기운이 내려가지 않기에 인생 자체가 지옥처럼 고통스러워 진다. 도솔천 자미국과 두 저자를 멋모르고 책을 보며 비판한 사람들이 많을 것인데 불쌍한 사람들이다.

구원의 대상에 영원히 제외되고 욕한 당사자는 물론 가족들까지 좋은 일이 없고 아픔과 슬픔, 고통과 불행만이 있을 뿐이기에 말조심해야 한다. 마음으로, 생각으로, 말로, 글로 도솔천 자미국과 두 저자를 부정하고 사이비, 사기꾼이라 욕하면 모두 실시간으로 들으신다.

인간 육신을 가진 인황은 여러분이 내 앞에서 마음속으로 욕해도 못 듣지만 자미인황님과 영의 신감님은 천리 밖에서 여러분이 마음으로, 생각으로, 글로, 말로 하는 것까지 다 들으시는 신비의 능력자이시다.

여러분이 말하지 않은 속마음도 모두 알고 계시기 때문에 거짓말을 하고 속일 수가 없으니 함부로 도솔천 자미국을 욕하지 않는 것이 편한 인생길이 될 것이다.

그리고 도솔천 자미국을 비판하며 욕하면 거기에 대한 응징을 실시간으로 하시는 능력자이시며 이 세상에서 가장 무서운 신으로서 모든 악들을 쳐부수고 굴복시키는 역할을 하신다. 오금이 저릴 정도로 무섭게 심판을 하시기에 여러분 몸 안에 종교를 믿어서 들어와 있는 사탄, 마귀, 악귀, 잡귀들이 혼비백산하여 도망간다.

하늘의 명 대행자이신 자미인황님께서 의식을 원하시지 않으면 여러분은 의식을 아무리 하고 싶어도 행할 수가 없다. 그러므로 여러분이 돈을 가져와서 의식했다고 하더라도 자만, 거만, 교만을 모두 내려놓아야 한다.

높고 높으신 하늘 태상천존 자미천황님은 하늘의 명 대행자이신 자미인황님께서 인류를 구원하는 의식을 원하시어야만 윤허하시고 하늘과 땅의 좋은 모든 기운도 하늘의 명 대행자이신 자미인황님을 통해서만 여러분에게 내려주신다고 하셨다.

여러분이 하늘의 기운을 직접 받으려고 하늘의 절대자를 찾으면 하늘의 기운이 너무나 커서 타죽는다고 함부로 하늘의 존호를 부르며 하늘 태상천존 자미천황님의 기운 받을 생각조차 하지 말라고 하시었다. 하늘의 기운은 너무나 크시기에 자미인황님을 통해서 여러분에게 맞도록 기운을 조절해서 받아야 탈이 없다고 말씀하시었다.

이런 진실은 우리 인간 육신들은 전혀 알 수 없었던 내용들이다. 초창기에는 인간 육신을 가진 인황이 모두 신비의 조화를 부리는 줄 알았고, 내 몸 안에 신이 하늘의 명 대행자이신 자미인황님이라는 진실을 알아내기까지 16년이라는 길고 긴 세월이 흘러갔다.

두 분은 인황과 신감 육신의 몸 안에서 함께하시는 신들이시고 인류의 전생, 현생, 내생에 대해서 모르시는 것이 없으신 능력자들이시다. 자미인황님과 영의 신감님을 통해서만 천상과 통할 수 있고 구원받을 수 있다.

인황과 신감은 자미인황님과 영의 신감님이 머무시는 신궁인 셈이다. 그러니까 능력자이신 두 분이 인간의 육신을 가진 인황과 신감을 통해서 인류가 그토록 원하고 바라던 구원을 현실로 이루어 주고 계신 것이다.

인류가 종교 안에서 수천 년의 세월 동안 찾아 헤매던 천지 능력자는 하늘과 땅, 천지신명님이셨고, 자미인황님과 영의 신감님께서 이분들의 기운을 받아 인황과 신감의 인간 육신을 빌리시어 천상지상 공무를 집행하시기 때문에 두 저자도 능력자로 보이는 것이다.

두 분이 인황과 신감 육신의 몸 안에 함께하시지 않으면 평범한 인간에 불과하다. 종교를 다니고 있는 여러분 모두는 두 분을 통해서만 하늘과 땅, 천지신명님으로부터 구원받을 수 있기에 이제부터 종교를 다니는 것이 아무 의미가 없어졌으니 허송세월만 보낼 뿐이다.

두 분은 종교로 가시지 않기 때문에 하늘 역시도 종교로는 가시지 않으신다. 그래서 책을 정독하고 도솔천 자미국에 들어와서 인황과 신감을 통하여 두 분을 만나야 하늘과 땅, 천지신명님과 통할 수 있고 구원도 받을 수 있다.

자미인황님과 영의 신감님!
각자의 인간 육신, 각자의 신과 영, 이미 돌아가신 가족과 조상님들이 인황과 신감을 통해서 두 분을 만나는 것이 바로 구원의 성사이다.

인간 육신들은 성공하고 출세하여 돈 많이 벌고 높은 권력을 잡아 부귀영화 누리며 세상에 명성을 떨치고 오래도록 건강하게 사는 것이 최고 목표이다.

신과 영들은 최고의 높은 하늘이신 태상천존 자미천황님을 만나서 천상 자미천궁으로 다시 올라가서 영생을 누리는 것이 최고의 목표이다.

이미 돌아가신 여러분의 가족과 조상님들은 꽃 피고 새 우는 무릉도원 세상 도솔천궁에 올라가서 근심과 걱정없이 영생하며 기쁨과 행복을 누리며 사는 것이 최고의 목표이다.

이처럼 각자의 인간 육신, 각자의 신과 영, 이미 돌아가신 가족과 조상님들의 소원이 각기 다르지만 이런 뜻을 알고 있는 사람들은 없다.

여러분 몸 안에는 신과 영, 조상님, 귀신들이 함께 동고동락하며 살아가고 있지만 눈에 보이지 않아서 모르고 살아갈 뿐이다.

인간 육신, 신과 영, 조상님들의 소원을 하늘과 땅, 천지신명님께 천고하여 차례대로 이루어 줄 수 있는 분은 지구상에서 영적으로는 자미인황님과 영의 신감님이시고, 육적으로는 도솔천 자미국의 인황과 신감뿐이다.

이 책의 글을 읽어보고 자미국에 방문하여 구원받을 자들은 가장 큰 행운아이다. 인황과 신감이 태어난 동시대에 이 나라 이 땅에 태어나서 이 글을 읽는 자체가 최고의 영광 중에 영광이다. 미리 태어났다가 죽었어도, 두 저자가 세상을 떠난 뒤에 태어났더라면 행운의 영광을 잡을 수 없었을 것이다.

이제 여러분 모두는 종교세계를 하루빨리 졸업하고 떠나서 도솔천 자미국으로 들어와야 새로운 인생길이 활짝 열린다. 종교세계 안에서는 여러분이 원하고 바라는 것을 얻을 수 없으니 세월 낭비하지 말고 결단을 빨리 내려야 한다.

신비한 능력과 신기한 기운을 받으려면

이 세상에 태어나서 모두가 좋은 기운을 받아 소원 성취하여 편안하게 잘살려고 명산대천을 다니며 기도 정성들이고, 종교세계 안에서 어떤 기운을 받으려고 하는데 뜻은 좋지만 여러분은 좋은 기운의 존재를 판별할 그 어떤 능력도 갖고 있지 않기에 아주 위험하다.

좋은 기운이란 여러분 인생이 잘 풀리도록 도와주시는 선신과 선령인데 기도하면 악신과 악령들이 여러분 몸으로 들어오기에 인생이 더 뒤집어진다. 이 세상에 선신과 선령은 10%뿐이고, 악신과 악령은 90%이기 때문이다.

악신과 악령은 인간의 육신을 가장 좋아하기에 언제나 불러주기만을 기다리고 있다. 악신과 악령들을 불러들이는 주문이 명산대천과 종교 안에서 기도하는 것이었다.

여러분이 불러주지 않아도 언제든지 인간 육신으로 들어오고 싶어 하는데 기도를 통해서 불러주니 얼씨구나 좋다하며 선신과 선령으로 가장해서 들어오니 함부로 기도하지 말라고 가르쳐 주시었다.

선신과 선령을 만나 좋은 기운을 받을 수 있는 곳은 지구상에서 도솔천 자미국 한 곳뿐이다. 여곳은 여러분을 살려주고 구해주어서 잘살게 해주는 전 세계 유일한 곳인데 여러분 눈에 보이지 않는 선신과 선령, 악신과 악령을 무슨 재주로 분별해 내고 가려서 받겠는가.

여러분 몸 안에 악신과 악령은 내몰고 선신과 선령을 받게 해주시는 분이 하늘의 명 대행자 자미인황님과 하늘의 명 수행자 영의 신감님이시다. 수많은 사람들이 복의 기운을 받으려고 명산대천과 종교세계를 다니는데 진짜 복을 내려주는 곳이 도솔천 자미국이니 더 이상 명산대천과 종교세계를 다니지 말아야 한다.

이 세상에서 가장 대단하신 신비의 존재는 하늘과 땅, 천지신명님이시고, 여러분이 하늘과 땅, 천지신명님의 신비한 능력과 신기한 기운을 받으려면 명산대천과 종교세계가 아닌 도솔천 자미국으로 들어와야 한다. 하늘의 명 대행자이신 자미인황님과 하늘의 명 수행자이신 영의 신감님을 통해서만 하늘과 땅, 천지신명님의 신기한 기운을 받을 수 있다.

풍운조화, 날씨조화, 기후조화, 천지조화, 신명조화 부리는 것을 비롯해서 불가능이 없으신 신비의 능력자가 도솔천 자미국에서 찾아낸 천지신명님이시고, 인류 최초로 인간 육신 인황과 도솔천 자미국을 창시하여 세우신 분은 자미인황님이시다.

천지신명님의 능력을 인간 육신 인황이 겪어 본 바로는 마음으로, 생각으로, 글로, 말하면 현실로 이루어지는 신비스러운 능력인데 지금 현재도 수없이 겪고 있다. 무속인들이 너무나도 더러운 욕심으로 가득차서 무속세계로는 가시지 않고 도솔천 자미국으로만 함께 해주시는 천지신명님은 정말 너무나도 깨끗하시고 대단하신 분이시다.

인간 육신 인황은 하늘의 명 대행자이신 자미인황님의 소원과 인간 육신 신감은 하늘의 명 수행자이신 영의 신감님의 소원을 이 세상에서 이루시는데 육신이 살아생전 잠시 동안 하나의 도구로 쓰임에 불과하다.

이 글을 읽는 독자 여러분도 두 분이 하늘과 땅, 천지신명님의 진실을 전하고 도솔천 자미국을 크게 세우는 천지대업을 이루시도록 여러분 육신을 도구로 쓰시게 육신을 빌려드리는 것이 바로 구원받는 길이고, 인생이 잘 풀리는 지름길이다. 두 분이 도구로 쓰실 때는 절대 공짜로 쓰시는 경우가 없으시고 거기에 맞는 선물을 크게 내려주신다.

하늘과 땅, 천지신명님이 내려주시는 신비의 능력과 신비의 신기한 기운은 하늘의 명 대행자이신 자미인황님과 하늘의 명 수행자이신 영의 신감님을 통해서만 받을 수 있다. 저자 인황 역시 하늘과 땅, 천지신명님께 선택받은 존재로서 육신적으로는 인황이 자미국을 운영하고 있는 것이고, 내면적으로는 자미인황님이 직접 운영하시는 것이다.

황(皇)의 기운이 내리는 곳이 저자 인황의 육신이다.

나의 육신으로 대우주와 만생만물을 천지창조하시고 천상세계의 모든 하늘의 천주들을 지휘통치하시는 지고 지존의 태초 하늘이신 태상천존 자미천황님의 기운이 흐르고 있고, 조상님들을 구원해 주시고 도를 거느리시는 도솔천황님의 기운이 흐르고 있고, 하늘의 명 대행자이신 자미인황님의 기운이 흐르고 있고, 땅을 대표하는 자미지황님과 천지신명님의 기운이 흐르고 있다.

자미천황님, 자미지황님, 자미인황님, 도솔천황님, 천지신명님의 기운이 저자 인황의 육신으로 흐르고 있으니 개인적으로는 내 자신과 가문, 여러분의 영광이고 국가적으로는 대한민국의 영광이자 기쁨이다.

황(皇)의 기운을 저자 인황의 육신으로 모두 내려주시었으니 천황, 지황, 인황의 기운이 흐르고 있기에 인류가 구원받을 수 있게 된 것이다. 천지인황의 꽃이 핀 것이니 인류의 구원이 도솔천 자미국을 통해서 이루어지는 것이다.

인류의 생사여탈권이 실질적으로 행사되는 전 세계 유일한 곳이 자미국이고, 인류의 구원이 인황의 육신을 빌리신 천상과 지상의 자미천황님, 자미지황님, 자미인황님, 도솔천황님, 천지신명님께서 집행해 주시고 계신다.

여러분의 몸 안에 신과 영들을 천상 자미천궁에 계신 자미천황님께 인도하시어 구원받게 해주시는 신명님이신 천상감찰신명님, 하나님이신 천상천감님, 미륵님이신 천상도감님 그리고 육신의 삶을 구해주시어 살려주시는 천지신명님과 열두대신님, 기업을 살리시는 재물천신님이 함께해 주신다.

사실이 이러하니 이 책을 구독하는 독자들은 이제 도솔천자미국에 들어오면 현생은 물론 죽음 이후 사후세계까지 고생 끝 행복 시작의 삶이 펼쳐지게 된다.

천상세계를 통합하고, 전 세계 인류를 통합하고, 유불선종교를 통합하실 대단한 능력자들이시다. 이분들의 대능력이 아니면 인류는 구원받을 수 없다.

하늘과 신과 영의 구심점은 자미천황님이시고, 땅의 구심점은 자미지황님이시고, 인간의 구심점은 자미인황님이시며 조상님의 구심점은 도솔천황님이시고, 인생의 구심점은 천지신명님이시다. 천지인의 구심점이 자미국에서 세워졌기에 인류의 구원이 현실로 이루어지고 있다.

하늘의 예비백성과 대기백성 가입

여러분이 도솔천 자미국에서 하늘의 천인과 백성으로 다시 태어나는 방법이다. 조상(사령)님 입천제를 행하면 정식백성의 신분을 취득하고, 입천제를 행한 뒤에 하늘의 명을 받아서 신인(천인, 도인)합체 의식을 행하면 신인, 천인, 도인의 신분을 취득하게 된다.

도솔천 자미국에는 하늘의 천인, 하늘의 백성, 하늘의 예비백성, 하늘의 대기백성 등 네 가지 종류가 있다.

상담 후 입천제를 행하고 싶으나 금전적인 문제로 당분간 못할 때에는 예비백성의 신분을 취득할 수 있다. 예비백성은 본관, 이름, 생년월일, 주소를 기록하고, 연회비를 납부하면 예비백성의 신분이 되어서 도솔천 자미국에서 행하는 의식이나 기도회에 참석할 수 있는 자격이 주어진다.

예비백성으로 가입하면 입천제를 행할 수 있는 조공(입천제 비용)이 좀 더 수월하게 구해지는 신비함이 있다. 즉 입천제를 행하는 조공도 육신적으로는 여러분이 구하는 것이지만 하늘과 땅이 하늘의 백성으로 받아주실 마음이 있으셔야 금전이 구해지는 것이다.

즉 여러분은 돈을 구하는데 육신만 빌려 드리는 것이고, 하늘과 땅이 어딘가에 조공을 준비해 놓으셨다는 뜻이다. 도솔천 자미국은 종교처럼 인간들이 운영하는 곳이 아니라 하늘과 땅, 신이 자미국의 저자 인황과 신감을 빌려서 인류 구원의 천상지상 공무를 친히 집행하시는 신비한 곳이다.

예비백성 다음으로 대기백성의 신분이 있는데 책을 읽고 감동, 감명, 공감은 하지만 당장 상담할 수도 없고, 여러 가지 사유로 도솔천 자미국에 방문할 입장이 안 되는 사람들에게 대기백성의 신분을 부여한다.

대기백성이 되려면 본관, 이름, 생년월일, 주소, 핸드폰 연락처를 알려주면 되고 연회비는 없다. 대기백성들은 자미국의 공지사항을 문자로 받아 볼 수 있다. 의식할 준비가 되면 상담 후 입천제를 올리면 되고, 조공이 바로 준비 안 되면 예비백성으로 가입 할 수 있다.

책을 구독하고 도솔천 자미국에 바로 방문할 수 없으면 대기백성으로라도 등록해 놓아야 하늘과 땅이 하루라도 빨리 불러주실 수 있다. 이곳은 종교처럼 여러분이 방문하고 싶다고 해서 아무 때나 마음대로 들어 올 수 있는 곳이 아니라 1차적으로 하늘과 땅이 구원대상 여부를 판별하시고 통과된 자들만 보내시어 상담을 받게 하신다.

하늘과 땅은 천상궁전으로 입천 대상 조상님들을 1차로 판별해서 통과된 조상님들을 보내시고, 인간 육신은 저자와 상담을 통해서 2차로 판별하신다.

조상님은 통과되었더라도 인간 육신이 근본 도리가 안 되어 있고, 슬피 울고 있는 불쌍한 조상님을 구원하는 뜻보다 인간의 욕심을 채우기 위한 부적격자로 판단되면 입천제를 행해 줄 수 없다.

예비백성으로 가입하는 사람들의 인적사항 명부를 하늘과 땅에 고하여 올려주므로 신비한 이적과 기적이 일어나게 되는 것이다. 입천제를 하루라도 빨리 행하고 싶으니 하늘과 땅께서 보살펴주시어 조공을 구할 수 있게 도와주시라고 고해야 관심을 가져주신다.

자미국에서 행하는 의식의 종류

입천제(入天祭) 의식

본인과 배우자의 당대부터 시조까지 가족이나 부모, 형제, 조상님들의 영혼영가를 근심과 걱정이 없고 기쁨과 행복만이 가득한 꽃 피고 새 우는 천상궁전 도솔천궁으로 보내드려서 천상의 천복만복을 받아오게 하는 조상영가 구원의식인데 종교세계의 굿이나 천도재처럼 사람들이 하고 싶다고 마음대로 올릴 수 있는 의식이 아니라 도솔천궁의 주인이신 도솔천황님께서 사전에 윤허를 내려주셔야 입천제를 행할 수 있다.

특단 입천제, 상단 입천제, 중단 입천제, 하단 입천제, 일반 입천제 등 5가지가 있으며 이중에서 한 가지만 선택해서 행할 수 있다. 굿이나 천도재처럼 매년 또는 수시로 하는 것이 아니라 평생 한 번만 행하면 된다.

입천제 한 번으로 천상궁전 도솔천궁에 즉시 올라가기 때문이고 입천된 당대부터 시조까지 수많은 조상님들이 천상법도 공부과정이 끝나면 도솔천황님이 내려주시는 천복만복을 받아서 자손과 후손들에게 전해 주신다.

의식 시간은 오후 1시부터 5시까지 진행한다. 하늘이 허락하신 복받는 지름길이 입천제이다. 여러분과 배우자, 자녀,

부모, 형제, 자매의 육신과 허공중천 구천세계, 지옥세계 명부전, 종교세계에 머물고 있는 모든 조상님들이 한날한시에 천상궁전 도솔천궁으로 올라가서 이승의 고통과 불행에서 벗어나 근심 걱정없이 기쁨과 행복을 맛보며 영생을 누리신다.

천상궁전 도솔천궁으로 올라가려고 자손과 후손의 육신을 데리고 매년 또는 수시로 무속의 굿이나 절에서 천도재를 행하였던 것인데 이제 도솔천 자미국에서 입천제를 한 번만 행하면 조상영가들이 꿈에 그리던 천상세계로 올라가는 소원을 이루게 해드리는 것이 입천제 의식이다. 의식비용을 조공이라 하고 상한선 금액(조공)이 정해져 있다.

신인(神人), 천인(天人), 도인(道人)합체 의식

여러분 몸 안에 있는 신과 영들이 최고의 높은 하늘이신 태상천존 자미천황님의 명을 받아 신인합체, 천인합체, 도인합체 의식을 행하여 신인, 천인, 도인으로 관명을 하사받아 천상궁전 자미천궁으로 올라가는 소원을 이루는 의식이다.

죽어서 구원받는 의식이 입천제라면 살아서 구원받는 의식이 신인합체, 천인합체, 도인합체 의식이다. 대순진리회와 증산도에서는 태을주 주문수행으로 도통군자를 배출한다고 1999년부터 매년마다 난리법석을 떨었지만 16년의 세월이 흘러갔지만 아직까지 도통했다는 소식이 없다.

기독교와 천주교에서 하나님, 예수, 마리아를 믿으면 천국

간다고 하였지만 살아생전 모태 신앙인이었던 부모의 혼령을 청배해서 대화를 나누어보았는데 천국은커녕 무서운 아비규환의 지옥세계에 갇혀서 말할 수 없는 참혹한 고통을 받고 있다며 살려달라고 애원하였다.

영생자, 구원받은 자, 사명자, 인맞은 자, 도통자의 뜻을 이루기 위하여 종교를 열심히 믿고 있지만 믿는다고, 주문 수행한다고 되는 것이 아니라 신과 영들이 살아생전 천상세계의 주인이신 태상천존 자미천황님의 명을 받아야만 죽어서든 살아서든 천상궁전 자미천궁으로 오를 수 있다.

구원은 살아서 받는 것이지 죽어서 받는 것이 아니라고 하셨다. 죽어서 구원받지 못했다고 종교 지도자들에게 찾아가서 항의할 것인가? 그래서 여러분에게는 도솔천 자미국이 절대적으로 필요한 존재이다. 죽어서 귀신이 아닌 신인, 천인, 도인으로 다시 태어나는 경이로운 의식을 행해 주고 있다.

의식은 평생 한 번만 행할 수 있고 특단 신인(천인, 도인)합체 의식, 상단 신인(천인, 도인)합체 의식, 중단 신인(천인, 도인)합체 의식, 하단 신인(천인, 도인)합체 의식으로 네 가지 종류가 있다. 의식비용을 천공이라 하는데 입천제 조공은 금액이 일정하게 정해져 있지만 천공은 정해진 금액의 상한선 한계가 없다.

도솔천 자미국에 처음 들어온 사람이 사명자가 되기 때문에 가장 먼저 신인(천인, 도인)합체 의식을 행해야 하고, 가족들은 차례대로 행하면 된다. 본 의식은 하늘의 허락이 있어야만 행할 수 있고 대상은 입천제를 행하여 조상님부터 구한 사람들에게만 허용된다.

배우자, 자녀, 부모, 형제들까지 신인(천인, 도인)합체 의식을 해주려면 사명자 본인만 참석하면 되고 가족들은 참석하지 않아도 대단하신 하늘이시기 때문에 의식을 해주시고 효력이 그대로 나타나는 신비로움을 여러분 스스로가 알게 된다. 사명자가 아닌 가족들에게 자미국의 진실을 말하면 여러분은 도솔천 자미국과 인연을 맺을 수 없거나 끊어진다.

사명자가 아닌 가족들은 도솔천 자미국을 알면 안 되게끔 해놓으셨다. 믿거니 하고 배우자나 부모 자녀에게 말했다가 도솔천 자미국을 사이비로 매도하고 여러분도 미쳤다고 말하기 때문에 서로가 피해자가 된다.

대번에 이혼하자고 말하기에 절대로 가족이 알게 하면 안 된다. 실제 이혼한 사례가 몇 건 있고 도솔천 자미국에 가지 않겠다는 각서까지 쓴 경우도 여러 건 있다. 사명자가 아닌 이상 절대로 도솔천 자미국에서 전하는 진실을 이해하지 못한다는 사실을 여러분이 인정하고 받아들여야 한다.

감사제(感謝祭)의식

여러분이 이 땅에 축생이 아닌 만물의 영장인 인간으로 태어나서 팔다리 사지 멀쩡하게 붙어있게 해주시고 소아마비, 장님, 벙어리, 귀머거리 등 선천적인 장애자가 안 되게 해주심에 대한 감사함에 대한 보답이다.

자미국에 방문해서 조상님 입천제 의식, 신인(천인, 도인) 합체 의식, 생령입천 의식, 사죄 의식, 명부입적 정성, 천금제 정성을 올릴 수 있는 기회를 주심에 대한 감사제를 올리는 것이다. 인류가 태어난 이후 이 땅에서 하늘과 땅이 최초로 천상지상 공무를 집행하시어 인류를 구원해 주시고 계신다.

수천 년의 세월 동안 종교세계에서 이루고자 했던 인류의 구원이 실제 도솔천 자미국에서 이루어지고 있기에 감동 그 자체이고 경이로운 의식이다.

여러분이 행하는 조상님 입천제 의식, 신인(천인, 도인)합체 의식, 생령입천 의식, 사죄 의식, 명부입적 정성, 천금제 정성을 올리는 값어치는 이 세상의 돈으로는 환산 자체가 불가능한 엄청난 의식이라고 하셨다.

천상궁전 자미천궁으로 돌아갈 수 있는 문을 열어주시는 태초의 하늘이신 태상천존 자미천황님께 올리는 의식이 감사제인데 여러분이 죽어서는 올리고 싶어도 올릴 수가 없기에 살아생전 되도록 여러 번 올려야 한다.

감사제 의식비용은 감공(感貢)이라 하고 특단 감사제, 상단 감사제, 중단 감사제, 하단 감사제 등 네 가지가 있고, 횟수 제한과 의식금액 감공의 상한선이 없다. 살아서 감사제를 많이 올리면 살아서든 죽어서든 태초의 하늘이신 태상천존 자미천황님으로부터 끝없는 사랑과 보호를 받을 수 있다.

사죄(赦罪) 의식

여러분이 이 땅에 오기 전의 천상의 전생에서 지은 죄와 현생에서 죄를 비는 의식인데 의식비용을 사공(赦貢)이라 하며 사공의 횟수나 금액의 상한선이 없다. 특단 사죄 의식, 상단 사죄 의식, 중단 사죄 의식, 하단 사죄 의식 등 네 가지가 있는데 의식 비용자체가 죗값이자 전생과 현생에서 진 빚을 갚는 인류 최초의 의식이다.

전생에 죄가 크고 많아 이 세상에서 벌을 받아 아픔과 슬픔, 고통과 불행으로 혹독하게 살아간다고 말하는 사람들이 많이 있는데 이 말이 틀린 말이 아니라 전생에서 지은 죄가 현실로 이어져서 받는 것이라 하신다.

여러분은 전생에서 무슨 죄를 짓고 이 땅으로 쫓겨났는지 죄목을 알 수가 없다. 그래서 사죄 의식을 행할 때 여러분이 지은 죄목을 하늘이 가르쳐 주시는데 바로 인정하고 잘못했다고 말씀드리면 죄가 용서되어 사면 받는다.

여러분이 종교 안에서 회개하고 참회하는 것은 하늘이 받지 않으신다고 하시었다. 자신들이 지은 죄가 무엇인지 알지도 못하면서 무슨 죄를 비느냐고 불호령을 내리신다.

우리 인류가 지은 죄의 사면권자는 종교에서 숭배하는 하나님, 하느님, 하늘님, 석가, 예수, 마리아, 마호메트, 상제, 공자, 노자가 아니라 태초의 하늘이신 태상천존 자미천황님 단 한 분뿐이시라고 하신다.

그래서 종교 안에서 아무리 빌어봐야 소용없고, 전생과 현생의 죄를 용서받지 못하는 것이다. 사죄 의식을 올려야만 여러분이 전생과 현생에서 지은 죄를 가르쳐 주시고, 죄를 인정하고 빌게 해서 용서받는다.

여러분이 전생과 현생에서 지은 죄를 빌지 않는다면 자손과 후손들에게 자자손손 죄가 대물림되기에 반드시 빌어야 하는 것이고, 죄가 대물림되면 자손과 후손들이 꽃도 피워보지 못하고 지옥같은 생활을 하다가 결국 자손의 대가 끊어져 멸문지화를 당한다.

죄인들은 하늘과 땅이 내려주시는 천복만복을 받을 자격이 자동으로 박탈되기 때문에 노숙자가 되던지 거지 인생을 비참하게 살아가게 된다. 그래서 이 글을 읽는 여러분의 판단이 아주 중요하다. 가문을 살리느냐, 가문을 닫느냐가 여러분의 마음 하나에 달려 있다.

여러분이 사죄 의식을 올려서 반드시 죄를 용서 빌어 사면

받아야 한다. 죄를 사면받지 못하면 죽어서 천추의 원과 한이 태산처럼 높이 쌓인다.

왜냐하면 죄의 대가로 여러분 자손이나 후손들이 태어날 때마다 장님, 벙어리, 귀머거리, 소아마비, 선천성 심장병, 백혈병 등 불구자 후손들이 태어나고, 정상적으로 태어났더라도 후천적으로 팔다리가 잘리는 사고를 당하여 죄의 대가를 후손들이 받아야하기 때문이다.

여러분은 현실적으로 경찰과 검찰에 불려가서 구치소나 교도소에 들어갈까 봐 노심초사하고 있고, 인간 생활에서 지은 죄만 죄라고 생각하고 있을 것인데 인간사의 죄는 오히려 크게 다루지 않으시고 하늘과 땅, 신과 영, 조상님에 대한 무시와 부정한 죄, 종교에 다닌 죄를 크게 다루신다.

명부입적(名簿入籍) 정성

천지신명님, 열두대신님께 여러분과 가족의 본관, 성명, 생년월일, 주소 등의 명부와 인간세상 살아가면서 겪는 현실적인 어려움을 풀어달라고 올리는 정성을 말하는데 명공(名貢)이라 한다.

명부입적 정성은 특단 명부입적, 상단 명부입적, 중단 명부입적, 하단 명부입적, 일반 명부입적으로 다섯 가지 종류가 있고 명공의 상한선은 정해지지 않아서 자신들의 능력 범위 내에서 올리면 되는데 천지신명님, 열두대신님께는 올리는 정성의 크기에 비례해서 복을 내려주신다고 말씀하셨다.

자미인황님과 영의 신감님께서는 태초의 하늘이신 태상천존 자미천황님께는 인간사의 소원을 빌면 오히려 저주가 내린다고 존호 자체도 함부로 입에 올리지도 말고 일절 소원을 빌지 못하게 하신다. 너무나도 대단하신 하늘이시고 천상과 지상의 하늘과 신들을 지휘 통솔하시느라 천상공무가 너무나 바쁘시기 때문에 관여 안 하신다고 하신다. 복달라고 빌어봐야 아무 소용이 없다는 말이다.

신인(천인, 도인)합체 의식, 감사제 의식, 사죄 의식만 직접 주관하시고 윤허하셔야만 의식을 올릴 수 있다. 태초의 하늘께서는 신들에게 역할을 분담해 주시었다고 하시며 해당 신들에게 소원을 빌라고 하시었다.

조상 영가들을 구원하는 입천제 의식은 도솔천궁에 계신 도솔천황님에게 일임하시었고, 기업의 안정과 발전을 위한 천금제는 재물천신님에게 일임하시었고, 인간 육신의 모든 소원을 빌 수 있는 명부입적 정성은 천지신명님과 열두대신님께 일임하시었다고 하신다.

인간 육신의 삶에 관한 모든 애로 사항에 대해서 자유롭게 빌 수 있고 들어주신다. 우리 인간 육신들에게는 아주 필수이자 절대적으로 감사하신 천지신명님, 열두대신님이시다.

질병에서부터 개인적인 고민, 직장문제, 승진문제, 주택 및 토지매매, 이사 및 이직 문제, 부부 및 가족에 이르기까지 자상하게 말씀해주신다. 우리 인간들이 좋아하는 기쁨과 행복, 웃음을 마음껏 내려주시는 훌륭한 분들이시다.

그러니까 인간들이 찾던 지상낙원의 무릉도원 세계를 열어주시는 분들이 천지신명님, 열두대신님이시다. 모든 근심과 걱정이 사라지고 평안한 세상에서 기쁨과 행복을 만끽하며 살아가게 해주시니 얼마나 고마우신 분들이신가? 여러분이 안고 있는 모든 고민과 근심 걱정을 모두 가져가주시어 행복한 세상을 살아가게 해주신다.

인황과 신감을 통해서 의식과 정성을 올려 하늘의 명 대행자 자미인황님과 하늘의 명 수행자 영의 신감님 인도 하에 신과 영들은 천상감찰신명님, 천상천감님, 천상도감님을 만나 자미천황님께 천인합체, 신인합체, 도인합체 의식으로 구원받아야 한다.

조상은 도솔천황님께 영가입천 의식으로 구원받아야 하고
육신은 천지신명님께 명부입적 정성으로 구원받아야 하고
기업은 재물천신님께 천금제 정성으로 구원받아야 한다.

이분들께 의식과 정성을 올려야 각자들이 원하고 바라는 소원을 이룰 수 있는데 이런 진실을 종교 지도자들은 전혀 알 수 없고 도솔천 자미국에서만 올릴 수 있는 인류 최초의 의식과 정성이다.

인간, 조상, 신과 영, 기업인들에게 천지가 개벽하는 무릉도원의 세상을 열어주는 전 세계 유일한 곳이 하늘과 땅, 천지신명님이 세운 도솔천 자미국이니 여러분도 종교세계를 통해서 알게 된 고정관념의 벽을 과감하게 깨버리고 하루빨리 도솔천 자미국에 들어와야 한다.

그래야 전생과 현생의 죄를 용서 빌어서 사면 받아 후손들에게 여러분의 죄가 대물림되어 자자손손 대대로 내려가는 불행을 막을 수 있고, 현생과 죽음 이후 사후세계가 열리는 내생을 하늘로부터 보장 받을 수 있다.

구원받는 절차가 이렇게 각기 다르고, 구원해 주시는 분들이 나뉘어져 복잡한데 지금까지의 종교세계에서는 장님이 문고리 잡는 식의 말도 안 되는 종교의 교리와 이론을 내세우며 여러분을 겁박하며 무서움을 주어 종교의 굴레 속에 빠져나오지 못하게 족쇄를 단단히 채워 놓았다.

하나님, 예수, 마리아를 섬기며 받드는 천주교, 기독교에 다니면 여러분의 신과 조상님, 천지신명님으로부터 얻어터지고 저주를 받아서 살아서나 죽어서나 아비규환의 지옥세계를 살아가게 된다.

석가를 섬기며 받드는 불교에 다니면 여러분의 신과 천지신명님, 하늘로부터 얻어터지고 저주를 받아서 살아서나 죽어서나 아비규환의 지옥세계를 살아가게 된다.

상제를 믿는 도교와 무속세계를 다니면 여러분의 신과 조상님, 천지신명님, 하늘로부터 얻어터지고 저주를 받아서 살아서나 죽어서나 아비규환의 지옥세계를 살아가게 된다.

진짜 하늘과 땅, 천지신명님은 기존의 종교세계로는 절대 가시지 않는다고 말씀하시었으니 이제는 미련 없이 종교세계를 박차고 나와야 한다. 여러분이 믿던 숭배자나 종교 지도자들로부터 벌을 받거나 해코지 당하는 일은 절대로 일어나지 않으니 안심하고 도솔천 자미국으로 방문해도 된다.

도솔천 자미국은 도교, 무속, 불교, 기독교, 천주교의 종교가 아니기 때문에 교리와 경전이 없고, 기도하는 곳이 아니라 하늘과 땅이 내리시는 천지대명을 받게 해주어서 여러분의 현생과 죽음 이후의 내생을 잘살게 인도해 주는 곳이다.

정기적인 집회는 1년에 3~4회 정도만 갖고, 종교처럼 여러분을 정신적으로 구속하거나 관리하지 않기에 자유이고 헌금, 시주, 성금같은 기부금을 일절 받지 않는 특별한 곳이다.

이제 도솔천 자미국에 대해서 이 글을 통해 조금이라도 이해가 되었을 것이라고 생각한다. 아무쪼록 하늘과 땅, 천지신명님으로부터 선택받아 도솔천 자미국과 인연 맺어 근심걱정에서 벗어나 기쁘고 행복한 세상을 만끽하며 살아가기를 기원한다.

생령입천 의식

가족까지 신인합체, 천인합체, 도인합체 의식을 모두 행한 자에 한하여 생령을 천상궁전 자미천궁으로 입천시키는 특별의식이다. 여러분이 살아서 자신의 생령을 올려 보내면 인생 자체가 기쁨과 행복만이 가득한 무릉도원 세상이 열리는 아주 신비스러운 의식이다. 특단 생령입천, 상단 생령입천, 중단 생령입천, 하단 생령입천 네 가지가 있고 의식비용 상한선은 없다.

천금제(天金祭) 정성

거대 기업으로 발전시키는 인류 최초의 천금제로서 기업인들을 위한 최상의 의식이다. 특단 천금제, 상단 천금제, 중단 천금제, 하단 천금제가 있고 각 단계마다 15등급씩 총 60등급으로 기업의 규모에 따라서 차등 선택하면 된다.

의식비용을 금공(金貢)이라 하는데 상한선 금액이 정해져 있지 않고 기업의 규모와 매출액, 영업이익에 대비해서 선택하면 된다. 천금제는 한 번만 행하는 것이 아니라 기업인들이 원할 경우 지속적으로 행하면 된다. 여러분의 기업을 세계 굴지의 거대 기업으로 초고속 성장 발전시킬 수 있는 인류 최초의 유일한 의식이다.

앞으로는 천금제를 지속적으로 행하는 기업들만이 승승장구하며 끝없는 발전을 이어가기 때문에 천금제를 올리지 않는 기업들은 천신의 기운을 받지 못해서 사업부진으로 결국 몰락한다.

왜냐하면 지금까지도 여러분 기업은 재물천신님의 도움을 받아서 크게 발전한 것인데 이런 진실을 알려주어도 부정하고 무시하면 여러분의 몸 안에 신들이 떠나서 기업 자체가 존속할 수 없는 상상초월의 불행한 일들이 발생한다. 기업을 존속시키려거든 묻지도 말고 따지지도 말고 천금제를 지속적으로 올려야 여러분의 기업 발전을 오래도록 지속할 수 있다.

경기 불황 탓하지 말고, 아무리 노력해도 기업이 발전하지 않는다고 불평불만하며 한탄하지 말고 재물천신님의 기운을 여러분의 신이 받게 해야 한다. 기업을 크게 발전시키는 일은 인간의 능력으로는 불가능하고 여러분의 신이 재물천신님의 기운을 크게 받아야만 거대 기업으로 발전할 수 있다.

천금제를 올리는 금공도 각자가 올리는 금액만큼 한 치의 오차도 없이 받게 된다. 천금제를 작게 올리면 작은 기운을 여러분의 신이 받게 되고, 크게 올리면 재물천신님이 내려주시는 큰 기운을 받게 된다.

시계 초침처럼 한 치의 오차도 없이 세상을 운행하시는 분이시기에 각자들이 천금제 금공을 올린만큼, 행하고 뿌린 만큼 거두어들이게 하시기에 천금제는 크게 올리는 것이 기업 발전에 상당히 유리하다.

| 책을 맺으면서 |

이 세상에 태어나 도솔천 자미국에 들어와서 하늘과 땅, 천지신명님이 내리시는 천지대명을 받고 살아가는 사람들이 만물의 영장인 인간으로 태어나서 가장 성공하고 출세한 사람들이다.

인간으로 태어나서 잘사는 세상이 무엇이라고 생각하며 살아가는가? 여러분이 원하고 바라는 이상적인 세상은 종교세계를 통해서는 편향적이기에 절대 현실로 이루어질 수가 없다는데 이 책을 읽으면서 공감했을 것이다.

우리 인류를 구원해 주시는 분들은 기존에 종교세계를 통해서 알려진 하나님, 하느님, 하늘님, 석가, 예수, 마리아, 마호메트, 상제, 공자, 노자가 아니었다.

자미인황님과 영의 신감님이 찾아준 태초의 하늘이신 태상천존 자미천황님, 신명님이신 천상감찰신명님, 하나님이신 천상천감님, 미륵님이신 천상도감님, 조상님들의 구원자이신 도솔천황님, 인간 육신을 살려주시는 천지신명님, 열두대신님, 기업을 크게 발전시켜 주시는 재물천신님이시었다.

우리 인류는 이런 진실이 있다는 것조차 모르면서 종교 숭배자와 종교 지도자를 맹신하며 수천 년의 세월 동안 족쇄를 차고 살아왔다. 천국으로 구원받아 올라가는 것도 죽어서 구원받는 것이 아니라 살아서 구원받아야 한다는 진실도 처음 들어보았을 것이다.

이 책의 내용에 감동, 감명받고 공감하는 독자들은 도솔천 자미국으로 방문하여 두 저자 인황, 신감과 상담 후에 천지대명을 받는 조상님 입천제, 신과 영들이 원하고 바라는 신인(천인, 도인)합체 의식, 감사제 의식, 사죄 의식, 육신을 살리는 명부입적 정성을 행하기 바란다.

그래서 여러분과 신, 영, 가족, 조상님을 구원하여 근심과 걱정에서 벗어나 기쁨과 행복 누리고, 기업을 경영하는 기업인들은 재물천신님께 천금제를 올려서 전 세계 경제를 제패할 정도의 거대 기업으로 발전하여 기업 경제를 살리고 국가 발전에 크게 기여하기를 염원한다.

이 책을 읽어보고도 부정하고 무시할 사람들은 지금처럼 자신들이 살던 방식대로 살아가도 되지만 세월이 흘러가면서 머지않아 여러분의 생각이 크게 잘못되었다는 것을 뼈저리게 알게 되어 땅을 치며 크게 후회할 것이다.

도솔천 자미국에서 행하는 모든 의식은 종교처럼 보여주기 의식이 아니라 하늘과 땅, 천지신명님께서 하강 강림하시어 친히 행해 주시는 천상지상의 최고 귀한 의식이다.

이 책을 읽어보고도 감명, 감동, 공감하지 않아서 도솔천 자미국에 방문할 필요성을 느끼지 못하는 사람들은 전생과 현생에서 지은 죄가 너무 크고 많아서 하늘과 땅, 천지신명님으로부터 버림받은 아주 불쌍한 사람들이다.

도솔천 자미국은 여러분 스스로가 선택하여 들어오는 곳이 아니라 하늘과 땅, 천지신명님께 선택받아 뽑힌 인간, 조상, 신, 영들이 들어오는 곳이기에 전생과 현생에서 용서받지 못할 정도로 많은 죄를 지어 이분들께 버림받은 중죄인들은 절대로 들어 올 수가 없고 들어왔다 한들 구원받지 못한다.

성경, 불경, 도경을 능가하고 여러분 육신과 가정, 기업, 조상, 신, 영의 운명을 하늘과 땅, 천지신명님의 대단한 신비의 원력으로 재창조해 주는 전 세계 유일한 곳이다.

여러분이 종교의 교리와 이론의 굴레에서 미련을 버리지 못하고 부정하며 무시해서 도솔천 자미국에 방문하지 못한다면 만물의 영장으로 태어나서 가장 불행한 사람들이다.

아무쪼록 하늘과 땅, 천지신명님께 선택받는 행운아가 되어 근심과 걱정없이 기쁨과 행복 누리는 무릉도원의 인생을 살아가기 바라며 이만 글을 줄인다.

친견 상담절차

전화로 날짜와 시간 예약 받아 방문하면 1차 친견 상담은 저자 신감(女)이 하고, 2차 친견 상담은 저자 인황(男)이 하며 상담은 사람에 따라서 다르나 30분~1시간 정도 걸린다.

도솔천 자미국 방문 시에는 지인, 친구, 애인, 배우자, 자녀, 부모, 형제 등을 동반하면 절대로 안 되고 친견 상담 자체가 불가하다.

상담 예약 전화
도솔천 자미국 02)3401-7400

천기 15(2015)년 8월 14일(음력 7월 1일)
지은이 / 하늘의 명 대행자 인황
하늘의 명 수행자 신감

위치 안내(찾아오시는 길)

서울 강동구 성내3동 382-6(강동구 성안로 118)

지하철 : 5호선 강동역 3번 출구로 나와서 100m 지점
SC 제일은행(강동성심병원) 사거리에서 우회전하여
100m지점 횡단보도 건너 우측 한방복돼지 음식점 1층

항공편 : 김포공항에서 5호선 타면 50분 거리.

KTX : 서울역에서 1호선 타고 종로 3가역에서 5호선으로 환승

고속버스 : 동서울터미널에서 택시로 10분 거리
강남고속터미널에서 7호선 타고 군자역에서
5호선(상일동, 마천행)으로 환승